2020年度浙江省哲学社会科学规划课题《课程思政视阈下
生思想道德素质养成的理论研究与实践调查》（20NDJC
浙江金融职业学院中国特色高水平高职学校建设

U0604873

课程思政视阈下
体育与新时代大学生思想道德
素质养成的理论研究与实践调查

钱利安 著

九州出版社
JIUZHOUPRESS

图书在版编目（CIP）数据

课程思政视阈下体育与新时代大学生思想道德素质养成的理论研究与实践调查 / 钱利安著. -- 北京 ：九州出版社，2021.6

ISBN 978-7-5225-0188-8

Ⅰ．①课… Ⅱ．①钱… Ⅲ．①体育教学－教学研究－高等学校②思想政治教育－教学研究－高等学校 Ⅳ．①G807.4②G641

中国版本图书馆CIP数据核字(2021)第120849号

课程思政视阈下体育与新时代大学生思想道德素质养成的理论研究与实践调查

作　　者	钱利安　著
责任编辑	石增银
出版发行	九州出版社
地　　址	北京市西城区阜外大街甲 35 号（100037）
发行电话	(010)68992190/3/5/6
网　　址	www.jiuzhoupress.com
印　　刷	北京旺都印务有限公司
开　　本	710 毫米 ×1000 毫米　16 开
印　　张	17
字　　数	256 千字
版　　次	2021 年 6 月第 1 版
印　　次	2021 年 6 月第 1 次印刷
书　　号	ISBN 978-7-5225-0188-8
定　　价	78.00 元

前　言

2016年12月7日至8日全国思想政治工作会议在北京召开，习近平总书记发表重要讲话，他指出："高校思想政治工作关系高校培养什么样的人、如何培养人以及为谁培养人的根本问题，要坚持把立德树人作为中心环节，把思想政治工作贯穿教育教学全过程，实现全程育人、全方位育人。"他强调："做好思想政治工作，要因事而化，因时而进，因势而新。要遵循思想政治工作规律，遵循教书育人规律，遵循学生成长规律，不断提高工作能力和水平。要用好课堂教学这个主渠道，思想政治理论课要坚持在改进中加强，提升思想政治教育亲和力和针对性，满足学生成长发展需求和期待，其他各门课都要守好一段渠、种好责任田，使各类课程与思想政治理论课同向同行，形成协同效应。"习近平总书记还在2018年的全国教育大会上强调体育的育人作用："要树立健康第一的教育理念，开齐开足体育课，帮助学生在体育锻炼中享受乐趣、增强体质、健全人格、锻炼意志。"

习近平总书记的系列讲话精神使我们更加清晰地认识到"教育为本，德育为先"的重要性和迫切性，也认识到思想政治教育工作不仅是思想政治理论课的事，更是其他所有课程应承担的育人职责和重要使命。体育作为高等教育的有机组成部分，不仅蕴含着丰富的思政育人资源，而且以身体练习为主要特征的体育课程在育人中有着其自身独特的作用。2016年5月，国务院办公厅发布了《关于强化学校体育，促进学生身心健康全面发展的意见》（国办发

〔2016〕27号）文件，在总要求中明确提到要"以'天天锻炼、健康成长、终身受益'为目标，改革创新体制机制，全面提升体育教育质量，健全学生人格品质，切实发挥体育在培育和践行社会主义核心价值观、推进素质教育中的综合作用，培养德智体美全面发展的社会主义建设者和接班人"。习近平总书记的重要论述和国务院颁布的相关文件既是对新时代学校体育提出的育人要求，更是对体育课程育人作用的充分期待。2020年5月教育部印发了《高等学校课程思政建设指导纲要》，为高校各门课程开展思政建设提供了基本遵循，也把课程思政建设推向了新的发展阶段。在中国特色社会主义进入新时代的当下，作为体育人，我们有责任，更要有担当以体育课程为载体，要坚持育人为本，德育为先，坚持以"体"育人，以"文"化人，真正以体育独特的学科文化为大学生健体育心立德铸魂，发挥好体育课程的育人功能和作用。

有关体育对大学生的心理、道德、精神品质的积极影响，是体育人文社会学研究的一个重要内容，也一直是我们关注的一个研究方向，作为一名高校学生管理工作者和长期坚守在高校体育教学一线的教师，对体育育人有着一份特殊的情感。始终相信体育能给人以一种积极向上的力量，给人以一种敢于坚持的执着品质，给人以一种乐观自信的精神信念，尤其是在平日的体育教学、体育竞赛、体育锻炼中，看到体育磨炼带给学生们的那份坚韧、自信而不惧失败、敢于拼搏超越，常令我为之感动；看到学生们通过合作在体育竞赛中取得成绩时的那份兴奋和喜悦，真替他们的成长感到欣慰；看到学生们日常持之以恒、严以律己坚持锻炼，养成良好的体育锻炼习惯和科学的生活方式而拥有良好的健康身体，真由衷地替他们感到的高兴；看到他们用体育来排解因学习、工作、生活等带来的心理压力或烦恼，真切感受到了体育在改造人类自我时的重要作用和价值，体会到了体育的巨大育人魅力。

2012年底随着我国社会主义核心价值观的确立，我们深刻感受到了培养大学生道德素质必将成为全党全国上下高度重视的教育热点。我开始关注、思考并着手体育对培养大学生道德素质的理论探索与研究，在收集有关文献资料、研读相关书籍的基础上，积极申报相关研究课题，2014年获杭州市哲学社会科学规划课题立项"精神成人视阈下在杭高校大学生体育精神养成的现状调查与对策研究"（D14WH04）（已结题）、2017 年获杭州市哲学社会科学规划课题"体育促进在杭大学生精神成人的调查研究"（M17JC058），2018 年获浙江金融职业学院校级重点课题"课程思政背景下高校体育课程实施思政教育的研究"（浙金院科〔2018〕10 号），本书主要内容是 2020 年度主持立项的浙江省哲学社会科学规划课题"课程思政视阈下体育与新时代大学生思想道德素质养成的理论研究与实践调查"（20NDJC341YBM）的研究成果。共分九章阐述：第一、二章分别就课程思政、体育课程思政进行了研究综述，第三章介绍体育培养大学生道德素质的现状，第四章、第五章分别对体育培养大学生道德素质、精神素质的基本机理进行了分析，第六、七章通过调查研究的方法对体育促进大学生道德素质和精神素质的现状进行数理分析，第八章主要论述了羽毛球课程实施思政教育的教学效果，第九章就高校体育课程实施思政教育的基本策略、体育课程思政资源的挖掘及加强高校体育老师思政教育能力的培养等进行了论述。

本书成稿之际，非常感谢研究团队成员的积极支持，感谢兄弟院校老师对问卷调查给予的大力协助，感谢学生们对调查问卷的认真参与，感谢学校科研处老师的指导帮助，感谢九州出版社的悉心指导和辛勤工作！在课题研究和书的撰写过程中参考了相关专家、学者的著作、论文，在此也一并表示感谢！书稿作为浙江金融职业学院中国特色高水平高职学校建设成果出版，衷心感谢金融管理学院和浙江金融职业学院给予的资助！时值 2021 年，作为一名由党组织长期培养成长的基层党员教师，谨以此书向伟大、光荣、正确的中国共产党成立 100 周年献礼！

由于作者水平有限，书中定有欠缺和不当之处，恳请各位赐教与批评指正！

钱利安

2020 年 12 月于杭州

目　录

第一章 课程思政研究综述

本章主要就"课程思政"的研究现状及"课程思政"的时代价值和意义进行阐述，同时在此基础上论述了"课程思政"应坚持的三大育人理念，及时把握"课程思政"教育改革的理论方向、了解"课程思政"实践推进的现状、探析"课程思政"的核心要义和基本教育思想。

第一节 课程思政研究述评

本节主要通过文献研究、比较分析、逻辑归纳等方法，从"课题思政"的基本内涵、基本理念、基本路径、面临的问题及学校开展"课程思政"建设实践与研究现状，进行了文献述评，为各课程开展"思政教育"提供借鉴和参考。

引言

2004 年 2 月 26 日，中共中央、国务院以中发〔2004〕8 号印发《关于进一步加强和改进未成年人思想道德建设的若干意见》、2004 年 10 月 14 日，中共中央、国务院最近发出《关于进一步加强和改进大学生思想政治教育的意见》，上述两文件的出台，旨在提高中国特色社会主义市场经济初期人们的思想道德水平，促进中国特色社会主义精神文明建设，营造风清气正的良好社会氛围。当然，人们的道德思想水平并不会自然提高，需要引导更需要教育，学校作为教书育人的地方理应是开展道德教育的前沿阵地，以真正提高学生的思想道德品质、提升思想政治素质。2005 年始，上海市所属的学校开启了思想政治教育的课程改革，上海大学作为第一个开始探索"课程思政"教育理念的大学，于 2014~2015 学年第一学期开始推出《大国方略》课程，受到大学生们的喜爱，"课程思政"的概念便应运而生，"课程思政"建设的理论研究也随之而起，尤其是 2016 年 12 月 7、8 日，全国高校思想政治工作会议在北京召开，习近平总书记强调指出 [1]："要坚持把立德树人作为中心环节，把思想政治工作贯穿教育教学全过程，实现全程育人、全方位育人，努力开创我国高等教育事业发展新局面""思想政治理论课要坚持在改进中加强，其他各门课都要守好一段渠、种好责任田，使各类课程与思想政治理论课同向同行，形成协同效应"，2017 年开始有关"课程思政"的论文日益增多，"课程思政"建设与实践正成为高校教育改革探索的热点和重点，下面就近些年来对"课程思政"建设的理论研究进行综述。

1. "课程思政"理论研究综述

1.1 "课程思政"的基本内涵

课程 [2] 有狭义和广义之分，狭义的课程主要指教学内容即教材，如《辞海》将课程定义为"教学科目"，《现代汉语词典》解释为"学校教学的科目和进程"；广义课程则是一个生态系统，是学校为实现培养目标而选择的教育内容及其进程的总和，包括各门学科及其相关的教育活动。

而这里所阐述的"思政"就是思想政治教育 [3]，是指一定的阶级、政党、社会群体按照一定的思想观念、政治观念、道德规范，对其成员施加有目的、有计划、有组织的影响，使他们形成符合一定社会、一定阶级所需要的思想品德的社会实践活动。概念明确了思想政治教育具有一定的阶级性和政治性，体现的是国家意志和阶级思想。

对于"课程思政"的基本内涵，当前文献研究中较有代表性的学者进行了如下的诠释：

学者邱伟光认为，所谓"课程思政"[4]是指学校所有的课程都要发挥思想政治教育作用，具体内涵是指高校教师在传授课程知识的基础上引导学生将所学的知识转化为内在德性，转化为自己精神系统的有机构成，转化为自己的一种素质或能力，成为个体认识世界与改造世界的基本能力和方法。

学者邱开金认为，课程思政[5]是指学校育人的所有教学科目和教育活动，都要渗透和贯穿着思政教育，其特点是以课程为载体，思政教育是灵魂，课程的育人功能和价值取向鲜明，而传统的课程边际淡化。

学者高燕对"课程思政"的理解[6]，其认为"课程思政"是要将马克思主义理论贯穿教学和研究的全过程，深入发掘各类课程的思想政治理论教育资源，从战略高度来构建思想政治理论课、综合素养课、专业教育课"三位一体"的思想政治教育课程体系，促使各专业在教育教学上，都能善于运用马克思主义的立场、观点和方法，探索各类课程与思想政治理论课同向同行，形成协同效应，达到全面、全过程、全方位育人。

学者沈贵鹏从心理学角度提出了"泛课程思政"的概念[7]，其认为我们一般所讲的"课程思政是指泛课程思政"，具体是指在思想政治理论误之外的各种教育中，同样蕴含着思想政治教育资源，既有显性资源，也有隐性资源，既有课堂的教学资源，也有课外的活动资源，既有书本的学习资源，也有社会的实践资源，教育者必须有意识地进行挖掘、利用、优化这些育人资源，形成立体化育人的格局，并以此传播马克思主义理论，使大学生树立正确的世界观、人生观、价值观。

四位学者代表对"课程思政"概念的定义与理解都表达了所有课程都有育人作用的价值和意蕴，强调了学校在知识传授的同时发挥价值引领的重要性，不忘课程育人的本质。鉴于以上学者的研究成果及思想政治教育的经典概念，我们认为"课程思政"是指将思想政治教育融入所有课程的一种教育观念、教育思想，具有一定的阶级性、政治性，既是一种课程观，更是一种教育观，强调课程教学中把育人放在首位，在传授知识和技能的同时彰显课程育人的特色，是综合的思想政治教育活动。"课程思政"概念的诞生，体现国家对培养学生思想政治素质的高度重视，把思想政治素质放在了突出的、首要的位置，体现了为谁培养人和培养什么样的人的基本观点和立场，为我国高等教育培养担任民族复兴大任的社会主义合格建设者和可靠接班人指明了方向，也是高等教育各门课程要遵循的基本教育思想和教育理念。中国特色社会主义进入新时代，我们国家比任何时候更需要高等教育，更需要科学知识和一流的卓越人才，高等教育一定要牢记育人使命，坚持立德树人，要顺应新时代的发展潮流，更加自觉注重学生思想政治教育的新发展理念。"课程思政"是新时代学校教育提高自身教学质量、育人质量的一个新思路、新举措，更是对新时代人民群众需要高质量教育的积极回应，必须坚持把培育和提升大学生的思想道德素质放在首位，把握对大学生精神的发展方向和正确价值的引领。

1.2 "课程思政"建设的基本理念

"课程思政"建设作为教育教学的一个新概念，其中一定蕴含着教育的基本理念与思想，以下是一些学者对"课程思政"建设理念较有代表性的观点：

1.2.1 在教育体系层面上，"课程思政"是一种教育理念[8]

从上述"课程思政"的具体内涵分析，从教学的教育本质要求看，我们发现"课程思政"其所蕴含的普遍性是，指任何一门学科的教学，要将育人置于首位，将正确的价值观、成才观渗透到教学全过程，这是共同的教学要求。因此，在教学体系上，"课程思政"强化了所有课程的教育性，把价值引领贯穿到专业课、实践课及其所有相关的教学活动中，形成课程教学"大思政"的新格局，形成共同、全面、全过程育人的良好理论预期。

1.2.2 在教学体系层面上，"课程思政"也是一种育人的科学思维方法

"课程思政"作为培养人的一个具体的育人内容、手段，反映在教学目标的培养上就是培养什么样的人、学什么样的知识技术及如何来培养人等，在顶层设计上，学生思想道德成长的教育和专业发展教育要有机整合。因此，在教学目标上既要有思想政治教育的明确性，将所有课程的教育性提高到思想政治教育的高度，又要在教学内容上，放大思想政治教育的鲜明特点，把思想政治教育有机融入专业知识的学习、技术技能的掌握过程中，同时还要在教学评价上，守牢思想政治教育的底线，要坚持正确的政治方向、自觉贯彻党和国家的

教育方针、学生全面发展的质量水平等，是教学评价的根本准则和原则，若在教学层面上思想道德缺失则必须实行一票否决制，从机制体制上来贯彻全面育人的思想。

1.2.3 "课程思政"实质是一种新的课程观 [9]

高德毅，宗爱东等认为，"课程思政"不仅是拓展一门教学课程，也不仅是增设一项活动，而是将高校思想政治教育全面融入各课程教学和改革的各环节、各方面、各个阶段，实现立德树人润物无声的育人氛围和环境。围绕"价值引领和知识传授相结合"的课程目标，将高校课程分为"显性思政"和"隐性思政"两类课程，其中"显性思政课程"是指高校思想政治理论课，"隐性思政课程"指综合素养课程（通识教育课程、公共基础课程）和专业教育课程，既要牢牢把握思想政治理论课在社会主义核心价值观教育中的核心地位、主渠道作用，又充分发挥其他所有课程的育人价值，构建思想政治理论课、专业课程、综合素养课程"三位"一体的高校思想政治理论教育课程体系，突出显性教育、隐性教育互相融通。

1.3 "课程思政"建设的基本路径 [10][11]

高校"课程思政"建设的因素有多方面，但从整体性思考，"课程思政"建设的关键是教师，基础是教材，先决条件是对育人资源的深入挖掘，根本保障是制度建设。

1.3.1 教师是"课程思政"建设的关键因素

"课程思政"的效果如何主要取决于课程的主导者——教师，尤其是教师的育人思想、理论和意识及育人能力，教师必须要有"立德树人，以生为本"的育人思想，时时处处体现育人的职责，改变传统的偏重传授知识，忽视价值引领的教学倾向。作为新时代教师首先应结合课程思政的要求，坚持教书和育人相统一，既做"经师"又做"人师"；第二，教师要提升自身的'课程思政'育人水平与能力；第三，教师要坚持言教与身教相统一，坚持学术自由和学术规范相统一。较强的教师思政育人能力和思政教育意识是课程思政进行中要持之以恒进行加强和培育的重点。

1.3.2 教材建设是"课程思政"建设的基础

教材建设是国家意志的体现,尤其是对意识形态属性较强的哲学社会科学教材和其他课程的教材都要深入研究"教什么""怎样教"等育人的本质问题。教材是教学的知识载体,也是价值客体,专业课程的教材要把思想政治教育融入专业教学的具体目标、具体的教学内容、教学过程及教学评价中,高水平、高质量的教材建设是开展"课程思政"的基础,体现了育人的学术体系和话语体系。面对新时代"课程思政"建设的开展,各类教材建设必须与时俱进,不断更新、完善与丰富,要有满足大学生精神文化需要的思政资源作为基本前提,这也是新时代"课程思政"建设教材改革的方向。

1.3.3 "课程思政"建设的先决条件是挖掘课程中的思想政治教育资源

每一门课程都蕴含丰富的育人资源。一方面,"课程思政"是建立在每一门课程基础上的,每位教师在全面掌握学科知识的同时,要认真深挖自己课程中所蕴含的思想政治教育资源,包括课堂教学中的思想政治教育资源,也包括课外活动的思想政治教育资源,既要注重书本思想政治的教育资源,也要挖掘社会实践活动思想政治的教育资源;另一方面,要着力形成"课程思政"的教学指南和规范,明确课程的思想政治教育元素,在教学大纲、教学目标、教学内容、教学方法、教学过程、教学载体、成效体现和教学评价等环节明确育人要求,真正在课程教育中融入思想教育的内容,真正在实施过程中加以落实,以全面提高"课程思政"的教育教学质量。能否充分挖掘各门课程的思政资源直接影响到课程思政的育人效果与教育质量,需要有一定的标准评价。

1.3.4 明确"课程思政"建设的制度保障

"课程思政"建设做好顶层设计十分重要,要做到统筹规划,并建立常态化行之有效的领导机制、管理机制、运行机制及评价机制。学校教务主管部门要统筹安排教育资源,拟定课程建设的规则、要有思想政治教育课程的评价标准,加强教学团队的培养,重点关注试点课程、示范课程和培育课程的建设,反思"课程思政"建设的成功与不足,全面总结经验,积极开展调研与师生座谈,更好地推进"课程思政"建设。人事部门要根据人才激励的原则制定相应的工作机制和制度,并在师资培养、人才引进、职称评审等方面加以充分体现。高校党政主要领导既要深入"课程思政"第一线，并亲自听课、授课，指导"课程思政"建设，倾听师生的反响。"课程思政"建设是一项系统工程，需要每一位老师的积极参与，只有把课程教师充分动员和组织起来，才能使"课程思政"建设真正落实到每一门课的教学中去，真正体现价值引领和知识传授相统一。

1.4 "课程思政"面临的关键问题：

"课程思政"建设既需要理论的指导，更需要实践的探索，两者缺一不可，以下是"课程思政"建设对所面临关键问题的综述：

1.4.1 教师在教育理念上[12]，不能正确认识知识传授与价值引领之间的关系

当前"全课程育人理念"没有完全树立起来，需要加强理论上的培训与引领，改变传统的教育理念与想法。课程思政教育理念不仅需要职能部门认识到位，更需要每门课程参与，需要每个教师转变教育理念与认识并下力夫改进和创新。

1.4.2 教学职能部门在管理理念上[13]，需要进行整体规划和完善教学设计

不仅要加强党对"课程思政"的领导，同样需要有具体的部门负责统筹开展"课程思政"改革，形成整体课程的同向同行，要以专业设置与课程设计上给予统筹考虑与安排。

1.4.3 改革措施上，需要创新教学手段和载体

将专业课程与思想政治教育有机结合，以更好地开展日常教学和思考，需要探索新的教学手段与载体，真正能够精准地以马克思主义的立场观点和方法分析教学中的现实问题，回应学生在专业学习中的现实需求与价值引领，更好促进专业教学。

1.4.4 教学水平上，提升专业化队伍和教学能力

教学能力方面，要针对专业课教师开展富有示范性、针对性的"课程思政"教学指导，使集体备课成为常态化、建立教学激励制度，并将教材话语转变为教学话语，提升教学的吸引力和感染力；教学方法上，整合不同专业背景下的"课程思政"教学设计进行共同分享与探索，通过交流与讨论提高"课程

思政"的教育能力与设计水平。

1.4.5 体制机制上，构建不同学科的教学合作

在日常教学中形成有效互补的合作机制，构建思政课理论教学与其他多学科间的合作机制，这是保证"课程思政"常态化发展的重要环节。

1.5 "课程思政"建设存在的问题[14]：

"课程思政"建设既是一种课程观，也是一种育人的新方法，按照"课程思政"的要求，每门课程需要重新思考在育人的教材体系、内容选择、教学方法与手段的变化及其育人机制的改进，但近几年的实践探索，也发现了"课程思政"建设中存在的问题：

1.5.1 不同学科教师的马克思主义理论素养参差不一

专业课程教师熟悉专业教学内容肯定无疑，但对思想政治教育内容的掌握、理解及思想政治教育的一些方法与手段运用肯定存在很大的差异，且还有老师在思想认识上自身也存在误区，认为思想政治教育主要还是思政专任课老师和辅导员的事，自己只要教好专业知识和技能就可以，而导致对思想政治教育的学习、研究缺乏足够的积极性和动力，造成马克思主义理论的素养参差不一。江先锋老师对上海7所高校教师的人文阅读进行了调查研究，主要有以下问题[15]：一是超过半数的老师存在泛泛而读、休闲阅读的较为普遍，而潜心精读、经典阅读的则相对缺失；二是近半数的老师随机阅读、盲目阅读的较为普遍，有计划阅读、针对性阅读的老师则较为缺失；三是有近七成老师有意向性阅读但封闭式阅读较为普遍，喜欢日常性阅读而嫁接资源阅读缺失。

1.5.2 各专业课程优势突出、专业教学目标清晰，易在育人方面造成忽视现象和"孤岛效应"

由于各类专业课程有自己的特点、教学目标及教学内容，注重提升学生某一种素质，而且往往教师对自己所承担的专业课有一定的造诣和较深厚的感情，易产生排他心理，产生忽视思想政治教育的现象，再加上只强调本专业课程的重要性，各专业课之间缺少沟通，就容易造成育人的"孤岛效应"。

1.5.3 各类课程教师缺乏有效的沟通与联动

其实各课程之间在育人上都有自己的优势与特点，对于如何挖掘专业中的

思想政治教育资源，一般老师都没有丰富的经验，而常常把教好自己的专业知识与技能为己任，而如何更好地育人，各专业课教师也缺乏相应的沟通交流机制，导致育人合力不够，育人效果不佳。

1.5.4 缺乏各类课程协同育人的考核和评价标准

目前各类课程与思想政治理论课同向同行育人的考核标准、评价体系不够完善。在教育过程中，各类课程如何体现思想政治教育的内容及考核、评价标准都相对缺乏，顶层设计不够完善，易导致理论传授与实践操作系统的脱离，易造成知行的脱节，给"课程思政"建设带来被动局面。

1.6 "课程思政"建设中的实践经验

上海市为"课程思政"改革进行了大量的实践探索，积累了理论研究的成果，同时其他地区和学校，如浙江、吉林、湖北等地和所在的高校也进行了探索，通过实践工作，摸索出了以下几个可供借鉴参考的经验：

1.6.1 加强各类课程教师的育人责任和思想政治素质的培养[16]

立德树人，以生为本是教师应有的师德修养，让有理想、有信念的人来讲理想和信念，才能使教育更有说服力，为此，教师自身必须过硬，以德立身、以德立教、以德育人，加强各课程教师的思想道德培训，提高教师思政教育的能力是开展"课程思政"建设的关键因素。

1.6.2 明确主体责任，发挥引领协同作用建立教学团队

加强党对学校的领导，发挥党委的政治责任，组织责任和推动落实责任，健全工作体制和机制，会同相关职能部门，明确职责，整合学校各部门的管理和资源优势，发挥引领协同作用，组建"课程思政"教学团队，提供人才、资源、制度和技术的保障。

1.6.3 掌握学生需求，加强学术研究创新教学载体

要了解学生的需求，深入挖掘课程思政教育资源，加强学术研究，结合专业教学，探索学生感兴趣，易学习的点，紧扣时代热点和社会主义核心价值观，讲好具体的故事，真正在专业教学中融入思政教育的内容，达到知识传授和思想教育的融合。

1.6.4 完善评价标准，建立教学效果为导向的激励机制

学校相关部门要建立相应的制度和政策，明确分工、规定职责、细化任务、强化考核，使各科教师在协同育人中的明确职责与任务，明确考核办法和评价标准，使其有章可循有规可依，将坚定正确的政治方向、潜移默化的价值引导、形式多样的思想熏陶、言行一致的教态、教风、切实可感的教学效果等作为教材建设、课程评价、教学反馈、教师评定的重要方面，融入教育评价和教师评价的全过程中去，从而将教书育人确立在科学、合理、可靠的制度安排之上。[17]

1.6.5 打通专业壁垒，优化全员全过程全方位育人

"课程思政"中的教学资源要实现教学与育人功能的统一，其关键在于落实教学激励制度、协同作战的工作机制，可以搭建综合性的社会实践，使不同专业的学生以自己的知识和技能服务好社会，从而提升自身对社会的责任感和使命感，从而达到知行合一，专业知识和价值引领的有机结合。

2. 开展"课程思政"的现状研究

2.1 有关学科开展"课程思政"教学研究的现状

自从 2016 年全国高校思想政治教育工作召开以来，"课程思政"理念的明确得到了教育界和各学校、学科的积极响应，广大教师锐意进取，与时俱进，从积极通过自身的课程改革和教学改革着手，认真践行"课程思政"教育思想和理念，并不断总结与实践，相应的研究成果也屡见不鲜，截至 2020 年 6 月 20 日，查询中国知网上有关"课程思政"为题的论文数由 1966 年、1980 年、2004 年及 2016 年均为 1 篇，到 2017 年已增加到 38 篇，而 2018 年、2019 年、2020 年 6 月呈现爆发式增长分别为 347 篇、2808 篇和 1422 篇，包含内容十分丰富，其中主题涉及"专业课程"的 228 篇、"教学改革"的 242 篇、"立德树人"147 篇、"专业课"的 122 篇、"思政元素"的 75 篇、"教学实践"的 36 篇等，论文主要发表在以下中文核心期刊《中国高等教育》18 篇、《中国大学教学》18 篇、《思想理论教育导刊》9 篇、《理想理论教育》10 篇、《学校党建与思想教育》16 篇，体现了各级政府部门、学校党政的高度重视和教师们对

"课程思政"理念的广泛认同，也彰显了新时代学校、教师以生为本，立德树人，忠诚于教育事业的情怀，牢记培养中国特色社会主义合格建设者和可靠接班人的初心；体现了我国高等教育扎根中国大地办教学的政治自觉和文化自信。

但从当前课程思政研究总体情况看，存在着不平衡现象，理论探索与研究较多，专业课程思政思政资源的挖掘及教学实施的研究相对不足，高职类研究、课程思政教学实践与模式的探索研究相对缺少。

2.2 高校开展课程思政建设的代表性个案介绍

孙燕华[18]以复旦大学的课程思政教育教学改革探索与实践为例，从创新教学管理的视角，来推进课程思政建设，具体包括创新教学管理的理念，主要体现以教师为本、以研究为本及以营造氛围为本；创新教学管理的体制机制，主要体现在突出党委主体责任、健全组织保障和完善制度保障；创新教学管理的平台，主要体现在推进学科间交叉融合、理论与实践教学的融合等。

吉林大学[19]开展"课程思政"建设的操作策略：第一，在学科课程建设层面，重新组织修订各门课程的教学大纲，按照知识、能力、情感和价值观三个方面明确课程目标，梳理和挖掘各门课程中所蕴含的思政教育资源及所承载的思想政治教育功能；第二，在课程思政体系建设层面，制定实施了《吉林大学统筹推进课程育人体系建设实施方案》，以理想信念教育为核心，充分发挥课程和课堂教学的育人主渠道作用，形成专业课教学与思政课教学的协同配合、同向同行的育人格局；第三，在示范引领层面，以课程思政教学改革为抓手，设立"学科育人示范课程"项目，打造一批复制性强的课程思政示范课程，选树一批课程思政的优秀教师，带领全体教师课程思政向纵深发展。

俞婷[20]以浙江金融职业学院的"千日成长工程"为例，论述了学校结合自身特点开展课程思政的具体内容和基本路径，具体内容为发挥好思想政治理论课的主渠道作用，以深化对学生理想信念的引领教育；挖掘好专业课的育人资源，以强化对学生职业精神的培育弘扬；要凸显通识课的育人功能，以培养对学生的健全人格；要丰富实践课的育人内涵以加强对学生实践能力的锻炼培养。具体路径：要树立协同育人的工作理念，以价值引领贯穿"千日成长"；要打造协同育人的工作主体，赋予全体教师教书育人的神圣使命；要构建协同育人的工作机制，以做好顶层设计，实现"三个课堂"的有效衔接；要开发协同育人的课程体系，使其他课程与思政课程形成同向同行的协同效应。

黄士华[21]论述了武汉船舶职业技术学院以"五个思政"即：把握"学生思政"着力点、夯实"教师思政"基本功、激活"课程思政"生命力、探索"学科思政"新机制和推进"环境思政"全覆盖等为内容进行了课程思政的探索与实践。

以上四所高校分别代表本科及高职类院校进行了"课程思政"的认真探索和积极践行，并积累了很好的育人经验。"课程思政"的实践探索已在全国学校中形成了一种良好的氛围，不同的课程所蕴含的思想政治教育资源各不相同，不同的课程相应的教育手段与方法也不尽相同，在各课程竞相改革推进思政教育时，需要有引领者和示范者，以提供先进、科学、合理的经验，便于同类或其他课程少走弯路，需要更多系统的实践与高质量的研究成果。

3. 结语

"课程思政"建设是新时代学校高质量发展的一个重要改革措施，具有系统性、整体性的特点，需要党政领导的高度重视和推进；作为一种教育理念需要教师充分认识并正确理解并接受认同，要重新审视自己的学科课程，挖掘其所蕴含的思政教育资源；"课程思政"同时作为一种课程观，需要用新的思想和新的教学实践来推动改革，否则，只是一种口号而已，教学改革也只是一阵风，真正要提高各门课程的育人作用，需要我们从理论上充分认识，在实践中不断探索，更重要的是需要学校各级部门在学校党委的领导下，齐心协力，各司其职，协同推进，落细落实落小。

参考文献：

[1] 习近平. 在全国高校思想政治工作会议上的讲话 [N]. 光明日报，2016-12-9.

[2] 施良方. 课程理论 [M]. 北京：教育科学出版社，1996：106.

[3] 张耀灿. 现代思想政治教育学 [M]. 北京：人民出版社，2006.

[4][10] 邱伟光 . 课程思政的价值意蕴与生成路径 [J]. 思想理论教育 2017（7）：10-14.

[5][8] 邱开金 . 强调所有课程都要纳入能够引导学生树立正确价值观和世界观的内容，从思政课程到课程思政，路该怎样走 [N]. 中国教育报，2017-3-21（10）.

[6][13] 高燕 . 课程思政建设的关键问题与解决路径 [J]. 中国高等教育，2017（8）：11-14.

[7] 沈贵鹏 . 心理学视域中泛课程思政的特点诠释 [J]. 思想理论教育，2018（9）：66-71.

[9][12] 高德毅，宗爱东 . 课程思政：有效发挥课堂育人主渠道作用的必然选择 [J]. 思想理论教育导刊，2017（1）：30-33.

[11] 李国娟 . 课程思政建设必须牢牢把握五个关键环节 [J]. 中国高等教育，2017（7）：28-29.

[14][16] 燕连福，温海霞 . 高校各类课程与思政课同向同行育人的问题及对策 [J]. 高校辅导员，2017（8）：13-19.

[15] 江先锋 . "课程思政"背景下高校教师人文阅读 的缺失现状与复位路径 [J]，渭南师范学院学报，2017（5）：9-14.

[17] 沈壮海 . 发挥各类课程的育人功能 [N]. 中国教育报，2005-02-08.

[18] 孙燕华 . 创新教学管理推动高校课程思政改革与探索 [J]. 中国大学教学，2019（5）：59-62.

[19] 刘鹤，石瑛，金祥雷 . 课程思政建设的理性内涵与实施路径 [J]. 中国大学教学，2019（3）：59-62.

[20] 俞婷 . 基于学生"千日成长"的高职院校课程思政研究 [J]. 教育和职业，2019（6）：94-98.

[21] 黄士华 . 以"五个思政"深化思政课改革创新，湖北日报 [N].2019-6-16（7）.

第二节　高校实施"课程思政"的时代价值和意义

本节主要阐述了"课程思政"的时代价值和意义，分析认为"课程思政"是新时代高校的课程观、教育观，其时代价值在于：是实现"四个服务"教育方针的迫切需要，是实现我国高等教育根本任务的现实需要，是确保"三全育人"理念的实践需要，是学科本位向学科教育理念的创新需要；其时代意义在于：有利于发挥高校立德树人的优势，有利于提升课程的育人质量，促进了广大教师的课程育人能力，为思想政治教育提供了丰富的载体和手段。

引言

新时代人民对美好生活的向往和对高质量高等教育的需要比任何时候更加迫切和强烈，在高等教育普及化的今天，如何高质量地培养一大批中国特色社会主义合格建设者和可靠接班人，已成为广大人民群众、广大师生的共同心愿，更是我们国家办好高等教育的战略要求。高等学校是培养人、教育人的地方，思想政治教育是我国高校的特色，也是我们办学的优势，坚持立德树人是高校的立身之本，而课程是教育学生的基本载体，"课程思政"理念的提出是新时代高等学校培养高质量人才的一种新的课程理念，"教育的思想服务于教育的根本任务，是教育的方向；思想的教育着力于灵魂的塑造，是教育的核心。"[1] 既要用教育的思想引领思想的教育，也要在思想的教育中实践教育的思想。它坚持德育为先的教育思想，为培养德智体美劳全面发展的优秀人才提供课程教育实践，是对我国教育方针的具体体现和实现教育目标的具体措施。

1. "课程思政"的基本内涵与时代背景

1.1 "课程思政"的基本内涵

课程 [2] 有狭义和广义之分，狭义的课程主要指教学内容即教材，如《辞海》将课程定义为"教学科目"，《现代汉语词典》解释为"学校教学的科目和进程";广义课程则是一个生态系统,是学校为实现培养目标而选择的教育内容及其进程的总和,包括各门学科及其相关的教育活动。

思想政治教育[3],是指一定的阶级、政党、社会群体按照一定的思想观念、政治观念、道德规范,对其成员施加有目的、有计划、有组织的影响,使他们形成符合一定社会、一定阶级所需要的思想品德的社会实践活动。概念明确了思想政治教育具有一定的阶级性和政治性,体现的是国家意志和阶级思想。

结合上述两个概念的基本内涵,我们认为"课程思政"是指将思想政治教育融入所有课程的一种教育观念、教育思想,具有一定的阶级性、政治性,既是一种课程观,更是一种教育观,强调课程教学中把育人放在首位,在传授知识和技能的同时彰显课程专业育人的特色,是综合的思想政治教育活动。在今天,我们实施"课程思政"教育理念,主要是在课程中融入中国特色社会主义核心价值观、中华优秀传统文化和思想道德及法律等的教育,体现出课程知识传授中的价值引领,正确回答培养什么人、怎样培养人、为谁培养人的新时代教育之问,以更好地为党育人,为国育才。

1.2 实施"课程思政"的时代背景

实施"课程思政"是高等学校为实现"立德树人"教育根本任务的时代背景下兴起的新时代课程教育理念。党的十八大报告中首次提出将"立德树人"作为我国教育的根本任务,"坚持教育要为社会主义现代化建设服务、为人民服务,把立德树人作为教育的根本任务,培养德智体美全面发展的社会主义建设者和接班人"[4];党的十八届三中全会继续明确提出"全面贯彻党的教育方针,坚持立德树人"[5];2016 年 12 月在全国思想政治工作会议上,习近平总书记强调,要坚持把立德树人作为中心环节,把思想政治工作贯穿教育教学全过程,实现全程育人、全方位育人,努力开创我国高等教育事业发展新局面[6];党的十九大报告进一步明确,要全面贯彻党的教育方针,落实立德树人根本任务[7]。从国家教育方针到习近平总书记讲话精神都已明确了高校立德树人的重要性和迫切性,将立德树人提升到战略性高度来认识和重视,为高校培养德才兼备、全面发展的人才明确了目标,提供了基本遵循;只有立"德"才能树人,体现"德"的重要性。为真正把"立德树人"落实到具体的教育教学中，改革和创新课程教育教学理念势在必行，"课程思政"教育教学理念的产生是对"立德树人"的积极回应，也是一种具体、科学的措施。

2. 实施"课程思政"的时代价值

"课程思政"理念的提出，是高等学校为适应新时代的高等教育的新形势而进行改革创新的一种思路、措施，便于更好地发挥所有课程的育人作用和功能，在新时代"课程思政"理念的提出，具有以下的时代价值：

2.1 实施"课程思政"是落实我国教育方针的迫切需要

高等学校是教书育人的地方，培养什么人、如何培养人及为谁培养人是关乎高等教育办学的方向性问题、是根本性问题。习近平总书记在 2016 年 12 月的全国思想政治工作会议上指出，我国有自己独特历史、独特的文化和独特的国情，我国的高等教育必须走自己的发展道路，办出中国社会主义的特色来，要把高等教育发展方向同我国发展的现实目标和未来的方向紧密联系在一起。"课程思政"是"寓思政于课程""课程承载思政"的课程教育理念，是进行思想政治教育活动的一种新途径和方式，体现的是国家和人民的意志，充分体现了为人民服务、为中国共产党治国理政、为巩固和发展中国特色社会主义制度服务及为改革开放和社会主义现代化建设服务的思想。对于实现我国的教育方针，具有十分重要的现实和理论价值。

2.2 实施"课程思政"是实现我国高等教育根本任务的现实需要

习近平总书记在 2018 年全国教育大会上指出，我国是中国共产党领导下的社会主义国家，这就决定了把培养社会主义建设者和接班人是我国教育的根本任务，我们培养的是拥护中国共产党领导和社会主义制度，立志为中国特色社会主义奋斗终身的有用人才；同样还在 2016 年的全国思想政治工作会议上指出，做好思想政治工作，各类课程要守好一段渠、种好责任田与思想政治理论课保持同向同行，形成协同效应。这就是对实施"课程思政"的根本诠释和具体要求。实施"课程思政"就是要在课程知识和技能的传授中挖掘课程的思想政治资源，加强价值引领和思想教育，积极弘扬社会主义核心价值观，厚植爱国主义，坚定大学生的理想信念，确保每门课程育人的正确方向，以实现我国高等教育根本任务。

2.3 实施"课程思政"是确保"三全育人"理念的实践需要

我们的教育方针是培养德智体美劳全面发展的人,而全面发展并不是各育均衡等同地发展,教书育人以德为先,道德、品德、思想体现育人的价值方向,事关育人的根本,因此,加强思想道德素质的培养需要通过"三全育人"的理念加以落实,集众人之力开展全过程、全方位教育,以取得真正的成效。实施"课程思政"在育人力量上,在育人过程及在育人内容上做到全覆盖,保证了全过程育人、全方位育人和全员育人,以改变传统片面的思想政治育人观念,即认为思想政治教育工作要么是思想政治课老师、班主任、辅导员的事,或者是党团组织的事,真正以全课程立体式、全覆盖的形式和途径,把教书育人体现在课程上、教学实践、专业训练中,融思想道德教育于知识传授、技能训练和专业实践中,提升教师的教书育人的能力,既做经师,又做人师。

2.4 实施"课程思政"是学科本位向教育本位理念转变的需要

高校人才的培养基本是以专业为背景进行的,传统的人才培养模式往往注重专业知识和技能的传授、训练,尤其是在毕业生就业相对紧张的时代背景下,对专业知识、专业技能的重视会更加突出,体现出专业学科知识、技能的本位思想,但专业的深层次必然涉及精神教育和价值观教育,如爱国情怀、责任意识、人文精神、科学精神、职业道德、职业态度等,而这些是人的根本性的素质,前者的教学是使人成为职业人或者专业人,而后者的教育则使人成为"人",涉及为谁培养人的问题。"课程思政"的实施,则通过挖掘专业课程的思想政治资源结合专业教学教育引导学生,更能让大学生体会到专业课程的人文价值与魅力,从中学会并懂得做人的道理,把准人和职业发展的方向,理解职业精神、工匠精神的可贵,会加深对职业的认知度、认可度及崇敬感,真正使得专业的学科本位向教育本科转变,这是一种学科教育思想的转变,有利于提高专业教育的人才质量,也真正体现出"以人为本"的教育思想。

3. 实施"课程思政"的时代意义

"课程思政"实施的时代意义在于,更好地发挥了高校立德树人的优势,提升了课程的育人质量，促进了广大教师的课程育人能力，具体如下：

3.1 实施"课程思政"有利于发挥高校立德树人的优势

高校是人才培养的地方，"立德树人"是高校的立身之本，立德是树人的基础，树人是立德的目的。高校作为一个相对独立的社会组织，有着自身的文化特征，她承担着引领社会思想和精神方向，尤其是互联网高度发达的当下，世界文化互相撞击的时代背景下，更要有一种文化自觉，尤其是在培养人的精神领域，坚守育人以德为先，成人再成才，如今加强中国特色社会主义核心价值观的教育和中国优秀传统文化的传承及公民道德教育是高校的责任和使命，"课程思政"的实施为高校立德树人提供了足够的育人资源、载体与空间，体现了中国高等教育在新时代的改革创新与发展理念，从文化育人讲，也是中国高等教育改革的文化自信，也是高等教育思想性、科学性、精神性的充分体现。

3.2 实施"课程思政"有利于提升课程的育人质量

"课程思政"的实施有利于发挥每门课程的综合育人作用，既能对学生进行相关专门知识、技能的传授与教学，更能通过挖掘每门课程中的思想政治育人资源，对大学生进行思想政治教育，提高学生的专业知识和思想品德等综合素养，主要是结合思想政治资源的教育，使学生在潜移默化中领悟爱国情怀、遵守法纪、乐于奉献、诚信品质，懂得宽容、合作助人等，充分发挥了课程的整体育人作用，提升了课程整体的育人质量；同时，通过"课程思政"的实施，另一方面也提升了课程自身的生命力、育人作用及地位。

3.3 实施"课程思政"促进了广大教师的课程育人能力

传统的课程观念，尤其是专业课程更多地侧重于专业知识的传授，更多地培养学生职业能力、技术，而对课程本身的育人考虑得相对不足，而"课程思政"的实施，使得教师重新审视、挖掘课程本身所蕴含的思想政治教育资源，运用并在教育教学实践中，更好促进广大教师的课程育人能力，真正做到教书与育人相结合，价值引领与知识传授相结合，营造出良好的育人氛围，成为新时代高校教育一道独特的风景线，真正把培养德智体美劳全面发展的人落到了课程的实处，确保了高等教育的育人质量。

3.4 实施"课程思政"为思想政治教育提供了丰富的载体和手段

实施"课程思政"改变了由原来传统的以思想政治理论课为主要思想政治教育工作载体和方法的局面，改变了单一的以理论教学为主的思想政治教育模式，开启了课程协同育人的模式，结合各课程的教育教学实际与育人资源，使高校思想政治教育的载体与手段更加丰富多样，也更贴近学生的学习、生活、工作，真正使思想政治教育做到了全覆盖、全过程、全方位，以达到良好的教育成效，是新时代高校思想政治教育的创新与发展。

4．结语

"课程思政"理念的提出主要目的在于为国家培养德智体美劳全面发展的中国特色社会主义合格建设者和可靠接班人，也是回应社会各界关注在新时代高校如何更好培养人的一种创新理念和科学的手段及措施，但"课程思政"理念的真正实施落实不仅需要教师的潜心教育，同时还需要高等教育管理部门的制度保障及科学评价等通力合作，这是一个系统性的教育运作过程，需要科学运筹和精心谋划，唯有如此，真正的"课程思政"育人才能开好花结好果。

参考文献：

[1] 陈宝生．切实推动高校思想政治工作创新发展——深入学习贯彻习近平总书记教育工作重要讲话精神 [N]．光明日报，2017-08-04.

[2] 施良方．课程理论 [M]．北京：教育科学出版社，1996：106.

[3] 张耀灿．现代思想政治教育学 [M]．北京：人民出版社，2006.

[4][5] 中共中央文献研究室．十八大以来重要文献选编（上）[M]．北京：中央文献出版社，2014：27、535.

[6] 把思想政治工作贯穿教育教学全过程 开创我国高等教育事业发展新局面 [N]．人民日报，2016-12-09.

[7] 党的十九大报告 [R]．新华社北京，2017-10-27.

第三节 高校推进"课程思政"的"三大育人"理念

本节主要论述了"课程思政"作为新时代高校思政教育改革的创新理念，是一种课程观念，也是一种教学理念，旨在促进大学生知识成才的同时达到精神成人，结合"课程思政"的本质内涵，研究认为推进"课程思政"教育改革需要坚持"课程育人"理念，明确显性教育与隐性教育的关系，发挥课程育人的特色，各课程协同育人；坚持"以生为本"育人理念，明确学生是课程思政的起点和目标，发挥好学生的主体性，要因材施教；坚持"立德树人"理念，明确"立德树人"的重要性，厘清"立德"与"树人"的关系，弘扬和践行社会主义核心价值观、中华优秀传统文化和道德，确保"课程思政"从理念走向实践。

引言

在 2016 年 12 月的全国高校思想政治工作会议上，习近平总书记强调，高校要坚持把立德树人作为中心工作，要把思想政治工作贯穿教学全过程，要实现全员育人、全方位育人，以开创新时代高等教育事业发展的新局面。"要用好课堂教学这个主渠道，思想政治理论课要改进中加强，……其他各门课都要守好一段渠、种好责任田，使各类课程与思想政治理论课同向同行，形成协同效应"。[1]，习近平总书记的讲话为我国高校进行"课程思政"教育改革提供了基本遵循，指明了发展的方向，同时明确了"课程思政"建设的基本要求。近些年来，各高校坚持立德树人，在加强思想政治理论课教学的同时，各门课程结合自身的特点开展思政育人的探索与实践，相关的研究论文也纷纷见诸各类公开杂志和报刊。通过诸多文献阅读和研习，认为"课程思政"作为新时代思想政治教育新的重要手段与途径，是顺应时代发展需要的产物，是新时代高校培养人的需要，在实施过程中需要坚持"三大育人"理念，以确保"课程思政"建设的初衷和成效。

1."课程思政"的基本内涵

1.1 课程的内涵

课程[2]一词起源于拉丁语，意为"跑道"。在学校教育中，其原始含义是指学习学科内容的进程。在我国，课程一词始见于唐宋间（陈侠，1989）。《朱子全书》中所提到的课程是指所分担工作的程度以及学习内容的范围、时限和进程。(1859) 一文中，是从拉丁文 (currere) 一词派生出来，原意是"跑道" (racecourse)。西方依据这个词源，将课程定义为"学习的进程"，简称"学程"。既可以指一门学程，也可以指学校提供的所有学程。（施良方，1996）。目前对课程有从广义和狭义两个方面来理解。从广义来看课程是学生在学校获得的全部经验，既包括学校的课程表所表示的正式课程，也包括学生的课外活动及对学生整个学校生活起潜移默化作用的校园文化的影响；既包括书本的知识内容，也包括对学生课内外各种活动的计划和安排。从狭义来说，课程是学校为实现培养目标而开设的学科及其目标、内容、进程、范围、活动等的总和，它主要体现在教学计划 (课程计划)、教学大纲 (课程标准) 和教科书中，是学生在教师的指导下共同参与教与学的活动。本文所讲的课程以狭义概念来定义。

1.2 思想政治教育的概念

有关思想政治教育的概念有很多种表述，当前较有代表性有的张耀灿教授对思想政治教育的定义。所谓思想政治教育[3]，是指一定的阶级、政党、社会群体按照一定的思想观念、政治观念、道德规范，对其成员施加有目的、有计划、有组织的影响，使他们形成符合一定社会、一定阶级所需要的思想品德的社会实践活动。概念明确了思想政治教育具有一定的阶级性和政治性，体现的是国家意志和阶级思想。从根本上明确了思想政治教育是培养什么人、为谁培养人的问题，符合本文的研究逻辑。

1.3"课程思政"的内涵

"课程思政"是近年来出现的新词，当前没有统一的概念界定，从现有研究来看较有代表性的有以下几种，邱伟光认为"课程思政"[4]是指学校所有的课程都要发挥思想政治教育作用，具体内涵是指高校教师在传授课程知识的基础上引导学生将所学的知识转化为内在德性，转化为自己精神系统的有机构成，转化为自己的一种素质或能力，成为个体认识世界与改造世界的基本能力和方法；高燕认为"课程思政"[5]是要将马克思主义理论贯穿教学和研究的全过程，深入发掘各类课程的思想政治理论教育资源，从战略高度来构建思想政治理论课、综合素养课程、专业教育课程"三位一体"的思想政治教育课程体系，促使各专业在教育教学上，都能善于运用马克思主义的立场、观点和方法，探索各类课程与思想政治理论课同向同行，形成协同效应，达到全面、全过程、全方位育人；沈贵鹏从心理学角度对"泛课程思政"进行了定义[6]，其认为现在一般所讲的"课程思政说是泛课程思政"，具体是指在思想政治理论课之外的各种教育中，同样蕴含着思想政治教育资源，既有显性资源，也有隐性资源，既有课堂的教学资源，也有课外的活动资源，既有书本的学习资源，也有社会的实践资源，教育者必须有意识地进行挖掘、利用、优化这些育人资源，形成立体化育人的格局，并以此传播马克思主义理论，使大学生树立正确的世界观、人生观、价值观。通过现有"课程思政"的研究综述发现，课程思政是除思想政治教育课以外的所有课程，要充分利用好自身课程的思政教育资源对学生进行思想政治教育，以达到知识传授和价值引领相结合，专业成才与精神成人相统一的课程观、教育观。它强调课程教学中把育人放在首位，旨在学生的全面发展和综合素质的提升，使专业课程更好地为国家、社会和人民服务。

2. "课程思政"应坚持的三大育人理念

"课程思政"作为新时代学校自我改革与自我发展的新理念、新思想，旨在提高课程的教育教学质量，提高育人的综合水平，促进学生在专业成才的同时更加注重学生的思想成人、精神成人，促进学生的全面发展。从"课程思政"的价值内涵和目标导向看，各门课程在实施过程中要坚持以下三大育人理念，以发挥"课程思政"在育人中真正体现"以生为本、立德树人"的根本任务和宗旨。

2.1 坚持以"课程育人"的理念，确保不同课程思政育人的特点

"课程思政"毫无疑问是以课程为载体进行教学与育人活动的。课程是对学科知识的有机融合，是专业和学科发展的基本支撑。"课程思政"的目标是培养德智体美劳全面发展的中国特色社会主义接班人，坚持以德为先、以德为本，就体现了"课程思政"的重要性和迫切性。

"课程思政"首先要明确思政政治教育的显性教育与隐性教育的关系，形成全面育人的格局。思想政治理论课是一门具体的、显性的思想政治教育课程，是高校思想政治教育的主渠道，具有引领作用，而其他课程是思政教育的隐性课程，是利用课程自身所蕴含的思政资源进行融合的教育，具有隐性教育作用，起到协同效应。

其次，"课程思政"要处理好知识传授、技能训练与价值引领的关系，要重视各课程中思想政治教育的功能，不是把所有课程都上成思政课，而是在知识传授、技能训练、专业实习的同时与思政教育的目标进行有机融合，知识传授不能没有价值引领，同样价值引领也离不开专业知识、技能学习的底蕴，从一定程度上讲知识包含一定的价值引领，这就需要以课程为载体进行育人。

再次，"课程思政"需要协同育人。思想政治教育所包含的内容丰富，有思想教育、政治教育、道德教育、法律教育及心理教育等，"课程思政"就是帮助学生在知识学习、技能形成的过程中，构建积极向上的精神世界、良好的道德品质、坚定的理想信念。由于不同课程所蕴含的思政内涵不同，对于德的渗透程度也不一样，对于育人的价值涵纳度也不尽相同，所谓涵纳度 [7] 是指课程内容本身所体现的价值内涵的多少，哲学社会科学作为研究人和社会发展规律的学科，其蕴含了丰富的价值内涵，体现了人的生存和发展的现实需要，反映了人在社会生活不同领域所需要的价值形态；而自然科学主要是人对自然认识和规律的把握，其所体现的是科学精神、理性意识等；技能课程需要学生精益求精的工匠精神等；不同的课程在育人上要保持同向同行，共同培育学生的思想品德，但不同的课程要遵循马克思主义思想的价值指导，同时要挖掘自身的思政资源，发挥课程自身的育人优势，不同课程形成合力的思政教育，才能真正确保"课程思政"的育人成效，才能以不同的课程资源培养学生的综合

素质，促进大学生的全面发展。

2.2 坚持"以生为本"育人理念，确保"课程思政"实施的正确方向

高校是育人的地方，而学生既是教育的起点，也是育人的目标，而课程是进行教育教学的基本载体。坚持"以生为本"育人理念，首先，就是教育要以学生为中心，"课程思政"建设同样也要围绕学生、服务学生、促进学生成长成才，"课程思政"的改革与发展要从学生的实际出发进行，要结合学生的专业认知、思想状态、专业情感等，正视学生的实际需要，把思政教育的逻辑起点和终点归结于学生。在各类课程中要进一步强化思想政治教育的引导，用习近平新时代中国特色社会主义思想武装大学生的头脑，用社会主义核心价值观来引领学生，用中华优秀传统文化熏陶学生，通过课程来教育人、塑造人、关心人、帮助人，利用好课堂主渠道和主阵地来丰富大学生的精神世界，使他们成为践行社会主义核心价值观的先锋、倡导者，正确处理好个人与集体、个人与社会、个人与国家的关系，正确把握物质需要与精神需要的关系，正确认识当前国际形势和我国的发展大势。

其次，坚持"以生为本"育人理念要进一步发挥好学生的主体性作用。学生是"课程思政"学习的主体，他们不仅能动地反映外部世界并进行自我认识，同样对"课程思政"所传递的教育内容加以识别、选择与接受，从而不同程度地提升自我的思想道德水平，他们的主观能动性能否有效地发挥直接影响到"课程思政"的实施效果，苏霍姆林斯基指出："培养全面发展的、和谐的个性的过程，在于教育者在关系人的每一个方面特征的完善的同时，在任何时候也不要忽略这样一种情况，即人的所有方面和特征的和谐，都是有某种主导的、首要的东西决定的。"[8]

再次，坚持"以生为本"育人理念要尊重学生的思想差异，平等地对待每一个学生，尊重他们的个性和人格，在遵循因材施教原则的基础上，遵循思政教育规律和大学生的成长规律，以更好地激发大学生的学习兴趣和主动性、创造性，真正在课程的知识传授、能力培养中进行理想信念的教育。课程思政的价值主要体现在专业学习和技能传授中满足学生的精神成长和文化需要，课程思政改革中始终要了解学生的精神文化需要，有针对性地把课程思政的思想教

育、价值引领、道德感化等真正融入课程，通过课程教学教育，使六学生感受到知识、技能背后创造者高尚的人格力量和强大的精神动力，使课程思政真正带给他们在思想、道德、理想、精神上的改变和提升。

2.3 坚持"立德树人"理念，抓牢"课程思政"建设的核心要义

进入新时代，习近平总书记多次强调立德树人是教育的根本任务，他在2016 年全国思想政治工作会议上强调，高校立身之本在于立德树人，是教育的根本任务；又在十九大报告中指出："要全面贯彻党的教育方针，落实立德树人根本任务，发展素质教育，推进教育公平，培养德智体美全面发展的社会主义建设者和接班人。"[9]

课程思政要坚持立德树人理念，首先要充分认识和理解"立德树人"理念的重要性和迫切性。人无德不立，国无德不兴，立德树人也是我们中华民族的优秀文化传统，在漫长的中华民族发展历史中，我国建立了一套融个人伦理、家庭伦理、国家伦理及宇宙伦理的道德价值体系。当今世界正处于百年未有之大变局，互联网时代各种信息的快速传播、交流、共享已经全球化，使得各种价值观念的交锋、碰撞与冲突会日益激烈，西方意识形态对大学生的渗透从未停止过，反而变得手段多样、形式和内容变得更加隐蔽，一些腐朽的享乐文化、拜金主义、精致利己主义等也会随之而来，大学生在这种复杂的环境中成长迎接着各种思潮的挑战，这时就更需要加强大学生的思想道德教育。

其次就是我们要认清"立德"与"树人"的本源关系，"树人"的依据在"立德"，以德立身，以德育人，以"立德"来"树人"；"立德"是"树人"的手段与方式，"树人"是"立德"的最终目的。立什么德，树什么人，与人的素质与社会发展是密不可分的，德应该是具体的，具有时代特征的，也是具有丰富的社会内涵的。因此，课程思政的整体设计要服务于立德树人的教育内在要求。

再次，坚持立德树人，要明晰具体的立德内容。从具体内容来看，课程思政的立德树人，就是要把社会主义核心价值观融入教育教学的全过程，使专业知识的学习与思想道德的培养相统一，理论学习与社会实践相统一，全面发展与个性发展相统一，倡导广大青年学生成为社会主义核心价值观的坚定信仰

者、积极传播者和模范践行者；就是要把中华优秀传统文化和传统美德融入课程教育教学的全过程，坚持马克思主义道德观、社会主义道德观，倡导共产主义道德，以为人民服务为核心，以集体主义为原则，以爱祖国、爱人民、爱劳动、爱科学、爱社会主义为基本要求，始终保持公民道德建设的社会主义方向[10]；传承好我国传统文化的思想精华和文化精华，引导广大学生坚定对中国特色社会主义的道路自信、理论自信、制度自信和文化自信；努力使广大青年学生坚定理想信念，志存高远，脚踏实地，勇做时代的弄潮儿，在为人民利益的不懈奋斗中书写人生华章[11]。

3．结语

"课程思政"在于着力解决知识传授与价值引领、思想教育的关系，旨在各门课程挖掘自身所蕴含的思政资源，把思想政治教育的元素融合到教学目标、教学内容、教学方法、教学手段与教学评价体系中，在专业知识的传授中融合人文精神、家国情怀、科学精神、传统美德等。以"课程育人"是进行"课程思政"的基础，"以生为本"是"课程思政"教育改革的方向和目标，"立德树人"是"课程思政"进行教育的具体内容。

参考文献：

[1] 习近平在全国高校思想政治工作会议上强调：把思想政治工作贯穿教育教学全过程，开创我国高等教育事业发展新局面 [N]. 人民日报，2016-12-09.

[2] 钱利安，黄喆 . 新时期高职体育课程建设的理论研究与实践调查 [M]，北京：中国原子能出版社，2012：2.

[3] 张耀灿 . 现代思想政治教育学 [M]. 北京：人民出版社，2006.

[4] 邱伟光 . 课程思政的价值意蕴与生成路径 [J]. 思想理论教育 2017（07）10-14.

[5] 高燕 . 课程思政建设的关键问题与解决路径 [J]. 中国高等教育，2017（08）11-14.

[6] 沈贵鹏 . 心理学视域中泛课程思政的特点诠释 [J]. 思想理论教育，2018

（09）66-71.

[7] 高国希，叶方兴 . 高校课程体系合力育人的理论逻辑 [J]. 中国高等教育，2017（23）10-13.

[8] 苏霍姆林斯基 . 论德育和全面发展 [J]. 国外教育资料，1980(1)：16.

[9][11] 习近平 . 决胜全面建成小康社会　夺取新时代中国特色社会主义伟大胜利——在中国共产党第十九次全国代表大会上的报告 [N]. 人民日报，2017-10-28.

[10] 中共中央、国务院 . 新时代公民道德建设实施纲要 [Z].2019-10-27.

第二章　高校体育课程思政研究

本章主要就体育课程思政的现状进行了综述分析，结合体育学科的特点探析了体育课程在开展思政教育中所具有的自身优势，并按课程思政的教育特点和要求，梳理了高校"体育课程思政"所应遵循的基本规律，为体育课程开展思政教育和其他课程思政教育提供理论参考。

第一节　高校体育课程思政研究综述

本节以文献资料法、比较法、归纳法等对高校体育课程思政研究现状进行综述，分别对体育课程思政概念、体育课程的思政资源、体育课程思政的特点、体育课程思政的基本策略与路径、不同体育项目的思政研究现状及体育课程思政理论研究的状况及存在的不足进行了综述，并提出了体育课程思政研究发展的建议，为体育课程实施思政教育提供基本参考。

引言

上海大学作为第一个探索"课程思政"教育理念的大学，于2014—2015学年第一学期开始推出《大国方略》课程，受到大学生们的喜爱，表明课程思政教育理念在局部课程的实践教学中取得了阶段性成功。2016年12月，习近平总书记在全国高校思想政治工作会议上也强调指出：要把思想政治工作贯穿教育教学全过程，其他各门课程都要与思想政治理论课同向同行，要守好一段渠、种好责任田，以开创我国高等教育事业发展新局面。为认真响应党中央和习近平总书记关于加强思想政治教育的号召，进一步提升高等教育质量，全国各级各类学校相继开启了探索与改革"课程思政"教育、教学的实践，各高校党委、行政部门十分重视课程思政的改革，各门课程积极响应开展实践探索。

体育作为高校育人的重要内容和载体，有着丰富的育人资源，其对大学生的思想政治教育有着其独特的作用。一直以来，高校体育作为一门公共学科和必修课程，在教学目标上，强调对大学生进行运动技术、技能传授和增强身体健康的同时，也应在课程中融入思想品德的教育和意志品质等心理素质的培育，随着近些年来，课程思政研究的兴起，不少体育教育教学工作者、学者、研究人员，就体育课程如何贯彻好"课程思政"理念也进行了认真的探索与实践，本文就阶段性体育课程思政进行研究综述，以期厘清当前高校体育"课程思政"进展的现状、取得的成绩及存在的不足，为更好地开展体育育人、体育"课程思政"研究提供参考。

1. 体育课程和思想政治教育的概念及内涵 [1]

1.1 体育课程概念

教育部于 2002 年发布了《全国普通高等学校体育课程教学指导纲要》（以下简称《纲要》），其中认为体育课程是大学生以身体练习为主要手段，通过合理的体育教育和科学的体育锻炼过程，达到增强体质、增进健康和提高体育素养为主要目标的公共必修课程；是学校课程体系的重要组成部分；是高等学校体育工作的中心环节。作为必修课体育是促进大学生身心健康的重要手段与途径，是高等教育的重要教育内容。为实现体育课程目标，体育课程在结构上还包括课外体育锻炼及竞赛等。

1.2 体育课程性质

《纲要》认为体育课程的性质是寓促进身心和谐发展、思想品德教育、文化科学教育、生活与体育技能教育于身体活动并有机结合的教育过程；是实施素质教育和培养全面发展的人才的重要途径。体育作为一门以身体练习为主要手段的课程，其对大学生的全面发展不仅限于生理上体质的增强，同样在思想、心理、品德等方面具有其独特的作用和教育价值。

1.3 思想政治教育的概念

思想政治教育 [2]，是指一定的阶级、政党、社会群体按照一定的思想观念、政治观念、道德规范，对其成员施加有目的、有计划、有组织的影响，使他们形成符合一定社会、一定阶级所需要的思想品德的社会实践活动。概念明确了思想政治教育具有一定的阶级性和政治性，体现的是国家意志和阶级思想，具有时代性。

1.4 思政政治教育的内容

思想政治教育的内容随着社会的发展变化而逐步扩展与丰富，进入新时代大学生思政政治教育的内容涵盖政治教育、思想教育、道德教育、心理教育及法制教育等 [3]，是促进大学生成为全面发展的人的必要教育课程内容和途径，关系到高校培养什么人，为谁培养人的根本性问题，最根本的是解决学生的思想认知、价值观的形成、心理健康及法纪意识等。

1.5 课程思政与体育课程思政的概念与内涵

当前对课程思政概念的阐述较有代表性是邱伟光教授，他认为"课程思政" [4] 是指学校所有的课程都要发挥思想政治教育作用，具体内涵是指高校教师在传授课程知识的基础上引导学生将所学的知识转化为内在德性，转化为自己精神系统的有机构成，转化为自己的一种素质或能力，成为个体认识世界与改造世界的基本能力和方法。

目前已有不少体育科研人员开始研究体育课程思政，但对于体育课程思政的概念并没有统一的定义，结合课程思政概念及基本内涵，我们认为体育课程思政是指利用体育课程的特点、优势及蕴涵的思政资源对大学生进行思想政治教育的过程，使大学生通过育体达到育心立德铸魂的思政教育目标的教育活动。

2. 体育课程思政资源的涵纳度及其主要内容

所谓体育课程思政资源的涵纳度[5]是指体育课程所蕴含的思政教育价值或反映思想教育内容的多少。作为以身体练习为基本手段的实践性课程，体育课程的思政涵纳度需要体育教师的深入挖掘和理性分析。

有关体育教学中进行思想品德教育较为经典的教材有1994年由刘清黎主编，高等教育出版社的《体育教育学》[6]，概括了体育教学中思想品德教育的内容：①社会主义思想品德教育，培养顽强的意志品质和道德信念教育；②爱国主义，为建设和保卫祖国锻炼身体；③集体主义教育，爱祖国、爱人民、爱护公共财物，集体利益高于个人利益；④民主法制和组织纪律教育，坚持体育规则面前人人平等；⑤劳动教育，培养学生热爱劳动、爱惜劳动成果和尊重劳动者的品质。为后继体育教学中开展思想政治教育提供了基本的内涵。

2008年学者李倩、朱晓春等[7]认为体育教育对提高学生思想道德素质的重要作用：①体育教育是对学生进行爱国主义教育的最佳手段；②体育教育可以培养学生优良的思想品德（培养吃苦耐劳、坚韧不拔、勇敢顽强的拼搏进取精神、服从组织、遵守纪律、团结合作的体育道德作风）；③体育教育可以培养学生良好的心理素质（朝气蓬勃、充满活力、生活愉快、精神健康，协作心理、宽容心理、进取心理、同情心理和创造心理）；④体育教育对提高学生审美素质有重要作用，如造型美、表演艺术美、人体美等。

2009年黄广谋[8]从校园体育文化的角度论述了体育课程的思政教育内涵与作用。其认为校园体育文化是作为校园范围内的关于体育运动的物质和精神文明的总和，既是体育文化的一个重要组成部分，又是学校教育的重要组成部分。校园体育文化建设推动爱国主义教育；校园体育文化建设推动集体主义教育；校园体育文化建设激发大学生的进取精神；校园体育文化建设促进大学生心理调适；校园体育文化有利于健全学生的人格。

2015年金炜[9]在其硕士论文中也阐述了高校体育是道德培养的有效载体，认为内蕴于体育的爱国精神、拼搏精神、合作精神，调节心理、增强审美等对大学生的道德素质培养有着极其重要的作用；王洪琴学者从体育课如何配合大学生思想政治教育的论文[10]中阐述了体育所蕴含的思想政治教育内容和作用，其认为：体育课程的教学过程是学生身体、心理和思维同时修炼的过程；体育课程教学较强的生理和心理负荷有助于意志品质培养；体育课程教学中的体育竞赛规则有助于培养公平公正平等法治意识；体育课程教学中的团体项目有助于团队和集体精神的培养。

钱利安[11]从精神教育视角分析了体育教育中培养大学生思想道德素质的主要内容有：培养大学生的积极参与精神，顽强拼搏精神，"公平、公正、公开"精神，团队合作精神，超越精神，意志品质的培养等。

常益[12]在其博士论文中认为，高校体育教学中对大学生思想政治教育体现在：对大学生爱国主义精神、集体主义精神、大学生竞争精神、意志品质、加强审美意识的培养，提高大学生的思想政治素质，引导大学生为建设社会主义事业做好准备。

综上研究内容，结合大学生思想政治教育的基本内容，据于体育课程的特点，我们认为体育课程开展思想教育的主要内容包括：心理上意志品质的培养，如顽强拼搏、抗挫品格等，思想道德品质上的培养，如爱国、诚信、合作互助品质等，精神素质上的培养，如"公平、公正"规则精神，团队合作精神，超越精神的培养等，基本涉及思想政治教育的各个方面，是思想政治教育内容涵纳较高的课程，无疑作为人文类课程体育是开展大学生思想道德素质教育的重要途径与载体。

3. 体育课程思政教育的基本特点[13]

3.1 体育课程思政育人的开放性与直观性

以身体练习为主要教学手段的体育课程，不同于其他学科教学，一般在开放的室外场所进行教学，活动范围大，需要知行一致，体育课程往往注重大学生行为的积极参与，注重良好的心理体验和个性释放及良好人际关系的营造，大学生在体育运动中易显露自我的个性、本性，流露自我最真实的情感、道德禀性等，体育是对大学生进行思想道德教育和实践检验的一个良好机会与有效途径。

3.2 体育课程思政育人的动态性和实践性

体育课程的身体练习性注定了课程是动态的，且为了增进身体健康，增强体质及掌握体育运动技术等，需要大学生在体育运动实践中承受运动生理负荷，运动实践中大学生是否能坚持吃苦耐劳，是否能正确面对相对枯燥的重复练习保持较乐观的心态，是否能积极与同学合作、服从团队的安排等，都能体现大学生个人的思想品德与修养，和以理论说教为主的思想政治课有着截然不同的风格与要求，真正彰显了以"体"育人的特点，也体现了道德养成的基本要求，即不仅要听其言，还要观其行，真正使道德知识转化为道德认知，并把道德知识内化为道德素养，形成良好的道德情感，外化为道德行为。

3.3 体育课程思政育人的突发性与即时性

体育课程的身体练习是显性的，作为一种身体动作、行为，是随时随刻都在进行的，无论是一般的动作学习、练习，还是激烈的竞技比赛，都体现了一个人的思想道德状态，体育的技能规律需要大学生学会不放弃和秉持熟能生巧的工匠精神，体育的竞技性需要大学生不断超越自我，同时又需要遵守比赛的规则，以达到公平、公正，然而，大学生大多争胜好强，由于对于胜负的不同态度，往往易出现冲突，有的甚至为了获取胜利不择手段、违反规则等不良行为，反之，也会表现出精诚团结，敢于克服困难、拼搏进取等积极向上的行为，这些都是进行大学生思想道德教育的良好契机。体育教学中这种具体的案例和行为的突发性强，瞬间即逝，要善于把握，这是体育课程思政教育的又一重要特征。

4. 体育课程实施思政教育的策略与路径综述

4.1 体育教育中大学生道德素质培养的基本途径

刘清黎[14]认为体育教育中进行德育的基本途径有：①严格课堂教学，坚持教书育人，做到突出教师榜样作用；同时要结合体育教学的特点，结合教材内容特点深究教材思想性；要坚持规范性指导，认真、合理地处理突发性事件等；②加强课外体育活动教育性，结合评比等培养学生锻炼习惯和意志品质；

胡启良[15]等从文化学的视角，认为高校校园体育文化对大学生思想政治教育互动的途径主要有：①高校校园体育文化与大学生思想政治教育在物质文化方面的互动，如外观性、实在性和想象性的体育物质文化；②高校校园体育文化与大学生思想政治教育在精神文化方面的互动，如持之以恒不放弃的精神、拼搏的精神等；③高校校园体育文化与大学生思想政治教育在制度文化方面的互动，如公平竞争、重在参与等；促进高校校园体育文化与大学生思想政治教育互动的策略研究：①通过校园体育物质文化建设，为大学生思想政治教育提供良好的育人空间；②通过校园体育精神文化建设，为大学生思想政治教育提供良好的育人氛围；③通过校园体育制度文化建设，为大学生思想政治教育营造规范、有序的环境；④发挥大学生思想政治教育在校园体育文化建设中的导向作用。

4.2 体育课程中融入思政教育的基本方式

王秀阁[16]认为从体育"课程思政"的实践来看，体育课程中进行思政教育的基本有两种方式：一种是"融入式"，就是在体育教学过程中融入与体育专业课程知识密切相关的先进人物、辉煌历史及经典事件等内容；二是"挖掘式"，就是深入挖掘专业课程知识或体育专业技能中蕴含的发展历史、内在精神及崇高品质等思政元素。

5. 提升大学生思想政治教育效果的体育教学策略述评

王洪琴[17]认为在体育教学提升大学生思想政治教育的基本策略是：①运用不同教学方法和教学形式的策略和设计，如采用竞赛法、角色交换法、示范观摩法、结对互助法等；②规范学生行为培养良好习惯的策略和方法，即把大学生道德素质的培养融入日常的体育练习、体育管理工作中。

王秀阁[16]认为要加强体育"课程思政"建设效果，教师应明确建设的基本要求：①是在体育课程内容上要实现知识传授、价值观引导的有机统一。即在体育课程教学中要做到寓价值观引导于知识传授之中；②是实现体育知识传授、价值观引导统一的规范化；③是在选择体育"课程思政"元素时，不仅要注意与体育课程的内容相适应，而且要注意与学生的特点与思想现状相适应，让思政元素能够反映学生体育需求与存在的思想问题，以满足学生成长发展的需求。

6. 不同体育课程及项目开展思政教育的现状研究

王佃娥、杜发强[18]就体育类专业课程如何进行思政教育进行了分析论述，文章分析体育类专业课程要结合国家整体战略安排，分别就体育专业课程的思政目标、具体的思政内容体系、实施途径及其实施的效果评价等展开研究。研究认为体育教育专业课程主要围绕体育教师的职业素养和家国情怀展开教育，运动训练专业课程主要结合教练员的职业素养和民族使命感进行，社会体育指导与管理专业课程主要对社会体育工作专业素养和服务意识进行教育，民族传统体育专业针对业务能力和中国体育（武术）文化自信与道路自信的构建而展开，运动人体科学专业主要集中在夯实理论基础、强化实验研究能力和践行科学精神三个方面。

韩耀刚、刘树军[19]等对民间体育专项教学育人进行了思政融入研究，调查表明对体育课程思政的认可度高，且前5位的育人元素依次是坚持、团队、自信、包容和分享；王稳、李晓华[20]等认为在武术中进行"情义"思政元素的挖掘有利于武术道德教育，有利于大学生对"中国心""民族魂"的认同；郭张箭、张雅琪[21]等认为结合体操专业课技术技能的学习逻辑，结合礼仪教化是体操专业课程进行思政教育的一个理想途径；黄晓波[22]以乒乓球课程为例，对体育课程思政进行了探索；王钰、孙延林等[23]以运动心理学课程为载体，探索课程思政，主要从自我决定理论出发，立足学生个性特征和对学习的不同需求进行分析，围绕如何满足其自主性、能力感和归属感设计教学并实践激发和内化学生协同吸收专业知识和思政资源的动机环境，在日常教改中实现了5个加强：坚持以生为本，精心挖掘课程思政资源并进行有机融合；教师是基础，着力构建和提升专业教师团队的育人能力确保课程思政教师队伍上的"专"；问号课堂，解惑——融会贯通专业知识和思政资源的逻辑性及价值意义；活学活用，设置课堂情境促进思政资源内化的教学设计上的"活"；知行合一，做中学，磨砺意志深度夯实思政教育的教学手段上的"实"；张娟、周红萍[24]等为了实现《体育概论》课程思想政治教育目标，对其课程思政的教学方案分为三个阶段进行设计，即为分析阶段、规划阶段和反馈阶段。分析阶段主要从社会、学生和课程本身进行分析；规划阶段则对课程育人目标以及各章节育人目标进行具体设定，并挖掘课程内容的切入点，对教学方法手段和教学过程进行合理设计；反馈阶段是对教学方案实施后的反馈与修正。其他也有羽毛球、篮球项目进行思政教学探索的教学和科研论文，但数量并不多见。

7. 体育课程实施思政教育的现状与不足

对于体育课程实施思政教育的不足，较有代表性的观点如下：2007年李静波[25]等通过实验调查研究发现，在体育教学中存在教育不到位的现象：①有些教师只教书不育人等问题，轻视或忽视对大学生的思想品德教育；②有些体育教学存在教学内容思想性不足、放任自流、只教书不育人、见物不见人的问题；③从学生的抽象调查来看，有些体育教学只注重体育技术技能的练习和身体素质的练习，只侧重比赛的胜负，而忽视对大学生的思想教育和体育道德的培育；④有些体育教学中存在着个人英雄主义、自私自利、恃强凌弱、小团体主义、盲目的明星崇拜，以及狭隘民族主义等倾向；⑤有些学校体育比赛存在着弄虚作假、裁判不公以及球场暴力、攻击裁判等不良现象。

2015年金炜[26]在其硕士研究生论文阐述了高校体育道德培养的不足：①对高校体育道德培养功能的认识不够。原因之一就在于高校没有建立相对完善的考核体育教师的合理制度和科学体系，在实际教师考核中过多强调课时和科研，而没有把"对学生进行道德教育"的考核纳入教师工作评价的体系；体育课不仅能够锤炼大学生的意志品质，而且还可以培养他们良好的个性和性格。调查显示，学生认为部分体育教师自身还不能充分认识到体育的道德培养功能，且不能在传授运动技术、技能的同时，兼顾到对大学生心理健康和人际交往能力的教育、引导和培养；②高校体育道德培养目标不明确，重视爱国主义、社会主义教育，但道德信念教育、心理健康教育、人际交往能力教育等方面未能够有清楚、深刻的认识；体育教学目标中抽象的道德教育目标与体育教学的内容和实践联系不紧密，导致其指导现实的功能差；教育目标不明确，往往导致学校和教师更加不能充分认识教学情境与学习环境建设的意义，从而导致高校体育道德培养功能的发挥不够充分；③高校体育道德培养实践相对空洞。体育自身的基本功能是陶冶情操、培养合作精神、民族自尊、意志品质等，所以社会主义、爱国主义、集体主义教育等目标就能很自然地成为体育课程思政教学目标，但是体育实践存在的一个很重要问题就是目标如何真正的具体化，融入每门课程、每个运动项目中去；教师和评价标准往往只注重学生运动能力、运动成绩的提高，而不去关注学生在体育教育中学生道德素质的成长与发展，如大学生心理的自我体验、道德情感的认可等，使得体育课程思政教育落地难，成为一种理念而高高挂起，从而失去实际的教育意义。

8. 关于体育课程思政理论研究的现状及趋势

8.1 体育课程思政教育研究的现状

有关体育课程思政的研究截至 2020 年 6 月 20 日，从中国知网搜索主题"体育课程思政"，共有 108 篇相关论文，其中涉及"课程思政"研究 39 篇，"思政教育"35 篇，"体育课程"25 篇，"大学体育"22 篇，"高职体育"18 篇，"体育教学"17 篇，"体育运动"12 篇，"教学内容"2 篇，实证研究 2 篇。从年度研究文章数来看，2015 年 2 篇，2017 年 2 篇，2018 年 17 篇，2019 年 45 篇，2020 年上半年 42 篇，体育作为一个人文社会科学在思政教育上有着独特的优势，但研究的广度和深度均有发展的潜力和空间。

8.2 体育课程思政研究的发展方向

基于上述体育课程思政的研究现状，体育课程思政研究尚处于起步阶段，理念研究的深度和广度都有待进一步提升，主要在以下几个方面需要深入探索：首先要在教材建设、不同体育运动项目思政资源的挖掘上下功夫，要使思政教育内容进教材这是基础，以保证思政教育真正进课堂、进头脑；其次，加强体育课程思政教育的实证研究，以了解学生对体育课程思政教育的诉求；第三、体育师资队伍能力的培养是关键，要加强对体育教师思政教育能力的培养，研究体育教师的育人能力；第四、体育课程思政教育教学模式的研究需要更进一步深入探索，以提供可参考、有效的育人模式，这些将更有利于提升体育在育人中的地位和良好效果。第五，如何构建一个适合体育课程思政的评价体系同样值得我们深入研究与思考。

9. 结语

体育作为人类改造自我的重要手段，不仅能增强体质、改善生理功能，体育同时也能给人类的精神、道德、心理等带来许多的磨炼、锻炼与提升，在我们全面进入中国特色社会主义小康社会的新时代，体育的全面功能需要我们重新认识，体育对人类自身的发展应有更大的作用和能量。建设健康中国应有体育的贡献，作为育人的重要内容，高校体育在思政教育中的作用，需要每个体育人，尤其是高校体育教育工作者更要认真研究与实践探索。

参考文献：

[1] 教育部关于印发《全国普通高等学校体育课程教学指导纲要》的通知，教体艺〔2002〕13 号 [Z].2002-8-6.

[2] 张耀灿，郑永廷等 . 现代思想政治教育学 [M]. 北京：人民出版社，2006：50.

[3] 陈海晓 . 体育在大学生思想政治教育中的作用及其实现途径研究 [D]. 兰州交通大学硕士论文，2017-6.

[4] 邱伟光 . 课程思政的价值意蕴与生成路径 [J]. 思想理论教育，2017（7）：10-14.

[5] 高国希，叶方兴 . 高校课程体系合力育人的理念逻辑 [J]. 中国高等教育，2017（23）：10-13.

[6][14] 刘清黎 . 体育教育学 [M]，高等教育出版社，1994（6）129-132.

[7] 李倩，朱晓春 . 大学体育与学生思想道德教育探讨 [J]. 体育文化导刊，2008（02）100-101.

[8] 黄广谋 . 校园体育文化建设是推动高校思想政治教育的重要途径 [J]. 教育与职业，2009（01）168-169.

[9] 金炜 . 论高校体育的道德培养功能 [D]. 北京化工大学，2015-6.

[10] 王洪琴 . 关于体育课配合大学生思想政治教育的思考 [J]. 思想政治教育研究，2015（10）：120-122.

[11] 钱利安 . 精神教育视阈下体育促进大学生精神成人的研究 [M]. 浙江工商大学出版社，2018-11.

[12] 常益 . 大学体育的思想政治教育功能研究 [D]. 东北师范大学，2019-6.

[13] 李闻宇 . 体育教学与大学生思想道德建设 [D]. 东北师范大学，2009-5.

[15] 胡启良，兰自力，王云玲 . 论高校校园体育文化与大学生思想政治教育互动的策略 [J]. 首都体育学院学报，2010（3）：70-73、89.

[16] 王秀阁 . 关于"课程思政"的几个基本问题——基于体育"课程思政"的思考 [J]. 天津体育学院学报，2019（3）：188-190.

[17] 王洪琴 . 关于体育课配合大学生思想政治教育的思考 [J]. 思想政治教育研究，2015（10）：120-122.

[18] 王佃娥，杜发强 . "课程思政"背景下体育类专业课程建设思考 [J]. 学校党建与思想教育，2020（2）：56-58.

[19] 韩耀刚，刘树军 . "项目育人"民间体育专项课程思政的教学实践研究 [J]. 教育教学论坛，2020（3）：68-69.

[20] 王稳、李晓华 . 承继"情义"文化：促进大学武术"课程思政"建设的有效途径 [J]. 南京体育学院学报，2020（2）：77-78.

[21] 郭张箭，张雅琪 . 礼仪教化：高校体操专业课实施课程思政理念的突破口 [J]. 体育科技，2020（1）：119-121.

[22] 黄晓波 . 课程思政背景下高职体育教育选项教学探索——以内江职院乒乓球教学为例 [J]. 福建茶叶，2020（1）：130.

[23] 王钰，孙延林，戴群等 . 自我决定理论视域下运动心理学课程思政改革创新研究 [J]. 天津体育学院学报，2020（1）：7-22.

[24] 张娟，周红萍，汪哲 . 基于立德树人的《体育概论》课程思政教学方案设计思路 [J]. 湖北文理学院学报，2019（11）：85、88.

[25] 李静波，曹策礼，石宏 . 体育教学对我国大学生思想品德影响的研究 [J]. 北京体育大学学报，2007（10）：1404-1406.

[26] 金炜 . 论高校体育的道德培养功能 [D]. 北京化工大学，2015（06）：10-13.

第二节　高校体育实施课程思政的文化自信

本节以文献资料法、比较研究法、归纳法，从高校体育学科的特殊性出发，对体育实施"课程思政"的文化自信进行了分析，主要有体育育人的历史文化自信，体育学科政治制度自信，体育学科的理论自信，体育学科特有的育人自信：即课程目标设置上、学科的道德实践性上和课程教育过程符合大学生思想道德养成规律性及课程的"人文性"特点符合大学生思想品德养成的心理规律、体育课程文化与思想政治教育目标的契合性上。

引言

上海大学作为第一所尝试探索"课程思政"教育理念的大学，于2014—2015学年第一学期开始推出了《大国方略》课程，受到了大学生们的喜爱，取得了较好的育人成效。在2016年12月7—8日北京召开的全国高校思想政治工作会议上，习近平总书记强调：要把思想政治工作贯穿教育教学全过程，其他各门课程要与思政课程保持同向同行，要守好一段渠、种好责任田，发挥好各门课程的育人功能，为开创我国高等教育事业发展新局面而贡献各门课程的育人作用。在习近平新时代中国特色社会主义思想的指引下，在上海市高校的引领下，浙江、北京、南京、吉林、湖北等高校也相继探索"课程思政"教育教学改革，各门课程也随之按"课程思政"的要求进行认真研究与探索。所谓"课程思政"，简而言之就是每门课程中都要融入思想政治教育，在知识、技能传授的同时积极挖掘课程中的"思政"元素进行教育，做到价值引领与知识传授相结合，教书与育人相结合，旨在培养一大批实现中华民族伟大复兴的时代新人和中国特色社会主义合格建设者、可靠接班人。体育作为学校教育的重要"一育"，对学生的思想、道德及精神的影响是全面、深刻、持续的，体育作为一门以身体练习为主要形式的实践课程，其有自身的育人特点和方式，在全面推行"课程思政"教育教学改革的环境下，充分认识体育课程在以"体"

育人上的文化自信，对于深入推进体育课程实施"课程思政"教育教学改革必将有着十分重要的现实和理论指导意义。

1. 文化自信的基本内涵

1.1 文化

从现有的文献资料来看文化的概念是多种多样的，按《现代汉语词典》（第六版，2016 年）对文化的定义："人类在社会发展过程中所有物质财富和精神财富的总和"。张岱年和方克立先生在著作《中国文化概论》中认为文化的含义[1]是人化或人类化，是人类通过社会实践活动，适应利用改造自然界客体而逐步实现自身价值的过程。文化一般包括物质文化、制度文化、行为文化和精神文化。

1.2 文化自信

自信是指主体对自我达到目标能力的高度认可。所谓文化自信[2]是指文化主体的一种满足心态、价值追求和精神向度，是文化主体身份认同的诉求和标志，是文化主体在文化上扩展自我、提升自我的表现。通俗意义上讲，文化自信就是文化主体对自身文化高度认可的信心和自豪感，其特点[3]表现为：一是对自身文化认可和传承的信心；二是对吸收外来文化的勇气和魅力；三是对自身文化发展前景的憧憬的决心。习近平总书记多次强调："文化自信，是更基础、更广泛、更深厚的自信"[4]，"是一个国家、一个民族发展中更基本、更深沉、更持久的力量"[5]。文化自信从精神价值上理解是人们更好开展工作的精神动力和文化指引，给人以更强的前进动力和勇气。

2. 高校体育的性质与特点

2.1 高校体育课程的性质

《全国普通高等学校体育课程教学指导纲要》[6]（以下简称《纲要》）中指出体育课程是大学生以身体练习为主要手段，通过合理的体育教育和科学的体育锻炼过程，达到增强体质、增进健康和提高体育素养为主要目标的公共必修课程；是学校课程体系的重要组成部分；是高等学校体育工作的中心环节。体育课程是寓促进身心和谐发展、思想品德教育、文化科学教育、生活与体育技能教育于身体活动并有机结合的教育过程；是实施素质教育和培养全面发展的人才的重要途径。

2.2 体现运动项目本身特点

高校体育课程和其他课程相比较有以下六个主要特点[7]：首先，高校体育课程主要是以大学生身体练习为手段掌握体育基本知识、技术和技能为特征的"技艺性"特点；其次，是以发展身体实践体验与情感交流为主要特征的"情意性"特点；其三，是以承受较大运动负荷来增进身体健康为主要特征的"艰苦性"特点；其四，是以加强沟通、适应角色转换来提高个体社会化程度为主要特征的"人文性"特点；第五，是以加强大学生体育锻炼习惯来培养大学生体育精神为主要特征的"精神性"特点；第六，体现运动项目本身特征的特点的竞技性和趣味性特点。

3. 高校体育实施"课程思政"文化自信的论析

高校体育是大学生接受高等教育的重要基础课程之一，是学校培养德智体美劳全面发展人才的有机组成部分。在新时代高校全面推行"课程思政"的教育教学改革背景下，体育作为大学生的必修课，有责任、有使命在以"体"育人方面发挥自身的课程优势。高校体育在开展"课程思政"中的文化自信是基于高校体育在课程中进行"思政育人"的使命感、责任感和自信心，这种自信本质上源于学科本身的特点，主要来源于课程的政治制度自信、源于课程自身的文化自信包括：体育课程育人目标的自信、体育课程所蕴含的丰富育人资源的自信、体育课程实践性与大学生道德品质形成实践性规律相融合的自信、体育课程文化与大学生"思政教育"文化相契合的自信。

3.1 高校体育开展"课程思政"的历史文化自信

体育的育人作用，一直以来受到我国党和国家领导人的高度重视，并得到国内外教育家、哲学家的高度认可和重视，有着悠久的历史文化自信。

首先，我国历届党和国家领导人高度重视体育的教育作用。毛泽东主席在《体育之研究》[8]中阐述了体育与道德的关系："欲文明其精神，先自野蛮其体魄。苟野蛮其体魄矣，则文明其精神随之。"体育不仅增强人的体质，同时能调情感、强意志、促精神，认为体育是三育中的前提条件。

党的第二领导核心邓小平同志高度重视体育，认为体育是社会主义精神文明建设的重要组成部分，创造性地提出了"体育是精神文明建设的重要方面"的论断[9]；在他的领导支持下，中共中央出台了《中共中央关于进一步发展体育运动的通知》，《通知》强调："体育关系到人民的健康，民族的强盛和国家的繁荣，对提高广大人民群众的思想觉悟，实现党的新时期的总任务，发展国际交往与加强同世界人民的团结和友谊，加强国际力量，都有重大的作用。"[10]

江泽民同志作为第三代党的领导核心，继承了毛泽东、邓小平的体育思想，他在 1996 年 8 月 8 日会见参加第 26 届奥运会代表团讲话时说："发展体育运动，增强人民体质，对促进社会主义物质文明和精神文明建设有重要作用。""中华体育精神是我国社会主义精神文明的重要组成部分，是中华民族的宝贵财富。[11]

胡锦涛同志也一贯重视体育运动，在参加会见第 28 届奥运会的中国体育代表团全体成员时强调，我国体育健儿在奥运赛场上所表现出来的顽强拼搏精神和良好体育道德，极大地激发了全国各族人民的爱国热情，增强了全体中华儿女的民族自信心和自豪感，成为推动我们事业前进的强大精神力量。他还亲切勉励广大体育健儿，发扬成绩、再接再厉，不畏艰险、继续攀登，努力在北京 2008 年奥运会上再创佳绩，为促进我国体育事业的发展，为全面建设小康社会、实现中华民族的伟大复兴做出更大贡献[12]。

进入新时代，习近平总书记站在实现"两个一百年"奋斗目标和中华民族伟大复兴梦的历史视点高度重视体育工作，2013 年 8 月，他在会见全国体育先进工作者时强调："广大体育工作者在长期实践中总结出的以'为国争光、无私奉献、科学求实、遵纪守法、团结协作、顽强拼搏'为主要内容的中华体育精神来之不易，弥足珍贵，要继承创新、发扬光大。"[13]习近平还强调："少年强、青年强则中国强。少年强、青年强是多方面的，既包括思想品德、学习成绩、创新能力、动手能力，也包括身体健康、体魄强壮、体育精神。"[14]

其次，国内近现代教育家对体育育人的历来重视并践行，如梁启超在其

《论尚武》中讲道："体魄者，与精神有密切之关系者也。有健身强国之体魄，然后有坚忍不屈之精神。"[15]蔡元培作为我国近代著名的教育家，他从教育的视角提出了"完全人格，首先在体育，体育最重要之事为运动。"所理解的体育，是具有身体教育的内容、思想和方法的教育过程，认为教育的目的在于"养成完全之人格，必须体、智、德、美四育并重。"[16]；我国近代著名的体育教育家徐一冰曾讲到："强国之道，重在教育，教育之本，体育为先。"[17]

再次，国外著名教育家、哲学家对体育育人的高度重视与认可。曾经是体育健将的哲学家柏拉图说："音乐和体育联合的潜移默化，可以使两者（指理性与情感）和谐，因为它们以高贵的文字、榜样来强化、支持理性，并用和谐与节奏来节制、抚慰和文明化感情的狂放不羁"[18]。古罗马思想家朱维纳利斯指出："健全的精神；寓于健全的身体。"[19]亚里斯多德曾明确提出，"读书和绘画大家都认为在人生许多事务上可以得到认同，而练操则通常都用以培养勇敢的品德……"[20]，在他的体育思想中，体育经常与"勇敢""公正"联系在一起[21]。文艺复兴后期的人文主义者蒙田说："一切运动和锻炼，如长跑、击剑、音乐、舞蹈、打猎、骑马都应该是学习的一部分"[22]。宗教改革家马丁·路德认为，体育应该成为教育的一部分，应该作为培养精神和道德的重要手段[23]。英国唯物主义哲学家、教育家约翰·洛克在其绅士体育思想中认为，没有健康的身体是不能成为既能为现实谋取个人幸福，又能为国家尽责的绅士的。18世纪法国著名启蒙思想家和教育家让·雅克·卢梭在其自然体育思想中认为，体育是一切教育的前提。卢梭说："如果你想培养你的学生的智慧，就应当先培养他的智慧所支配的体力，不断地锻炼他的身体，使他健壮起来，以便他长得既聪慧又有理性""教育最大的秘诀是使身体锻炼和思想锻炼互相调剂[24]。19世纪瑞士著名的民主教育家裴斯泰洛齐认为[25]：体育在形成人格的过程中应占有重要地位。体育可以培养勤奋的习惯、坦诚的性格、个人勇气和吃苦耐劳的意志品质。

3.2 高校体育开展"课程思政"的政治制度自信

我国教育法明确规定我们的教育方针是培养德、智、体、美、劳等方面全面发展的社会主义事业建设者和接班人，体育作为学校教育的有机组成部分其地位和作用均十分重要；教育部在制度上明确规定了从小学到大学都要开设体育课程，彰显了体育课程在学生成长成才过程中的不可或缺性，也充分体现了体育在育人中的重要价值，2017 年国务院再次强调要把开足开齐体育课作为基本要求列入中小学校体育工作考核的范围内[26]；2018 年 9 月在全国教育大会上习近平总书记更是旗帜鲜明地提出："要树立健康第一的教育理念，开齐开足体育课，帮助学生在体育锻炼中享受乐趣、增强体质、健全人格、锤炼意志[27]。"作为一门课程，这是体育课程始终能陪伴学生成长成人的政治制度优势、更是一种学科优势，我们有责任把制度优势、学科优势转化为育人优势，尤其是对开展"课程思政"的教育教学改革上，要充分体现政治制度优势与自信，从系统性、全面性、持续性思考体育对大学生的育人功能，发挥育人实效。

3.3 高校体育开展"课程思政"的理论自信

体育开展课程思政的理论自信主要有两个方面：首先是马克思恩格斯关于人的全面发展的理论。他们认为体育是造就全面发展人的唯一方法，马克思谈到在资本主义条件下对青少年一代的教育时指出，教育应包括三方面即智育、体育、技术教育。他认为，生产劳动同智育、体育相结合，不仅是提高社会生产的一种方法，而且是造就全面发展的人的唯一方法。马克思所讲的体育，是以体力和智力的结合为核心的劳动者全面发展教育的组成部分。恩格斯也是把体育作为教育的主要组成部分来认识的，他说："教育是指体力和智力的发展以及社会生活。"[28]

其次是毛泽东关于"德智皆寓于体"的理论。毛泽东于 1917 年 4 月 10 日，在《新青年》第 3 卷第 2 号上，以"二十八画生"的笔名，发表了《体育之研究》，其在"体育在吾人之位置"的论述中明确了"体者为知识之载而为道德之寓者也，其载知识也如车；其寓道德也如舍，体者，载知识之车而寓道德之舍也""体育于吾人实占第一之位置，体强壮而后学问道德之进修勇而收效远。于吾人研究之中，宜视为重要之部""学有本末事有终始知所先后则近道矣"，更突出了体育在"三育"中的位置及教育的规律。同时，毛泽东也科学地指出了体育的育人多种功能，即"欲文明其精神，先自野蛮其体魄。苟野蛮其体魄矣，则文明其精神随之""调情感、强意志"。

马克思恩格斯关于人的全面发展理论和毛泽东关于"德智皆寓于体"的理论，为当下高校体育课程开展思政教育提供了理论指导和方向。

3.4 高校体育实施"课程思政"的学科育人自信

3.4.1 高校体育课程具有十分丰富的"思政"育人资源

高校体育作为实践性课程，其自身拥有十分丰富的"思政"育人资源。首先，体育课程在目标设置上已经规定了育人是该课程应有的题中之意，《纲要》中对大学生心理健康目标和社会适应目标的制定，明确了要在体育课程中培养大学生的合作精神、意志品质、奉献精神、规则意识等；其次，体育课程具体以运动项目为载体进行教学和教育，有很多项目本身具有教育意义，如集体项目要求大学生学会合作与配合，如篮球、排球、足球等，长跑项目要求学生学会坚持不放弃等；第三，体育具有竞技性特点，在运动竞赛中让大学生学会遵守公平、公正、公开等规则，懂得顽强拼搏的意义，正确面对胜利与失败，真正领悟超越的真谛等；第四，体育课程以学习基本技术、技能为主体内容，这其中有很多内容与环节需要同学之间互帮互助，共同完成，培养同学之间的互助精神和友谊；第五，体育课程中大学生要承受相当的运动负荷，通过不断的实践锻炼与练习，有利于培养大学生吃苦耐劳的优良品质；第六，通过介绍我国近现代体育辉煌史或讲解体育经典故事，激发大学生的爱国热情，帮助大学生牢固树立爱国主义精神。

3.4.2 高校体育实施"课程思政"的道德实践性优势

"课程思政"的开展不仅需要通过理论教学给予知识的传授，大学生思想品德的养成更需要在实践中进行培养和考察，真正要做到知行合一，必须经过道德实践的检验与锻炼，大学生的思想品德才能真正经得起实践的考验，思想品德的形成是一个从知到行，以行促知，知行合一逐步养成的过程。目前，2018 年教育部关于《新时代高校思想政治理论课教学工作基本要求》[29]，主要侧重于通过理论教学向大学生进行社会主义核心价值观和道德教育，大学生思想政治课程的最显著特点在于知识的传授，理论的讲解，形式单一而且实践性相对缺乏；理论是实践的先导，思政课程的理论教学对大学生思想品德的培养是需要的，但没有道德实践的锻炼，要形成真正的道德品质、诚信品质是不完善的。体育教育作为一个以身体练习为主要手段的课程，其最大的特点在于实践性，在于行动上的体现与落实，在于技术、技能学习和体育竞赛过程中人与人之间的交往性、情景性，在这样一个以实践活动为主的教育情景中，能更好地培养大学生思想品质和道德情感。从大学生思想品德的养成来讲，体育教育中的道德实践性优势体育课程开展"课程思政"的最大学科优势。

3.4.3 高校体育课程开展"课程思政"符合大学生思想道德养成规律

开展"课程思政"教育改革旨在培养大学生良好的思想品德，而大学生道德品质的养成需要符合道德养成的规律，即需要经过道德知识的传授、个人的道德选择及道德实践的过程，是一个渐进式的过程。思想道德品质的养成并不是一蹴而就的，人思想道德的养成会因社会环境、自身认知水平、身心发展的不平衡等会有反复性、波动性，因此，经常性、反复地开展道德实践有助于大学生思想道德的养成，在高等教育众多的载体中我们需要有适合大学生容易开展和喜欢的平台与途径，而体育项目的多样性、趣味性、竞技性、休闲性、合作性等，均能吸引大部分大学生积极参与到体育学习和锻炼中来，且多年来的体育教学为学生从事体育锻炼打下了较好的运动技术、技能基础，这使得体育课程更适合成为开展大学生道德实践和培养的合理途径和有效的手段。

尽管多年的思想政治教育和道德理论教育，使得大学生对思想和道德知识的掌握基本已烂熟于心，但如何真正内化于心成为自身的一种内在品质，还不能仅停留在心中、思想认知上，更需要通过实践的不断磨炼和培育。随着"每天锻炼一小时，健康工作五十年，幸福生活一辈子"体育锻炼理念的提出，体育已融入了每个大学生的生活，不论是学校要求的体育锻炼，还是大学生自己积极参与运动，当前学校搭建的各种 App 跑步平台，各种毅行活动和不同距离的马拉松跑等项目已然成为大学校园和社会体育的一道风景线，大学生参与运动也已然成为一种新时尚，体育作为一种文明、健康、科学的道德实践手段无疑是最佳之一。

3.4.4 体育课程的"人文性"特点符合大学生思想品德养成的心理规律

班杜拉的品德社会认知理论[30]告诉我们，人在一定的环境下通过行为交互作用获得道德行为、文化习俗等方式有两种，一种是通过做出社会性行为并直接获得奖惩性结果的学习，即"通过反应结果进行的学习"，另一种是"通过观察他人行为示范的学习"。体育课程的交往性特点有利于大学生道德品质的养成，体育课程的开展其所在的场所不同于其他课程，以身体练习为主的体育课程，大多数的运动项目在开放的体育公共场所进行教学与锻炼，参与人数的众多性、项目本身要求的集体性均是体育运动的一些特点，大学生要积极参与到运动中与人进行沟通，融入集体，他们在场上所表现出来的一切行为均会受到其他人的监督，道德实践的对与错、好与坏都会受到其他人的评判。大学生在体育运动中所呈现的行为，一方面会受到自身道德认知的影响，但更大一方面会受到来自外界公开监督力量的制约，如体育老师、同学、裁判员及社团成员等的评判，集众人的力量对于大学生道德行为进行评价与监督，是体育检验大学生思想品德最直接、有效的干预教育方式。体育运动就是一个加强大学生思政道德教育实效性的一个重要手段，"实效性是思政教育的直接目的和最终目的，也是思政教育的出发点和归宿。没有实效性，一切思政教育都会失去其意义。"[31] 应该说高校体育课程开展"课程思政"是符合大学生思想道德养成心理规律的。

3.4.5 高校体育开展"课程思政"的文化契合性优势

体育作为一门课程，有其自身的教学要求，每个运动项目有自身的规则，更有体育教学自身的文化和规律。如体育技能的掌握与形成需要遵循运动技能的形成规律，体质的增强同样需要遵循超量恢复的原理等，体育倡导持之以恒不间断的学习和锻炼，如我们经常所说的夏练三伏、冬练三九，就是体育对每个参与体育人的一种考验，更是对人自身思想道德品质的考验，体育比赛倡导"公平、公正、公开"精神，崇尚"更快、更高、更强"的超越精神，但这些都是建立在对运动热爱、积极参与的思想品质基础之上的，没有对运动技术一招一式的诚信练习，没有长年累月的体能锻炼和虔诚的辛苦付出，奥运文化就不会有"更快、更高、更强""参与比获奖更重要"等的精神格言，因而，体育课程文化所追求的目标和过程就是铸造思想道德品质的过程，是完全与"思想政治理论课"保持同向同行的，是高度一致的，因此，参与体育的过程就是一个培养大学生思想道德品质形成的过程。高校体育课程蕴含着滋养大学生思想品德养成的文化优势。

4. 结语

高校实施"课程思政"教育教学理念，旨在落实高校的根本任务和中心工作——立德树人和教书育人，也是全面落实"三全育人"教学思想的需要，真正做到价值引领和知识传授相融合，教书与育人相结合，习近平总书记说过，每门课程都有育人作用，做思想政治工作不仅是思想理论课的事，更不是思想政治课老师的事，而是我们全体教育工作者的事，他号召全体教育工作者要围绕学生、服务学生、关照学生，真正把思想工作做到学生的成长成才过程中去，做到学生的学习、工作、生活中去，真正为党育人，为国育才。每门课程不仅要有实施"课程思政"改革的决心，更要有经过对自身课程认真分析与研究后的文化自信。体育作为学校教学中课程开设时间最长，最受学生欢迎的课程，开展"课程思政"教育教学改革应有体育人的一份自信和执着，真正做到以体"育"人，以体"铸"魂。

参考文献：

[1] 张岱年，方克立. 中国文化概论 [M].北京师范大学出版社，2004.

[2] 廖小琴. 文化自信：精神生活质量的新向度 [J]. 齐鲁学刊，2012（2）.

[3] 黄秋生，陈元，薛玉成著. 当代大学生文化自信现状及培养研究 [M].团结出版社，2017.

[4] 习近平. 在庆祝中国共产党成立 95 周年大会上的讲话 [N]. 人民日报，2016-7-2（02）.

[5] 习近平. 决胜全面建成小康社会 夺取新时代中国特色社会三义伟大胜利——在中国共产党第十九次全国代表大会上的报告 [N]. 人民日报，2017-10-28（01）.

[6] 全国普通高等学校体育课程教学指导纲要 [Z]. 教体艺〔2002〕13 号，2002.

[7] 潘绍伟，于可红 . 学校体育学 [M]. 北京：高等教育出版社，2005，7P67-68.

[8] 二十八画生 . 体育之研究 [J]. 新青年，1917-4-10.

[9] 国家体委政策法规司 . 中国体坛四直春 [M]. 北京：人民体育出版社，1990:14.

[10] 中共中央关于进一步发展体育运动的通知 [N]. 中国体育报，1984-11-10.

[11] 江泽民 . 在会见中国体育代表团时的讲话 [N]. 中国体育报，1996-10-19 (1).

[12] 人民网 http://.people.com.cn/GB/paper39/12850/1155425. html.

[13] 习近平会见全国体育先进单位和先进个人代表等时强调发展体育运动增强人民体质，促进群众体育和竞技体育全面发展 [N]. 人民日报，2013-09-01(01).

[14] 习近平看望南京青奥会中国体育代表团 [N]. 人民日报，2014-08-16(01).

[15] 梁启超 . 新民说·论尚武 . 中国近代体育文选 [M]. 北京：人民体育出版社，1992: 35.

[16] 卢兵 . 中国民族传统体育文化导论 [M]. 北京：民族出版社，2005: 256.

[17][19][22] 谭华 . 体育史 [M]. 北京 : 高等教育出版社，2005：124、150、151、250、91.

[18](古希腊) 柏拉图 . 理想国 [M]. 北京 : 北京外语教学与研究出版社，1998: 221.

[20](古希腊) 亚里斯多德 . 政治学 (第 80 卷)[M]. 北京：人民大学出版社，1994:274.

[21](古希腊) 亚里斯多德全集 (第 8 卷)[M]. 北京：人民大学出版社，1994: 273、275.

[23] 夸美纽斯著，傅言敬译 . 大教学论 [M]. 北京：人民教育出版社，

1984: 34.

[24] 卢梭著，李平泽 . 爱弥尔 [M]. 北京：商务印书馆，1983: 139.

[25] 刘江，石金丽 . 裴斯泰洛齐体育思想研究 [J]. 四川体育科学，2016（3）：5-7.

[26] 国务院教育督导委员会办公室 . 中小学校体育工作督导评估办法 [Z]. 国教督办〔2017〕4 号，2017.

[27] 习近平 . 坚持中国特色社会主义教育发展道路 培养德智体美劳全面发展的社会主义建设者和接班人 [N]. 人民日报，2018-9-11.

[28] 恩格斯 . 马克思恩格斯论教育 [M]. 北京：人民教育出版社，1986:358.

[29] 教育部 . 新时代高校思想政治理论课教学工作基本要求 [Z]. 教社科〔2018〕2 号，2018.

[30] 莫雷 . 教育心理学 [M]. 北京：教育科学出版社，2007（8）：240.

[31] 张耀灿等 . 现代思想政治教育学 [M]. 北京：人民出版社，2006.

第三节　高校体育课程思政应遵循的基本规律

本节主要通过文献资料、逻辑归纳、比较研究等方法，梳理了开展高校"体育课程思政"所应遵循的基本规律，主要是高校体育教学规律、大学生成长规律、高校思想政治教育规律，以确保"体育课程思政"教育教学过程中的科学性、专业性和思想性，真正发挥好体育课程育人中的效果和作用。

引言

习近平总书记在党的十九大报告中要求 [1]："全面贯彻党的教育方针，落实立德树人根本任务，发展素质教育，推进教育公平，培养德智体美全面发展的社会主义建设者和接班人"。课程思政教育理念的提出是学校对我国教育方针的积极呼应，各门课程开展思政教育是对坚持"育人为本，立德为先"要求的真正落实，坚持立德树人，是各门课程突出了德育在学校教育中的重要地位，充分反映了德性的成长是学生全面发展的根本保障。课程思政作为课程教育新理念，更加注重课程思政元素的育人作用，在知识传授和技能培养中，加强专业课程对大学生的价值引领和思想教育，真正体现出教书育人的价值本源，是学校教育理念与时俱进的充分体现，更是所有课程对学生进行教育的重要体现。

习近平总书记在 2016 年的全国思想政治工作会议上强调[2]："做好思想政治工作，思想政治理论课是主渠道，其他各门课程都要守好一段渠、种好责任田，使各类课程与思想政治理论课同向同行，形成协同效应"。思想政治理论课是显性课程，而其他课程相较于思政课来讲均是隐性课程，为使课程思政达到预期的育人效果，一定要使各门课程的教育教学实践符合客观规律，为此，梳理体育课程思政教育教学所应遵循的相关规律就显得十分重要和必要。

1. 高校"体育课程思政"的基本内涵

1.1 体育课程概念

《全国普通高等学校体育课程教学指导纲要》[3] 中明确了体育课程的基本内涵与性质，所谓体育课程是指大学生以身体练习为主要手段，通过合理的体育教育和科学的体育锻炼过程，以达到增强体质、增进健康和提高体育素养为主要目标的公共必修课程，是学校课程体系的重要组成部分，是高等学校体育工作的中心环节。体育课程作为高校体育教育的核心环节，是一个寓促进身心和谐发展、思想品德教育、文化科学教育、生活与体育技能教育于身体活动并有机结合的教育过程，是实施素质教育和培养全面发展的人才的重要途径。体育是大学生全面发展的重要一育，育人作用和价值具有特殊性。

1.2 课程思政的基本内涵

课程思政理念提出以来，学者们对课程思政概念的界定，可谓智者见智，仁者见仁，结合我国的教育方针和课程育人的基本要求，个人认为邱伟光教授对课程思政的定义非常契合当前课程思政研究的逻辑，他认为"课程思政"[4] 是指学校所有的课程都要发挥思想政治教育作用，具体内涵是指高校教师在传授课程知识的基础上引导学生将所学的知识转化为内在德性，转化为自己精神系统的有机构成，转化为自己的一种素质或能力，成为个体认识世界与改造世界的基本能力和方法。课程思政从根本上讲是课程教学中加强价值引领和思想培育，尤其是社会主义核心价值观和中华优秀传统文化的培养。

1.3 体育课程思政

结合以上体育与课程思政的基本内涵，我们认为体育课程思政是指利用体育课程的特点、优势及蕴涵的思政资源对大学生进行思想政治教育的过程，使大学生通过育体达到育心立德铸魂的思政教育目标的教育过程。

2. 规律概念

马克思主义哲学认为[5]规律是物质运动过程本身所固有的联系，是物质运动过程中的本质和必然联系，规律是客观存在的，不以人的意志为转移，但规律可以认识和利用。提高对规律的认识和运用能力，有利于增强人们改造世界的本领。习近平总书记指出："做好高校思想政治工作，要因事而化、因时而进、因势而新。要遵循思想政治工作规律，遵循教书育人规律，遵循学生成长规律，不断提高工作能力和水平"[6]。课程思政是新时代学校教育新的思想和理念，是依托课程进行教育的，因此，为真正落实课程思政教育理念，推进课程思政教育必须认识和把握以上三个规律，同时充分认识和运用不同课程的教学规律，才能取得课程思政的教育效果，保证课程思政的教学质量。

3. "体育课程思政"应遵循的基本规律

体育课程是一门公共必修课，作为高等教育的有机组成部分在育人中有着独特的作用。体育课程中进行思想政治教育是一种隐性的教育，并不是把体育课上成思想政治课，但在体育课程中进行思想政治教育，必须在熟练掌握体育课程教学规律的基础上，对大学生成长规律和思想政治教育过程规律也要做到了然于胸，这样才能更好地开展体育课程思政，确实收到课程思政的教育效果。以下进行逐一梳理：

3.1 体育教学过程的基本规律[7]

体育教学过程的基本规律是指体育教学过程中各种教学现象、因素内部本质的联系。体育教学规律对于体育教学采取合理的教学方法、组织形式和评价措施等都有十分重要的指导作用。结合社会学、体育学、教育学、心理学等学科的基本原理，体育教学过程基本规律具体如下：

3.1.1 社会制约性规律

体育作为一门独特的课程，其根本使命也在于培养德智体美劳全面发展的中国特色社会主义合格建设者和可靠接班人，这是由国家教育方针所决定的，也是我国社会发展所要求的，目前中国特色社会主义进入新时代，体育要为人的身心健康和幸福生活发挥自身应有的作用，体育要牢固树立"健康第一"的指导思想，坚持"以生为本"的教育理念，服务好广大学生对体育的需求、对促进健康的需要。

3.1.2 教与学的辩证统一规律

体育与其他学科一样，教学过程中都有老师的"教"与学生的"学"两个方面，教师必须在教学过程中发挥好"教"的主导作用，学生则必须承担起"学"的主体责任，在教学过程中，教是外因，而学生的学是内因，教师在教学过程中不仅要发挥好自身的主观能动性，更要注重引导学生主体作用的发挥，达到教与学的良性互动。

3.1.3 教学内容和教学过程相统一的规律

教学理论认为，课程包括教学过程和教学内容，在教学内容的选择上要体现学校体育的目的，教学内容的客观标准就是科学性，教学内容不仅决定着教学形式、所采用的教学方法，还在一定程度上决定着教学过程的进度，而教学过程的有效性又要求教学内容的选择必须要有整体性、系统性，按照教学目标进行，以更好地符合学生的学习需要。

3.1.4 大学生身心协调发展规律

体育作为以身体练习为主要手段的课程，不仅是改造自我身体的过程，更是磨炼自我心理的过程，因此，体育教学目标的制定、教学内容的安排、教学方法的采用及教学形式的组织，都要根据学生的身心发展状况来决定，使体育教学有更强的针对性，满足大学生的体育需求，激发大学生对体育的兴趣，以促进大学生身心健康，养成良好的锻炼习惯。

3.1.5 体育技能形成规律

体育课程是一门以掌握和运用运动技术技能为主的课程，动作技能的形成是有规律的，一般要经过三个阶段：第一阶段是动作泛化阶段，是初步掌握动作的阶段，其特点是大脑皮层兴奋过程扩散，内抑制不够，表现出动作不协调、紧张吃力；第二阶段是动作提高阶段，其特点是大脑皮层兴奋抑制过程处于分化阶段，兴奋相对集中，内抑制逐步发展巩固，基本建立动作定型，较正确地完成动作，紧张、吃力现象逐步消除，动作协调，但还不够熟练；第三阶段是动作的巩固与自动化阶段，其特点是大脑皮层兴奋过程高度集中，内抑制已相当牢固，形成了牢固的动力定型，动作表现为熟练、准确、轻快、协调，能灵活运用自如。

3.1.6 人体生理机能变化规律

在体育教学中，通过反复的身体练习，大学生的生理机能活动能力会发生变化，具体表现为开始练习时，机能活动能力上升，达到一定程度后保持较高水平一段时间，最后会逐渐下降。生理机能状况与大学生的身体健康状况、锻炼水平及气候环境等条件有一定的关联和影响，要合理运用人体生理机能变化规律，科学安排体育运动负荷、教学内容，以更好地完成教学任务。

3.1.7 人体机能适应性变化规律

大学生在运动过程中，机体会产生一系列的变化与反应，这些变化会遵循"工作阶段——相对恢复阶段——超量恢复阶段——复原阶段"的规律。体育运动必然会需要消耗体内的能量，从而造成机体机能的下降、出现疲劳，但经过一定的休息会使体内的能源物质和各种功能逐渐恢复，形成机体的相对恢复，经过科学的调整与合理的休息后，物质能量的储备甚至可以超过原来的水平，以提高机体的工作能力，这就是我们需要的超量恢复，以此来达到增强大学生体质的目标。

上述体育教学过程规律中前面 4 条主要是教学论中的一般教学规律，而后 3 条主要是体育教学中自身所具有的特殊规律。

3.2 大学生成长规律

大学生成长规律[8]是指在大学生成长过程中形成的、体现和反映大学生成长问题本质及必然联系的存在，是大学生成长过程中诸要素之间的本质联系及其矛盾运动的必然趋势。

3.2.1 阶段性发展规律 [9]

阶段性发展规律是指大学生在大学期间完成各阶段学习与发展的目标和任务，成为对社会有用的人的转变过程，呈现出梯次渐进式成长的规律，一般有三个阶段。第一是适应性阶段，大学生刚步入大学，需要去适应新的环境下的学习、生活、人际交往、社团活动。第二个是稳定发展阶段，这一阶段是大学生进入大学后通过自身不断主动的调整，已经适应了大学生生活与学习，对自身的专业、学业都有进一步的了解，对自己所处的学习环境、方式都已十分熟悉，对自己的学习目标和方向比较明确，是形成专业知识技能的重要阶段，也是培养自身意志品质的良好时期。第三是职业生活准备阶段，一般是大四年级，这一阶段直接影响大学生未来职业和工作，更多地是对大学生学习成果的总检查、总考核和总评价，更多的大学生是通过这一阶段完成就业走向社会。大学生的阶段性成长规律是清晰的，大学生要在不同阶段，经常审视自我、确立自我发展目标、寻求自我发展途径，进而付诸行动，逐步提升自我素质和综合能力。

3.2.2 时代性发展规律

时代性发展规律，是指大学生的成长离不开时代发展和社会经济的基本情况。不同的时代，需要培养和造就不同的人，当代大学生是新时代环境造就的群体。中国特色社会主义制度的优越性和经济发展的富足性，在当代大学生身上呈现了许多新的特点：如当代的大学生们，在政治思想上，表现为主流是积极向上的，信仰马克思主义，认可中国特色社会主义，政治认同感强，拥护中国共产党的领导，表现为积极乐观，更加注重自身利益和自我价值的实现；在学习上，表现为学习态度主动性强，学习动机明确，兴趣浓厚，但功利性和实用性强，以自主学习为主，但学习规划系统性欠缺；在交往上，表现为横向交往范围扩大，交往圈日益增加，随着互联网技术的快速发展，虚拟交往成为新时代大学生的一个重要交往手段与途径，交往动机上追求精神需求和现实需要并重，恋爱观念相对开放等；在心理发展上，新时代大学生心理问题日益突出，其中发展性问题成为主要问题，对于心理问题应对方式多元化，但她们可能会更倾向于救助自己的同学和朋友；在网络行为上，表现整体理性，普遍运用网络语言，通过网络进行学习、购物、玩游戏成为大学生的主要网络行为；在消费行为上，表现出一定的盲目性、超前性、攀比性；大学生的成长和发展，在很大程度上受时代环境所给予的物质和文化水平的影响。

3.2.3 个性化发展规律

个性化发展规律，是指当代大学生的自我成长规律。目前中国特色社会主义进入新时代，大学生在成长过程中，一方面注重客观环境给予的条件，同时更加注重自身内心需要的满足，渴望在平等的交流中获得别人的尊重，关注社会现实并对有关切身利益的问题进行思考。具体表现为，一是自我意识不断增强。新时代大学生有着强烈的自我意识、积极关心自我发展，注重提高自身的专业能力和综合素质，努力追求自我价值的实现；二是创新意识日益增强。以"00"后为主体的现代大学生，他们视野广阔，知识量大，善于接受新观点、敢于接触新鲜事物；他们是互联网的原住民，想法大胆，思维活跃，乐于创新，善于独立思考，喜欢挑战传统，往往有自己的思想观点与价值理念；三是实用功利意识逐步显现。随着我国社会主义市场经济的快速发展，面对社会现实，他们在追求自己的理想，选择自己的专业和职业岗位，在遇到集体与个人利益相冲突时，甚至在担任学生干部方面等均会呈现出实用、功利性；四是大学生也存在着缺乏意志力、自制力弱、易冲动的一面。面对困难与挫折，有些大学生会感到沮丧，缺乏坚持的毅力；碰到一些关键问题、重要抉择时，不知做决断，缺乏理性；对于一些委屈不易控制自我的情感，不够理性，易冲动，等等。

3.2.4 矛盾发展规律

矛盾发展规律，是指大学生在其成长过程中由基本矛盾推动而不断成熟和完善自身的发展规律。大学生成长的矛盾是多样的，具体如下：一是人格上独立与依赖的矛盾。随着大学生生理的不断成熟，毫无疑问独立可以给大学生的成长带来较大的自由空间，但大学生的成长成才是离不开其所生活的时代所提供的基本条件的，这种基本的依赖可给大学生行为必要的引导和规范。独立与依赖的相互作用，能完善大学生的人格。二是竞争与合作的矛盾。作为个体，现代大学生的自我意识和创新意识比较强，但任何个体又归属于某个社会团体和群体，无论在理念上还是目标上以及实施措施上，二者均有可能出现矛盾。公平的竞争可以促进合作，良好的合作又能增强竞争的实力。大学生要在思想、行动上正确认识、处理好竞争与合作的关系，积极地去参加竞争与合作，以最大限度地发挥自己的创造性；三是理想与现实之间的矛盾。理想是美好的，现实是骨干的，这是理想与现实的写照。理想是每个大学生成长成才的精神动力，但现实往往使理想的实现变得困难，甚至支离破碎。源于现实的理想是高于现实的，面对崇高的理想与追求，大学生唯有敢于面对困难，勇于迎接挑战、克服困难，持之以恒才能把理想转化为现实，才能使自身获得全面快速的发展。

3.3 大学思想政治教育过程规律 [10]

大学思想政治教育过程规律包括思想政治教育过程的基本规律和具体规律。认识和把握、运用好大学生思想政治教育过程规律有利于提高课程思政的育人科学性、针对性和实效性。

3.3.1 大学思想政治教育过程的基本规律

大学思想政治教育过程的基本矛盾是社会的思想品德要求与大学生思想品德水平之间的矛盾，这一基本矛盾的形成，产生了在高校思想政治教育过程中，大学生的思想品德总是要不断地适应社会发展的需要，这就是思想政治教育过程中的基本规律，即"社会发展适应规律"。其主要有三个具体的内涵：①思政教育过程是在社会发展要求下进行的，目标是培养符合社会需要的、具有高尚思想品质的社会个体；②大学生的思想品德达到社会发展的客观要求，并非完全达到社会要求的标准，而一种无限接近的趋势；③大学生对社会思想品德要求的适应，是一种对社会历史的积极适应。

3.3.2 大学思想政治教育过程的具体规律

大学思想政治教育过程的具体规律是思想政治教育活动中各要素之间以及要素内部组成部分之间的本质联系及发展趋势。主要有以下四条具体规律：

①目标适度超越规律。目标适度超越规律是指教育者所提出的教育要求应适当超越教育对象目前的思想品德水平，以培养、提升其思想品德水平的空

间，当然这一超越不能高至大学生经过努力还难以达到的高度。目标适应超越规律是对思政教育过程基本规律的积极回应和补充，这一规律要求在课程思政教育过程中对大学生思想品德的标准既不能过高也不能过低，要根据大学生的实际思想品德水准进行。

②内化外化一体规律。内化和外化是思政教育过程的两个阶段。内化是教育者帮助和引导大学生将一定社会的思想品德要求转化为自身的品德认知、情感、信念等内在的品质。外化是教育者帮助和引导教育对象将自己已经形成的品德意识转化为自己的品德行为，成为良好的行为习惯。从逻辑上讲，内化是外化的前提和基础，而外化是内化的目的；从实践上讲，内化和外化相互影响，内化中有外化，外化中有内化。这一规律要求我们在课程思政教育过程中不能过于注重内化，也不能过于注重外化，而要做到互相协调，共同促进。

③他教自教协同规律。教和被教是思政教育过程中的两个方面。他教自教规律，是指大学思政教育效果的好坏，取决于教育者对大学生思政教育的影响和大学生自我教育过程的统一和配合。教育者是思政教育教学的设计者、调控者、组织者；大学生是学习的主体，有学习的主动性，不仅要接受来自教育者的教育，还会进行自我教育，对思政教育的内容会进行甄别、选择和认同。这一规律要求思政教育要调动教育者的主观能动性，发挥教育中的主导作用，同时也要注重大学生学习的自觉性、主动性、积极性，只有他教和自教的协调结合，才能取得理想的教育效果。

④影响要素调控规律。大学生在接受思政教育过程中，从来源上讲，会受来自教育者、来自社会环境、来自家庭教育的因素影响；从内容上讲，会有积极的、消极的、正确的、错误的因素等影响。因此，影响要素调控规律主要是调控不同教育的影响，如学校、家庭、社团等；调控自觉影响和自发影响、积极影响和消极影响。影响要素调控规律要求大学生思政教育加强不同教育主体的信息积极沟通，加强不同学科思政教育的合作，厘清思政教育资源，努力保持同向同行，达到共同教育的良好效果。

4.结语

课程思政理念的提出是为了确保课程育人的质量，尽管不同的学科有不同的育人资源，不同学科有不同的育人特色，但我们的教育对象都是大学生，都是通过课程对他们进行思想政治教育，因此，掌握并熟练运用大学生的成长规律和思政教育规律对于提高课程思政的实施是十分必要和重要的。对于高校体育课程实施思政教育，牢牢掌握体育课程的教育教学规律是应然之举，也是必然之要。如何利用好以上三个规律对大学生进行思想政治教育，是值得高校"体育课程思政"改革进行深入研究的问题。

参考文献：

[1] 教育部课题组 . 深入学习习近平关于教育的重要论述 [M]，北京：人民出版社，2019-5：46-48.

[2][6] 习近平在全国高校思想政治工作会议上强调：把思想政治工作贯穿教育教学全过程，开创我国高等教育事业发展新局面 [N]. 人民日报，2016-12-9.

[3] 教育部关于印发《全国普通高等学校体育课程教学指导纲要》的通知 教体艺〔2002〕13 号 [Z].2002 年 8 月 6 日 .

[4] 邱伟光 . 课程思政的价值意蕴与生成路径 [J]. 思想理论教育 2017（07）：10-14.

[5] 王伟光 . 新大众哲学 [M]. 北京：中国社会科学出版社、人民出版社，2014，9P159.

[7] 吴峰山著 . 体育教育学 [M]. 山西人民出版社，2008，8P120-123.

[8] 杨晓慧 . 当代大学生成长规律研究 [M]. 北京：人民出版社，2010-12：30

[9] 史济纯 . 大学生成长规律与思想政治教育的针对性和实效性 [J]. 理论界，2010，12P122-123 .

[10] 呼勤，黄少平 . 高校思想政治教育学原理 [M]. 电子科技大学出版社，2016（9）：88-93.

第三章　体育与大学生思想道德素质的
研究现状

本章在简要介绍大学生思想道德素质基本概念与主要内容的基础上，根据高校体育所涵纳的对大学生思想道德素质有独特作用的爱国主义品质、诚信品质及意志品质的研究现状进行了综述，为体育课程开展思政教育提供参考。

第一节　大学生思想道德素质内容

本节主要从素质概念、特点着手，简要介绍了思想道德素质的基本内涵及其所涉及的基本内容，论述了加强思想道德素质培养的重要性，为体育课程思政教育提供理论参考。

引言

素质一词是作为心理学的一个专门概念提出，但随着 20 世纪 80 年代末、90 年代初素质教育的推行，素质的概念与内涵也随之不断丰富，对素质的认识与理解也日益细化，有关素质的分类也逐渐完善、素质的结构探讨也日益清晰。思想道德素质是人素质中最重要的素质，其内容也随着社会的发展而拓展与丰富，进入中国特色社会主义新时代，加强和提升大学生思想道德素质，不仅是实现中华民族伟大复兴的现实需要，也是社会主义制度的本质要求，更是新时代加强公民道德建设的迫切需要。

1. 素质概述

1.1 素质的基本内涵

《辞海》的释义："素质是指人或事物在某些方面的本来特点和原有基础。在心理学上，指人的先天的解剖生理特点，主要是感觉器官和神经系统方面的特点，是人的心理发展的生理条件，但不能决定人的心理内容和发展水平。"[1]

教育部原副部长周远清认为[2]"素质是在先天生理基础上，经过后天教育和社会环境的影响，由知识内化而形成的相对稳定的心理品质"。包含三层意思：首先，肯定了素质是教化的结果，是可以培养、造就和提高的，其次，指出教化是知识内化和升华的结果，强调只具有丰富的知识并不等于具有较高的素质；再次，认为素质作为一种心理品质相对持久地影响和左右着人对待外界和自身的态度。

孙喜亭[3]教授是对素质早有研究，他认为素质是："一方面在心理学上素质是指人的先天的解剖生理特点，主要是神经系统、脑的特性以及感觉器官和运动器官的特点"。

有的学者把素质的含义从狭义和广义两个角度进行理解。"狭义的素质"概念是生理学和心理学意义上的素质概念，即"遗传素质"，这是狭义素质的典型解释。广义的素质指的是教育学意义上的素质概念，指人在先天生理的基础上在后天通过环境影响和教育训练所获得的、内在的、相对稳定的、长期发挥作用的身心特征及其基本品质结构，通常又称为素养。素质教育中的素质，指的是广义素质。素质的后天获得属于社会属性，人的素质乃是时代的产物，是为适应社会发展的要求而具有的一系列品格。[4]

有的研究者将素质分为自然素质、心理素质、社会素质三类，心理素质是自然素质、社会素质的过渡素质。认为"心理素质是素质划分中绝对不可或阙的一类。"而有的研究者则将素质"由低到高划分为生理、心理、社会文化三个层面，认为生理素质是基础，心理素质是中介，而社会文化素质则构成人的素质的主要内容"[5]。

基于以上的论述，我们认为素质是人先天遗传和后天教育相结合的产物，是社会规范和道德要求在个体内化的结果，是人的基本观念、道德、心理、健康、能力等，按照人的全面发展的原理，可分为自然素质、心理素质和社会素质，结合学校教育培养人的目标，可把人的素质分为德、智、体、美、劳等几个方面，便于更通俗地理解与把握。

1.2 素质的基本特征 [6]

有关素质的基本特征，按照上述的概念和基本内涵，可以归结为以下几个方面：

（1）素质的先天性和后天性。从素质的来源看，先天性指人的部分素质是与生俱来的，它是生物遗传的结果，如人具有的解剖重量特点等；后天性是指人的另一部分素质并非由遗传得来的，而是通过教育、环境与社会实践活动而逐步形成的，如心理品质等，素质当中遗传部分是基础，后天是发展，再者是一个完整的整体。

（2）素质的自然性和社会性。从素质的内容看，它是自然性和社会性的统一。素质的自然性与先天性相联系，部分素质来自遗传性，它就具有自然性的特点；而素质的社会性则是素质的部分是来自于后天社会的习得，具有了社会影响的烙印。素质的自然性和社会性是与素质先天性和后天性相一致的。

（3）素质的潜在性和外显性。从素质的表现形态看，素质的潜在性指素质往往以潜在的形式潜藏在主体内部，潜在的能量为素质的外显性创造必要的条件，提供了开发的基础。而素质的外显性指素质一旦形成后，往往会在具体的实践活动中显现出来，尤其是通过待人接物、为人处世等均体现出一个人的素质与修养，素质的潜在性和外显性是整体素质发展的两个方面，相互促进，协调发展。

（4）素质的稳定性与可逆性。从素质的形成与发展看，素质既具有稳定性，也具有可逆性。素质的稳定生指素质一旦形成，在一定程度上具有稳定性，不论其是先天素质还是后天素质，都不太容易变化。可逆性是指素质虽有稳定性，但随着个体认知的进步和社会要求的改变等因素的催化是可以塑造的，素质的稳定性和可逆性是统一的，稳定性是可逆性的基础，可逆性是稳定性的改进与提高。

（5）素质的整体性和个别性。从素质的内部关系和功能看，具有整体性和个别性，素质的整体性有两个内涵：首先是各种素质密切联系、相互渗透，素质它是一个有机整体，其次是素质整体功能的发挥；个别性亦包含两个方面的内容：首先是各种素质虽互相联系，但又相对独立；其次是各种素质发挥各自的作用。素质整体作用的发挥来自于不同素质的协调配合与发挥。

（6）素质的共同性和差异性。从素质的整体来看，具有群体的共同性和个体的差异性。素质的共同性是指群体具有共同的素质，而素质的差异性是不同个体具有不同的素质。素质的共同性和个体的差异性是素质共性和个性的两个方面。

1.3 素质的基本结构

素质的结构是从各种素质的内在关系而言的，有纵向结构和横向结构，纵向结构表示事物各组成因素由低级阶段向高级阶段发展的层次性，表现由身体素质发展到心理素质再到社会素质；而横向结构是指事物各素质相互作用的关系，以上三种素质相互制约，又相互促进，其中身体素质是物质基础，心理素质是中间层，而社会素质是最高的调节因素。

2. 思想道德素质概述

2.1 思想道德素质内涵

思想道德素质 [7] 是指人们从一定的道德准则和规范出发，在处理个人与他人、社会的关系中，所表现出来稳定的特征和倾向，是人们道德意识和道德行为的统一。简而言之，是做人的准则和标准。

2.2 思想道德素质的基本内容

目前思想政治教育学研究中 [8]，大多数学者对思想道德素质基本内容的分析要素主要归结为思想素质、政治素质、道德素质、心理素质和法律素质等五个方面，其中思想素质是指思想认识的觉悟，侧重于理论认识，一般包括人的世界观、人生观与价值观及集体主义精神（或团队合作精神）、社会责任感和进取精神等；政治素质是指对人的政治立场、政治原则、政治观点和政治态度等，一般是指人的社会理想信念、政治态度与信仰、政治审鉴能力等；道德素质是指人与人交往过程中所表现出来的道德品格、道德品位，一般包括诚信、友善、基本公德意识、爱情道德、网络道德、义利观等方面或基本的道德认知、道德行为；心理素质是指人所拥有的动机、兴趣、情绪及意志品质等心理素养，主要涉及人的自我意识、意志品质、心理调适能力等方面；而法律素质是指人对法律的意识、态度和运用法律能力的综合素质，研究主要指向基本的法律意识（如权利与义务）、公民意识和法律思维等方面。

2.3 思想道德素质培养的重要意义

"人无德不立，国无德不兴"。在人的各类素质中，思想道德素质关乎人的价值引领和思想保障，是人之为人的重要特征，起着决定作用。思想道德素质的培养旨在启迪人们的道德觉悟、道德自觉，使人们在思想道德认识上提高自觉性，在道德行为上提升主动性；只有把社会思想道德的培养与个人思想道德的修养结合起来，才能提高人们的思想道德意识和思想道德境界，从而提高思想道德素质。

习近平总书记在党的十九大报告中要求："全面贯彻党的教育方针，落实立德树人根本任务，发展素质教育，推进教育公平，培养德智体美全面发展的社会主义建设者和接班人"，他多次强调："人才培养一定是育人和育才相统一的过程，而育人是本。人无德不立，育人的根本在于立德。"习近平总书记在不同场合指明了立德树人的具体内容，即要加强理念信念教育、加强社会主义核心价值观教育、加强中华传统优秀文化的教育、加强劳动教育和实践教育等[9]。2019 年 10 月，中共中央、国务院印发了《新时代公民道德建设实施纲要》（以下简称《纲要》）[10]，中国特色社会主义进入新时代，加强公民道德建设、提高全社会道德水平，是全面建成小康社会、全面建设社会主义现代化强国的战略任务，是适应社会主要矛盾变化、满足人民对美好生活向往的迫切需要，是促进社会全面进步、人的全面发展的必然要求。

2.3.1 是提高整个中华民族的思想道德素质、实现中华民族伟大复兴梦的客观要求。

中国特色社会主义进入新时代，实现中华民族伟大复兴的中国梦和实现"两个一百年"奋斗目标是全体中华儿女的共同心愿。美好愿望的实现不仅需要强大的硬实力，同样需要先进的文化软实力，而人作为硬实力和软实力的承载主体，是推动中国特色社会主义建设的核心力量，我们不仅需要用科学的知识武装自己，也需要高尚的道德和先进的思想作为基本保障，更需要社会主义核心价值观来指引方向。处在新时代的历史方位，我们每个人都需要有与中国特色社会主义现代化强国相匹配的思想道德素质，奋发图强、开拓进取的积极性和创造性，为建设中国特色社会主义现代化强国贡献自己的力量和智慧，这是推动社会主义现代化建设的一种巨大精神力量。

2.3.2 全面提高我国公民的思想道德素质，是社会主义制度的本质要求。

社会主义作为共产主义的初级阶段，需要坚持不懈地通过提升人的素质，来完成共产主义社会高级阶段的目标。这个目标的实现不能仅仅依靠物质财富的增长，还必须紧紧依靠人们思想道德觉悟的不断提升和革命精神的不断发扬。这是共产主义社会制度优越性的独特体现，她优于世界上任何一个社会制度。所以，建成中国特色社会主义现代化强国，首要任务是把人建设成为现代人。没有思想道德的现代化，就不可能完成社会主义、共产主义的建设，这是社会主义制度所决定的。

2.3.3 全面提高人的思想道德素质，是新时代中国特色社会主义公民道德建设的根本任务。

《纲要》[11]指出：加强公民道德建设是一项长期而紧迫、艰巨而复杂的任务，要适应新时代新要求，坚持目标导向和问题导向相统一，进一步加大工作力度，把握规律、积极创新，持之以恒、久久为功，推动全民道德素质和社会文明程度达到一个新高度。

《纲要》强调，要以习近平新时代中国特色社会主义思想为指导，紧紧围绕进行伟大斗争、建设伟大工程、推进伟大事业、实现伟大梦想，着眼构筑中国精神、中国价值、中国力量，促进全体人民在理想信念、价值理念、道德观念上紧密团结在一起，在全民族牢固树立中国特色社会主义共同理想，在全社会大力弘扬社会主义核心价值观，积极倡导富强民主文明和谐、自由平等公正法治、爱国敬业诚信友善，全面推进社会公德、职业道德、家庭美德、个人品德建设，持续强化教育引导、实践养成、制度保障，不断提升公民道德素质，促进人的全面发展，培养和造就担当民族复兴大任的时代新人。

3．结语

思想道德素质是人的核心素质，关乎人的思想引领和价值指向，加强人的思想道德素质的教育是新时代中国特色社会主义建设的巨大工程，事关国家的兴旺发达、社会的安定团结、个人的和谐发展，思想道德建设是一项长期而迫切的重要工作，需要学校、社会各部门、各单位及每个公民积极参与，齐抓共管，共同努力。

参考文献：

[1] 辞海 [M]. 上海辞书出版社，1989：3200.

[2] 周远清 . 从教育观念的转变谈素质教育 [J]. 语言教育通讯，2002（11）.

[3] 孙喜亭 . 教育原理 . 北京师范大学出版社，1993.

[4] 网络福州家教吧 . 谈素质教育 . 2010 -4-2.

[5][6] 燕国材 . 素质教育论 [M]. 广东教育出版社，2002，20-36.

[7] 周卉 . 网络时代大学生思想道德素质培养模式探索 [D]. 河北工业大学，2011（12）.

[8] 喻学林 . 近十年大学生思想道德素质现状研究述评 [J]. 思想政治教育研究，2016（12）：118-123.

[9] 教育部课题组 . 深入学习习近平关于教育的重要论述 [M]. 北京：人民出版社，2019（5）：45-53.

[10][11] 中共中央、国务院 . 新时代公民道德建设实施纲要 [Z]. 2019-10-27.

第二节 体育培育大学生爱国主义精神的研究现状

本节主要以文献资料法、比较法、归纳与分析法，对体育培养大学生爱国主义精神的相关研究成果进行了综述，按照年代分为两个阶段进行梳理分析，以更好地了解体育与大学生爱国主义精神培养的教育历程。

引言

爱国主义教育和爱国主义精神的培养是一个既熟悉而又永恒的教育话题，一直以来国家相关部门十分重视，在 1994 年中央颁布的《爱国主义教育实施纲要》基础上，历经 25 年的实施与教育，2019 年 11 月，中共中央国务院与时俱进，重新完善并印发了《新时代爱国主义教育实施纲要》，为新时代开展爱国主义教育提供基本遵循。爱国作为社会主义核心价值观，各级各类学校都十分重视，坚持对学生进行爱国主义的教育与爱国主义精神的培养。随着课程思政教育理念的提出，各门课程更要认真结合爱国主义教育开展实践教学。截至 2020 年 9 月中旬，从中国知网进行查询，有关"爱国主义教育"主题的论文已超过几万篇，可见加强爱国主义教育的重要性和必要性，但有关"体育与爱国主义"主题的期刊论文仅 320 篇，其中涉及"体育与爱国主义"题名的论文 40 篇，其中综合论述类 21 篇，学位论文 7 篇，会议论文 2 篇，真正涉及体育与大学生爱国主义精神培养的 23 篇。从研究论文数量来看，高校体育对大学生爱国主义教育与爱国主义品质培养的成果还并不太多。

爱国主义的本质是对国家和民族的热爱与忠诚，爱国主义具有非常强的时代感，不同的年代有着不同的表现形式和内容，鉴于此，对体育培养大学生爱国主义精神的研究综述，分两个阶段进行，第一阶段：1949 年 11 月—2000 年，第二阶段：2001 年始至今，来分析不同年代体育培养大学生爱国主义精神研究的差异。

1. 爱国主义精神的基本内涵

鉴于"爱国主义"一词的常见性和通俗易理解，对于爱国主义精神的内涵或者说基本概念的阐述，在有关"体育培养大学生爱国主义品质"的论文中并不多见。只有学者章国平、徐跃进[1]在其论文中进行了简要的阐释，爱国主义是一个国家的国民对国家的认同感，是一个国家的国民千百年来巩固起来的，对自己祖国的一种深厚的感情。但作为研究对于基本概念应有非常明确的论说，这是研究的基本规范和要求，也有助研究的深入。有关爱国主义的内涵及结构和基本功能，一些学者的研究成果值得借鉴。

罗大文[2]爱国主义是指对祖国的忠诚和热爱，其核心要义是对民族和国家的生存发展、繁荣兴旺等根本利益所体现出来的关心与维护。其内涵主要有五个方面：①心理情感：指爱国之情，它集中表现的是人们恋乡之情、故土之情、念祖之情，是长期以来人们对民族意识和祖国之爱的沉淀和积累；②理性观念：指爱国主义的深厚感情在观念形态上表现为爱国主义是一种基本的道德规范和重要的政治原则，以理论形式指导着人们的爱国行动，并成为来约束、评价人们实践行为的思想准则，激发一代代爱国者去思考、探索，是激励人们不断实践的精神力量；③价值意识：爱国主义的情感是建立人们对价值追求之上的，热爱祖国的感情是与祖国的荣誉、尊严和利益置于至高无上的地位这种价值观念相匹配的。在爱国者的价值体系中，祖国就是最崇高的价值，他竭力维护国家的荣誉、尊严和利益；祖国的繁荣昌盛和富强是他的最崇高理想；④社会思潮：作为一种社会思潮是指一定社会历史时期内，不同阶层或民族所反映当时社会政治文化情况众多思想的汇总；⑤行为模式：爱国主义是一种具体的行为模式，它是爱国主义思想在人们社会生活各个领域的具体体现。他还分析提出，爱国主义精神的外在层次表现为民族自信心、自尊心和民族自豪感；其内在层次表现为：爱国义务和爱国责任；在观念层次上：爱国主义是基本的道德规范和重要的政治原则。爱国主义有三种基本功能：①认知和协调功能；②激励和进取功能；③整合和凝聚功能。

作者对爱国主义的基本内涵、层次结构、基本理念及基本功能均做了详细的介绍与阐述，值得借鉴、学习与参考。

2. 体育培育大学生爱国主义精神的内涵

体育培育大学生的爱国主义精神是指通过体育课程教育，从体育的功能和作用中使大学生对我国体育物质文化的由衷热爱、对体育制度文化的高度认可及对体育精神文化的无限崇尚与追求，进一步激发大学生对我国体育文化产生强烈的民族自尊心、自信心和自豪感，从而养成大学生对国家的眷恋、依赖、忠诚和无限热爱的积极心理品质。

2.1 体育培养大学生爱国主义精神研究的第一阶段（1949—2000 年）

中华人民共和国成立后，体育作为学校教育的内容，在当时社会的学校教育中起到了强国强种的作用，在培养学生爱国主义品质中也有着独特的作用，主要代表研究成果如下：

从现有公开的文献资料来看，倪德昭[3]1954 年 10 月在《江苏教育》杂志上发表了《体育科中贯彻爱国主义教育的体会》一文，应该是比较早研究体育中贯彻爱国主义教育的文献资料，作者主要结合自身的日常教学观察和当时的时代背景，在认真总结思考的基础上，提出了体育教学中开展爱国主义教育的必要性和重要性，认为学生体育学习和锻炼不仅是为了增强体质，更重要的是为了劳动和保家卫国，文章中列举了许多向解放军、志愿军学习的故事，体现了当时我国成立不久国家需要培养全面发展、具有五爱品德、体魄健全的共产主义新人的目标与要求。倪德昭认为体育教学中进行爱国主义教育要结合教学内容、要有计划性、要长期坚持。体育作为学校教育的重要内容，其对人的全面影响，尤其是在道德教育方面的影响一开始就引起了体育教育者的密切关注和重视。

张振西，张新义[4]两位作者主要结合当时改革开放的时代背景，告诫广大学生要牢记我国不平凡的发展历史和国情，尤其是要同学们牢记为中华民族做出巨大贡献的优秀人物，向他们学习，努力做一名爱国的大学生，其认为主要从以下几个环节在体育教学加强大学生的爱国主义教育：首先，要教育学生树立强身健体，提高技艺，为国争光的坚定信念；其次，要教育学生学好文化知识，提高综合素质，增强爱国本领；再次，要教育学生有胸怀祖国利益高于一切的高尚情操；第四，要教育学生自觉地树立集体主义观念；第王，要利用体育理论教育和体育运动技术课进行爱国主义教育。

王和平[5]认为在体育教学中对中专生进行爱国主义教育的主要内容有：①教育学生为祖国锻炼身体，当时的主旋律是"锻炼好身体，建设四个现代化"；②教育学生为祖国的繁荣昌盛做贡献，从奥林匹克文化中加强爱国主义精神教育，当时我国运动员的口号是"为祖国争光，为中华民族争气"；③培养学生的爱国主义情操，在体育教学中锤炼大学生的道德品质和意志品质。其认为在体育教学中对中专生开展爱国主义教育的方法和途径有：①钻研教材有针对性地教育，挖掘教材特点开展爱国主义教育；②运用典型材料重点进行教育，利用好中华体育经典进行爱国主义教育；③结合中专学生的特点进行教育，他们精力旺盛、好学、理性，争强好胜，合理安排体育教学内容；④教师的言传身教是关键，教师要以热爱教育事业、热爱本职工作、热爱学生来体现爱国主义，为学生树立榜样。

曾飙，杨桦等[6]从中国近代百年体育史的发展中，按照时代的进程，列举了我国百年来众多的体育英雄人物和经典故事，如从林则徐的募集水勇五千，到洪秀全的手持三尺"斩妖剑"；1932年刘长春的单刀赵会洛杉矶奥运会，到1937年毛泽东提出的"锻炼体魄，好打日本"体育策略和思想，这些都充分体现了体育在我国近百年不平凡的发展中，作为一种强国强种的手段，在卫国、护国中所发挥出来的重要作用，从中也涌现了许多可歌可泣的爱国故事、历史事件，从这些爱国人物及爱国事例中，深深感受到了历代仁人志士那份对国家、对民族浓厚的爱国情感、情怀，体育在国家生死存亡、民族独立复兴的年代充分彰显了"国家兴旺，体育有责"的担当与使命。作者以生动的史料，论证了体育作为爱国主义教育的好材料，很有说服力。

这一阶段体育培养大学生爱国主义品质的研究主要体现在体育对学生行为规范性的影响，由观察的感性认识逐渐上升到理性分析，并结合我国社会主义建设的现实与不平凡的近代史，突出了体育在增强体质、保家卫国中所体现出来的强大功能，进一步明确了体育对大学生爱国主义教育的重要性，符合时代的诉求与大学生的培养要求。

2.2 体育培养大学生爱国主义精神研究的第二阶段（2001 年至今）

进入 21 世纪以来，在体育教育中进行爱国主义教育的理念得到大家一致的认可，不同学者从不同视角就如何在体育教育中开展爱国主义教育进行了有益的探索与研究，代表性的研究成果如下：

史国生[7] 以体育专业学生为对象，阐述了在专业课程《体育史》教学中如何进行爱国主义教育的教学经验与总结，结合体育史的教学内容具体有以下三个方面：第一，讲授古代体育史时，要突出我国体育的优秀遗产和杰出人物的体育思想，增强学生爱国热情和激发学生民族自豪感，主要有以下几点：①通过介绍历史人物的事例进行爱国主义思想的教育，弘扬爱国主义精神；②通过阐述我国古代体育的辉煌历史，增强学生民族自豪感、自信心；③通过讲授我国作为一个多民族国家，各民族相互的交融助力体育的发展，以增强学生爱国及民族统一的信心；④通过讲述中国古代体育的对外传播、交流的影响力及为世界体育的发展做出的贡献，激发学生振兴中华体育的豪迈决心。第二，在中国近代体育史教学过程中，主要要求学生以史为鉴、知耻后勇，激发同学们兴我中华的爱国主义激情，增强同学们的爱国责任，主要有以下几点：①通过爱国人士感人肺腑的事迹，激发起同学们继承和发扬爱国主义的坚定信念；②通过阐述我国近代体育落后的原因，激发同学们振兴中华体育的决心；③从近代各国承办体育赛事的综合实力，来说明只有国家强，体育才能强，"落后就要挨打"的深刻教训，从内心深处牢固树立同学们的爱国主义觉悟。第三，从现代体育史的教学内容上，着重介绍我国体育事业不断取得辉煌成绩及其深层原因，增强同学们的爱国主义情感，提高同学们振兴中华体育的使命感。

王光炎[8] 认为体育教学中具有非常丰富的爱国主义教育资源，其认为具有民族特色的运动项目更容易激发民族情结，进行爱国主义教育，在高校体育教学中爱国主义教育的具体内容：增强体质，强调人的个体性和社会性；增强团队精神，爱国要从小事做起；教育学生爱体育场地和体育设施；坚持锻炼身体，增强国防意识，立志报效祖国；继承和发扬中国运动员的爱国主义传统。在高校体育教学中爱国主义教育的方法：加强学生对世界体育特别是我国奥林匹克史的了解；灵活、愉快地进行体育课堂的爱国主义教育；经常组织学生收看或举行各种体育比赛。

刘燏[9]在阐述了奥林匹克运动的宗旨、目的的基础上，提出以为国争光为动力的奥林匹克运动，可以强化大学生的民族自信心，增强大学生的民族自尊感。作为世界最高级别的运动比赛，奥林匹克运动令世人瞩目，比赛的胜负与国家的荣誉密切相关，与民族自尊心紧密相连，甚至影响到一个国家和民族在世界的威望和地位。其主要观点是：①奥林匹克运动起点和归宿均落在教育上，教育更是奥林匹克的核心，她引用现代奥林匹克之父顾拜旦的思想观点：认为国家最大的问题在于教育问题，而奥林匹克的目的就是把竞技运动纳入教育，把体育纳入教育成为生活的一部分，成为爱国主义教育的一部分；②在奥林匹克运动中开展爱国主义教育非常适合大学生，他们富有朝气，精力充沛，竞争和自我意识强，表现欲望和参与意识强烈，尤其喜欢参加竞技运动，而现代奥林匹克运动正好满足了年轻人爱运动、渴望通过竞争获得自我肯定及发展自我、挑战自我、超越自我等心理需求，大学生是奥林匹克运动的主要追随者，易在运动中接受爱国主义教育；③奥林匹克运动包含了丰富的爱国主义教育资源，有利于培养大学生的爱国主义精神，《奥林匹克宪章》中明确体现了奥林匹克运动的宗旨："体育运动是为人的和谐发展服务的，以促进建立维护人的尊严的、和平的社会"，奥林匹克运动精神的实质是通过公平竞争体现人类和平、和谐的人文理念，同时提升人的综合素质，加强爱国爱民族的教育。奥林匹克运动与大学生爱国主义教育的融合途径有：①把奥林匹克教育纳入高校德育教育，进教材、进课堂、进头脑；②以奥运会为契机（尤其是北京奥运会），结合大学生实际有针对性地开展一系列爱国主义教育活动，培养大学生的爱国主义精神；③以大学生志愿服务为载体，在发扬奥林匹克运动精神中加强爱国主义教育；④将社会体育的教育资源引入大学，尤其是学习体育明星的爱国主义精神，以提升教育合力，培养大学生的爱国主义品质。

章国平、徐跃进[10]从全球化时代的视角基本阐述了体育进行爱国主义教育的机理，阐述了全球化时代加强大学生爱国主义教育的必要性和重要性，主要明确了在价值多元化的背景下加强爱国主义是坚持自身文化独立性的观点；

还认为体育作为一种特殊的政治、经济、文化及外交手段，它反映一个国家生命力的强弱，折射出一个民族发达与否，体育交流作为一种国际语言，在国与国之间及世界发展舞台上有着十分重要的作用，历史也证明，国家兴，则体育兴，国家强，则体育强；作者还简要分析了体育作为一种特殊的教育手段，对大学生爱国主义的教育蕴含着许多的育人资源，既有来自体育自身的育人资源，也有来自身边体育教育中的育人资源，更有来自中华优秀体育文化和体育精神的资源，是加强大学生爱国主义教育的重要内容与途径。

王丹[11]在其硕士论文中认为武术作为一项起源于我国的体育运动，有着悠久的历史文化，是民族精神的体现，武术一直以来作为强身健体、保家卫国的手段得到人们的广泛认可，尤其是通过具体武术英雄人物及经典故事的宣传，能激发大学生的爱国主义热情，增强大学生的民族自豪感和民族自信心，其认为武术运动是开展大学生爱国主义教育的有效载体，并对武术教学、武术社团及校园武术文化建设中开展爱国主义教育的现状进行了调查并针对存在的问题提出了建议。

陈友民、张振涛等[12]认为在新时代大学生爱国主义教育面临各种挑战的情况下，体育精神是培养大学生爱国主义教育的重要内容和有效途径，体育精神既承载着"更快、更高、更强"奥林匹克的内在价值和"重在参与"的精神，又包含了厚重的爱国主义教育价值，是新时代大学生进行爱国主义教育的鲜活载体。具体体现在：①体育精神所催生的公平竞争性是当代大学生追逐荣誉与梦想的精神力量；②体育是强国强种强精神，体育精神承载的社会责任感和历史使命感，是培养育大学生树立爱国、爱家、爱校、爱集体的有效切入点和教育载体；③中华体育精神是我国社会主义精神文明的重要组成部分，是中华民族宝贵的精神财富，对社会主义精神建设有着独特贡献，是培育当代大学生爱国主义精神最好的桥梁和纽带。

进入 21 世纪，我国对体育培养大学生爱国主义精神已逐渐深入到不同的研究领域，有对体育专业学生体育史的教学、对普通大学生的体育精神和奥林匹克精神的教育及武术运动、民族运动等进行探索，这些非常有利于在体育教育、教学中培养大学生的爱国主义品质；但同时，我们也看到不同体育运动项目对大学生爱国主义精神培养的研究尚不多见，体育培养大学生爱国主义精神的主要影响因素的研究有待进一步挖掘，尤其是进入中国特色社会主义新时代以来，随着我国体育事业的蓬勃发展和高等教育的快速发展，如何践行好习近平新时代中国特色社会主义思想，进一步深入研究我国体育制度、体育文化等对大学生爱国主义精神的培养是我们今后努力的方向。

3. 结语

爱国主义教育与爱国主义精神的培养是每一个教育者应尽的职责与使命，体育是学校教育的重要部分，把爱国主义教育融入体育教学中既是高校德育教育的要求，也是大学生综合素质提升的需要，更是高校体育提高自身生命力和教育质量的需要，从现有研究进展来看审视，我们可以在不同的运动教学项目中做进一步的探索与研究，以达到体育强身健体铸魂的育人效果。

参考文献：

[1][10] 章国平，徐跃进 . 全球化时代体育与大学生爱国主义教育的关系 [J]. 湖南社会科学 2011（6）：175-177.

[2] 罗大文 . 试析爱国主义的内涵、结构与功能 [J]. 学术论坛，2006（6）：58-62.

[3] 倪德昭 . 体育科中贯彻爱国主义教育的体会 [J]. 江苏教育，1954（10）.

[4] 张振西，张新义 . 体育教学中的爱国主义教育 [J]. 南京体育学院学报，1994（2）：43-46.

[5] 王和平 . 中专体育教学中的爱国主义教育 [J]. 重庆师专学报 (社会科学版)，1995（3）53-54.

[6] 曾飙，杨桦等 . 进行爱国主义教育的极好教材——百年中国体育简述 [J]. 赣南师范学院学报，1998（3）：94-98.

[7] 史国生 . 在体育史教学中贯穿爱国主义教育的思考 [J]. 南京体育学院学报，2002（4）：32-34.

[8] 王光炎 . 社会转型期民族高校体育教学与爱国主义教育 [J]. 湖北民族学

院学报，2003（6）：56-58.

[9] 刘燏 . 奥林匹克运动与大学生爱国主义教育的融合 [J]. 教育与职业，2009（9）：189-190.

[11] 王丹 . 高校培育传统武术文化和践行爱国主义之研究 [D]. 陕西师范大学，2016（12）.

[12] 陈友民，张振涛 . 体育精神与当代大学生爱国主义教育研究 [J]. 文体用品与科技，2019（3）：26-28.

第三节　体育培育大学生诚信品质的研究现状

本节主要通过文献资料法、归纳法、比较研究法，对体育培养学生诚信品质的研究现状进行了综述，主要从大学生诚信缺失现状、体育教学实践探索、理论研究等三个方面进行了梳理。

引言

在我国五千多年的中华优秀传统文化中，"诚信"一直是十分重要的内容。古代圣人先贤对诚信均有重要论述，如孔子在《论语·为政》中所说的"人而无信，不知其可也"，在《论语·颜渊》中所说的"无信不立"；孟子在《孟子·离娄上》曰："诚者，天之道也；思诚者。入之道也"[1]。正是对诚信美德的崇尚，2012 年 11 月中共十八大报告明确提出了我国社会主义核心价值观，并把诚信作为个人层面的价值准则列入核心价值观；同样，现在中国进入新时代，2019 年 10 月 17 日，中共中央、国务院印发了《新时代公民道德建设实施纲要》，再次把诚信作为每一个社会成员的基本行为规范和准则来要求，以展现新时代公民应有的素养。从古到今，中华民族作为一个优秀的民族、作为礼仪之邦，我们对"诚信"价值孜孜不倦的追求是一贯的、执着的，也是与时俱进的，彰显了一个新时代大国的性格和品格。

目前有关诚信教育的研究与论文已不计其数，但有关体育与诚信教育的研究并不算多，在中国知网、万方数据资源查询"体育中诚信的培养"相关主题，共有 78 篇期刊论文，50 篇学位论文，1 篇会议论文，但真正涉及体育与学生诚信品质培养的相关论文仅 20 篇，体育作为学校教育的重要内容，作为实践性教育的组成部分，在育人中有着十分持久而独特的影响，尤其是在道德教育中的作用已逐渐被人们所认识、认同。现就体育培养学生诚信品质的研究现状进行综述，供大家参考交流。

1. 诚信的概念与内涵

诚信是指诚实，守信用[2]。"诚"的本意是真实无妄，"信"的本意是"人言"，"人言为言"意指"诚实不欺"。"诚"和"信"两字在本意上是相通互训的，既是社会交往和治国理家的基本准则，也是人的基本美德和行为规范。诚实和信用向来是中华民族所褒扬的崇高美德。

诚信作为道德范畴有几种含义[3]：一是诚实无欺；二是相互信任；三是信守承诺。一方面指向主体自我的，另一方面指向客体的。诚实无欺是指向主体自我是不自欺；信任可指主体的自我信任，但更多的是指被他人所信任或信任他人；信守承诺可以是一种自我承诺，但它常常是指能够履行对他人的承诺。所以，诚信既是个人的内在品质，也是个人的行为规范。

2. 大学生诚信缺失现状及因素分析

王起友、王莹[4]，邓水平[5]，董天鹅[6]等研究发现大学生诚信意识缺失主要在以下几个方面：①学习诚信意识的缺失，如抄袭作业、剽窃论文、考试作弊等现象屡有发生；②生活诚信意识的缺失，如与人交往不诚实、情感交流掺假、网络交往缺乏信任感的现象；③择业诚信意识的缺失，有伪造个人简历、违约毁约的现象；④经济信用意识的缺失，隐瞒真实家庭的经济状况而申请贫困生救助金、助学贷款等，甚至还拖欠国家助学贷款的现象。

大学生诚信意识缺失的原因分析：其一，社会环境因素的影响。①受消极传统思想的影响，所谓"民可使由之，不可使知之"的观念，就是统治者欺哄老百姓的伎俩；②市场经济的影响，使人过于注重追求实利；③社会诚信监督机制缺失。其二，学校教育的因素。①诚信道德教育的模式和内容不足，存在"要求过高，内容空洞，方法僵化，缺少手段，测评空洞"的弊端，导致了高校德育实效性不强的现象；②教育者自身不诚信行为的影响，如学术造假、权钱交易等；③教育方式的不当，注重单向的"填鸭式"传授。其三，家庭教育的影响。①受应试教育影响，重智育、轻德育；②教育方式不当，过分宠爱孩子；③家长自身素质不高，存在不诚信行为。第四，大学生自身因素的影响。①自身对诚信的重要性认识不足；②公民意识不强缺乏必要的诚信道德和责任担当；③大学生自我心理发展不够完善，缺乏自制、自觉而导致诚信缺失。

应该说，随着高等教育大众化的到来，部分大学生在诚信方面还是存在不少问题的，需要引起社会、学校和家庭等全方位高度重视，并采取教育、管理等措施加以改进和提高。

3. 体育教学实践中进行诚信教育的探索

在体育实践中有不少教师在传授体育基本知识、技术和技能的同时，积极探索体育育人的作用，尤其是培养学生道德品质方面的素质，对学生诚信品质的培养更是教师所重点关注的内容，以下是三位教师在体育实践中培养学生诚信品质的具体做法：

田其伟[7]以故事说理的方法，教育学生懂得诚信的重要性，并以小组为单位组织雨天的练习"校园越野跑"任务，要求做到诚信练习，学生自我管理，互相监督，并要求每位同学在课后完成一篇练习心得，以理论与实践相结合的途径为体育教学中开展诚信教育提供了一个好的样式，值得参考。

教师任天[8]则在具体教学案例中以"智慧与技能"为主线，针对中学生精心安排了"森林营救""旷野传奇""合力制胜"及"碧海晴天"等四个教学内容，每个环节安排细致周到，引导教育学生在体育实践中，体验做"诚信人"的重要和价值。作为体育教师，任老师非常用心，在案例中强调体育育人的功能，尤其是对诚信教育的重视，值得学习。

宁建立[9]老师对以健美操教学班为实验研究对象，对大学生诚信品质进行锻炼干预，通过激情演讲法，通过生动事例的演讲，懂得诚信的重要性；生生互动法，教导学生诚信交往；理论联系，身体力行法，结合健美操教学的内容进行教育；体育锻炼承诺法，布置课外体育锻炼任务并纳入考核范围；以体育评价法，结合教师对学生的评价和学生之间互评的方法。实验结果证明，首先，激情演讲法是一种有效的理论教育方式；其次基于"实践教育"的三种课内教学法和课外体育锻炼承诺法，是大学生在体育实践中锻炼诚信品质的重要手段；再次，课内和课外的有机融合和"师生两个主体的两种评价方式"，对实验组的学生起到了很好的督查、引导和评价作用，培养了他们课内和课外的诚信的行为。

作为一名体育教师，无疑以上三位老师对待工作是十分认真的，对体育教学的热爱也从日常的体育教学中可见一斑，可能还有许许多多这样的老师也是这样做的，但我们更希望有实践的教学和研究成果一同分享，以便更好地提高体育课堂教学质量和提升体育课程的育人地位。

4. 学校体育与学生诚信教育理论研究现状

结合学校体育的特点与育人目标、要求，许多体育教育工作者、研究人员对就学校体育培养学生诚信品质的内在机制、教育优势、教育途径措施及教育原则等做了认真分析与研究：

4.1 学校体育培养学生诚信品质的内在机制

周坤，周志俊等[10]认为体育培养大学生的内在机制在于：①学校体育的促进个体社会化功能，指学校体育活动以人与人之间的交流为主，师生要执行社会基本规范，具有社会规范化功能；②学校体育的诚信教育功能，体育具有寓教于乐的功能，体现出体育诚信教育的特点；③学校体育中的迁移规律，大学生在体育实践养成的诚信品质和诚信行为，可迁移到日常生活和学习中去。

4.2 在体育中进行诚信教育的优势

黄金萍，孙永喜[11]等认为体育在培养学生诚信品质中具有以下优势：①体育培养大学生诚信品质的实践性优势，与高校开设的"两课教育"纯粹的理论传授教学相比，体育教育具有实践性，注重言行一致，是对德育理论教育的重要补充；②体育培养大学生诚信品质的经常性优势，体现在体育教育时间的长期性和教学目标的多元性，体育课程是学生在校期间开设时间最长的课程，从小学甚至从幼儿园一直到大学陪伴着同学们，另外，体育教育目标涉及思想教育、心理及社会规范教育等，注重培养人的全面发展。③体育培养大学生诚信品质的及时性优势，在多变的实践环境中更能锻炼大学生的诚信品质，体现的是体育运动负荷给学生生理带来考验的情况下，更能培养一个人的诚信品质。

4.3 在体育中进行诚信教育中的原则

付建民，肖军[12]等认为体育中进行"诚信"教育应遵守以下基本原则：①主体性原则，即充分发挥教师教的主导作用和主体性作用，同时，充分尊重学生学的主体性作用。②集体教育与个别教育相结合的原则，即在注重集体教育的同时因材施教，确保每一个体都能接受良好的诚信教育。③系统性原则，诚信教育不仅是学校的事，也是社会教育应关心的，更应是家庭所要高度重视的；不仅课堂要重视，课外也要进行文化与环境的熏陶。④实践性原则，即道德教育的最终目标是实践的，要体现在人的最终行为上，因此，要加强开展多种诚信教育的实践活动，体育就是一种非常好的载体。

4.4 在体育中进行诚信教育中的具体措施与途径

付建民、肖军[13]，刘光华[14]，黄金萍、孙永喜[15]，张军[16]等通过理论研究分析与总结，认为贯彻诚信教育的具体措施与途径有：①诚信教育与教师修养相结合，为人师表，以身作则，践行好诚信人格；②诚信教育与学生思想教育相结合，加强道德认知教育与理想信念教育；③诚信教育与课堂常规相结合，在遵纪守规中践行诚信教育；④诚信教育与教材内容相结合，挖掘运动项目的思想性进行教育；⑤诚信教育与学生活动相结合，在实践体育活动践行自我诚信教育；⑥构建师生相互信任的人文环境，体现在信、情、活三个方面，即师生要相互信任，互相尊重；教师要动之以情，关心爱护学生；教育时要灵活多变，因材施教；⑦执行道德诚信评价考核体系，把诚信行为纳入考核指标中，以制度激励诚信行为；⑧探索激励诚信行为的教学方法，营造弘扬诚信品质的教学氛围。

5. 结语

在物质日益丰富和科技发达、自动化程度越来越高的今天，体育能促进学生身心健康（广义的健康指身体、心理、社会的健康）的理念正得到越来越多人的认同，体育在增强学生体质的同时，对学生的道德品质、心理素质、社会交往等的教育也有着十分重要的作用，不同项目如何结合自身项目的特点开展有针对性的育人工作，尤其是道德品质、心理素质、精神方面的，如诚信品质、意志品质、超越精神等，值得所有体育教育工作者结合教学实践、工作实际进行不断地深入研究，总结经验，以更好地提升体育育人水平与质量。

参考文献：

[1] 朱海龙，胡文涛. 多元融合：大学生诚信教育的应然之路 [J]. 教育探索，2011（11）：96-97.

[2] 中国社会科学院语言研究所词典编辑室编. 现代汉语词典第 6 版 [M]. 北京：商务印书馆，2016:167.

[3] 姚春宏. 诚信品质在体育道德建设中的作用 [J]. 武汉体育学院学报，2003(9)：78-79.

[4] 王起友，王莹. 大学生诚信意识缺失问题实证研究 [J]. 河北师范大学学报（教育科学版），2013（7）：81-84.

[5] 邓水平. 大学生诚信问题调查与对策研究 [J]. 赤峰学院学报（自然科学版），2014（9）：159-161.

[6] 董天鹅. 大学生诚信缺失的成因分析及教育途径探索 [J]. 新乡教育学院学报，2009（3）：18-20.

[7] 田其伟. 浅谈体育教学中的诚信教学 [J]. 体育教学，2002（6）：24-26.

[8] 任天. 诚信为本——"智慧与技能"体育实践活动案例 [J]. 体育教学，2005（1）.

[9] 宁建立. 体育教育干预大学生诚信缺失研究 [J]. 甘肃高师学报，2012（5）：40-42.

[10] 周坤，周志俊.论学校体育与诚信教育 [J].解放军体育学院学报，2004（2）：20-51.

[11][15] 黄金萍，孙永喜.高校体育教育中贯彻实施诚信教育的研究 [J].哈尔滨体育学院学报，2009（2）：72-74.

[12][13] 付建民，肖军.高校体育与"诚信"教育探析 [J].体育成人教育学刊 [J].2003（12）：82-83.

[14] 刘光华.高校体育教学中的诚信教育 [J].体育成人教育学刊，2005（1）：69-70.

[16] 张 军.高校课程建设中的诚信教育探析——以体育与健康课程为例 [J].征信，2014（3）：66-68.

第四节 体育培养大学生意志品质的研究现状

本节通过文献资料法、归纳法、比较研究等方法，对体育培养大学生意志品质进行了研究综述，主要从理论研究现状、实证调查研究和运动项目教学研究三个方面进行了梳理。

引言

意志是心理学的一个概念，也是人知、情、信、意等心理过程的一个方面，意志品质是人在生活中形成的一个相对稳定的心理特征。意志品质对人重要性的认识已被许多生动的成功人士和事例所证实，对学生良好意志品质的培养也已成了教育界所应承担的教学目标和任务，尤其是中国特色社会主义进入新时代，我们国家比任何时候更需要既有丰富科学知识、过硬专业能力，同时又要具备良好心理品质，尤其意志品质坚强、综合素质高的优秀大学生。

体育作为学校教育的重要内容，对学生身心健康的影响是长期和深远的。体育对大学生意志品质的促进作用已得到了体育学界众多学者和研究人员的高度关注及认可，截至目前也不少学者、研究人员教师通过理论分析、运动实践验证、项目教学等方式和手段，形成了一些科研成果，本文对现有研究成果进行综述梳理，为新时代学校体育更好地开展对大学生意志品质的培养和研究提供参考。

1. 研究概况

从中国知网、万方数据等查询有关"体育对学生意志品质培养"主题的研究，截至 2020 年 2 月中旬，共有公开发表的相关论文约 370 篇，第一篇论文于 1983 年，尹宗利老师在《江苏教育》杂志上发表了《要在体育教学中培养儿童良好的意志品质》的文章，另外涉及体育与大学生意志品质培养的文章约有 50 篇，从研究内容分类进行梳理，主要分为三类，一是从理论上分析体育对大学生意志品质的积极影响，二是体育对大学生意志品质的实证调查研究，三是分析了不同运动项目对大学生意志品质的影响。以下就这三类研究现状进行逐一梳理：

2. 体育对大学生意志品质培养的研究现状

2.1 意志和意志品质的概念及内涵

意志[1]是指自觉地确定目的，根据目的支配、调节行动，从而实现预定目的的心理过程。意志品质[2]是指人在日常行动中所表现出来的较为稳定的意志和倾向，是人的个性的重要组成部分，是人意志诸因素的总和。主要包括意志的自觉性、果断性、坚韧性和自制性。当前研究体育与大学生意志、意志品质的概念与内涵主要借鉴和引用了心理学的定义，为便于分析得更加透彻，有的学者在实证调查中把意志品质的内涵分得更细，如胡淑娟、时立新对大学生体育锻炼与意志品质特征研究中均有更细化的指标，把自我实现欲、目标清晰度、自制力归属于自觉性；信念确认度、顽强性归属于独立性；智源集中度、决策及时性归属于果断性；倦怠耐久度和困难承受度归属于坚韧性（2016，10）。

2.2 体育培养大学生意志品质的研究现状

2.2.1 体育培养大学生意志品质理论研究的现状

针对体育学科育人的特点，诸多学者、教师从理论上对体育培养大学生意志品质的策略、路径与方法进行了分析与探索，较有代表性的如下：

1）意志是座右铭

我国学校体育知名学者毛振明教授认为[3]，体育能培养人的意志品质是得到广泛认同的，但真正要落实好体育培养人的意志品质，这是一个难题和不解的迷题，这其中关涉教师与学生众多的主客观因素；毛教授从其博士导师佐藤裕先生的观点"意志就是座右铭"出发进行了论述，认为这个看似简单的话语里蕴含着深刻的哲理，让人做到知行合一，并从中得到启发，认为要真实发挥体育培养人意志品质的有效作用，要在具体的教学内容和教学方法上下功夫：①创设学生遇到明显困难的情境，体育运动本身以克服挑战来享受乐趣的，具体列举了学生会面临的几种困难，如生理上的痛苦、枯燥的厌倦、失败的害怕、对完美的失望；②不断地对学生进行如何面对困难的教育。他列举了日常体育教师常用的教育语言，但教育效果欠佳的现状，达不到理想的要求；③要逐步形成每个人头脑中的"意志座右铭"。针对教育效果不佳的现状，作者结合自己多年的教学经验，罗列了对学生意志品质培养有实际影响的教育语言（作者称为意志信条），非常详细贴近学生实际，有较实用的教学和教育参考价值；④创设有利于形成意志品质的教学环境。作者从自身的教学实践和理论研究，总结了体育促进学生意志品质培养的多种教学环境因素，值得广大体育教师参考与试用。

2）体育培养大学生意志品质的策略与路径

对体育培养大学生意志品质策略较有代表性的有，刘武[4]认为体育培养大学生意志品质的基本策略有：①体育教师要加强对大学生意志品质教育因素的挖掘和钻研；②体育教师要与时俱进，更新教学观念；③体育教师要研究学生，不断完善和创新大学生意志品质培养的方法与手段。

开卫华[5]认为体育培养大学生意志品质基本路径有：①要发挥体育教学的思想性来培养学生的意志品质，具体要结合好教材的特点、结合好不同的组织教法、利用好运动竞赛的特点等；②把培养意志品质贯穿教书育人全过程，具体要正确运用语言艺术，认真调动学生运动积极性，做到课内外结合；制定合适的学习锻炼目标，分阶段渐进培养。

孙建华[6] 研究的基本路径为：①加强目的动机教育，培养正确认知观念；②严格管理教育，养成自觉遵纪守法的习惯；③在运动中增强学生克服困难的毅力；④设置合理的困难条件，磨炼学生的意志品质；⑤针对个别差异性，培养学生优良的意志品质；⑥抓学生自我调整和培养意志的能力；⑦利用挫折教育培养学生的意志品质。

董敏秋[7] 则认为在体育教育中做好以下 3 个方面，对促进大学生意志品质十分重要：①要坚持意志品质的自我教育；②要充分利用课堂教学进行意志品质的培养；③要在体育项目教学中进行抗挫折教育，具体做到在教学中创设良好的挫折情景，教师加强教学中的严格管理和教育，要加强对女生意志品质的关注与培养。胡淑娟、时立新[8] 分析的有效路径是：①加强对大学生心理健康教育重要性的认识，以提高维护心理健康的自觉性；②要认真培养和激发大学生的体育兴趣，提升大学生参加体育锻炼自觉性；③要营造良好的课外体育锻炼氛围，为大学生参与体育锻炼提供必要的保障。

以上研究从体育学科的特点，结合教育教学的关键要素（教师、教材、教法、学生及教学环境等）对体育培养大学生意志品质进行了较全面的分析，总结了一些行之有效的策略与路径。但如何针对不同人群利用不同项目更好地进行培养的策略与路径研究还有待进一步深入。

3）体育培养大学生意志品质的手段与方法

运用好正确的教学手段与方法对培养大学生的意志品质将起到十分有效的作用，张金棒[9] 认为要从体育教学中引入克服困难情境、竞争机制、合作竞技项目、体育名人感人事迹以及积极的评价机制等手段，来促进体育教学对学生意志品质的培养。李郁[10] 认为学校体育教育培养学生的意志品质有效手段：培养学生良好的道德情感；引导学生在实践锻炼中积极与困难做斗争，提升自我能力；用集体和榜样的力量激励学生；要因材施教，注重个体差异性，顾及全体；在实践过程加强自我锻炼与教育提升意志品质；充分利用好早操和课外体育活动载体来促进学生意志的磨砺。

张军[11]总结提炼了体育培养大学生意志品质的方法：①用恰当的奖惩手段和心理暗示法，加强对大学生的动机教育；②挫折教育法，通过加大运动负荷，锤炼学生抗挫折能力；③区别对待，因材施教。

开卫华[12]分析总结了体育培养大学生意志品质的以下方法：①榜样激励法，以身边的榜样和优秀的体育人物来激励人；②诱导练习法，通过科学的激励和引导方法，培养大学生的自觉性、积极性、自制性；③运动刺激法，通过增强运动负荷，培养大学生的坚持性。

经过教育教学的实践，不少教师和教育工作者，总结了许多符合教学、教育实际的培养大学生意志品质手段与方法，为我们实际教学项目开展日常教学提供了可供参考的具体方法和措施。

2.2.2 体育锻炼对大学生意志品质促进的实证调查研究现状

实证调查研究对于体育培养大学生意志品质的促进作用具有十分重要的佐证作用，也便于在日常教学中因材施教，以下是较有代表性的研究结论：

胡纯[13]通过对照组与实验组的调查分析，认为体育项目的目标强化了大学生行动的目的性和自觉性；体育竞赛则培养了大学生的道德情感；体育锻炼使大学生有了意志锻炼的直接经验；体育锻炼措施则有利于矫正大学生差异化的意志品质；体育训练会增强大学生的纪律性和自我控制能力。

胡淑娟、时立新[14]采用问卷调查、数理统计的方法，对体育和不同类别大学生意志品质的培养进行了研究，结果表明，经常参加体育锻炼的大学生意志品质具有较显著特征：①男生的坚韧性和果断性明显好于女生，而女生的独立性要好于男生。男生在目标清晰度、自制力、倦怠耐久度、困难承受度、决策及时性及顽强性这六个子维度上都比女生好；而女生在智源集中度上高于男生。②大学生意志品质随着年级增加而下降，主要表现在低年级学生比高年级自觉性更强；中年级学生比高年级处事果断性更强；中年级学生比高年级独立性更强，低年级学生比中、高年级学生在自我实现欲及自制力上表现得更强。③不同运动频率大学生在果断性上存在显著差异。运动时间越长者则自觉性更强，每次运动时间达90分钟以上的大学生自觉性为最强。运动时间与自我实现欲及自制力呈正相关。④体育成绩越好的大学生自觉性则越高，体育成绩优秀的大学生比体育成绩一般的大学生自觉性及坚韧性更好。

王玉红，刘丽军[15]等以座谈、访谈及问卷调查等研究方法研究体育对大学生意志品质的影响，主要研究结论如下：①经常参加体育锻炼和不经常参加体育锻炼的学生，在自觉性和自制性方面没有统计学意义上的差别；②经常参加体育锻炼的学生在果断性和坚韧性方面，要优于不经常参加体育锻炼的学生，存在统计学意义上的显著差异；③学校代表队队员的意志品质，经过长期的磨炼，全方位的培养，使得他们在意志品质的自觉性、自制性、坚韧性和果断性方面都优于普通同学。

以上实证研究成果证明，体育在培养大学生意志品质上是有着良好促进作用的，也给体育育人的价值提供了理论支撑。拓展体育对不同类别大学生意志品质的培养，如研究生、高职类大学生等，更有利于我们全面认识体育育人的内在价值和实际作用。

2.2.3 不同体育项目对大学生意志品质影响的研究现状

从具体运动项目来研究对大学生意志品质的培养，更有针对性，更有利于提高体育育人的质量和效果，截至目前主要有健美操、散打、拓展训练、定向运动及乒乓球项目对大学生意志品质的培养，进行了分析与调查研究。

王晓，张国梅[16]等以健美操项目教学为载体，对大学生意志品质的影响进行了调查分析，认为健美操项目增强了大学生的自信心，主要是体现在做动作时能充分发挥自己的水平，懂得该如何表现自己，多数学生认为通过学习健美操运动，不仅学会了美的动作，还掌握了表现美、体现美；同时也提高了大学生锻炼身体的自觉性：体现在大学生上体育课和课外体育锻炼的积极性明显提升。

徐微[17]以散打项目为内容，通过实验采用单因素设计测试方法，采用殷小川的《优秀运动员意志品质评价量表》测量工具，对比数据统计分析认为：散打教学对大学生的意志品质有着重要的影响，最主要体现在对大学生意志品质中果断性、主动性、自制力、坚韧性的提高，但对大学生自觉性的影响没有统计学上的显著性效果。

王澜沧[18]通过实验法、数理统计法等研究方法，以实验组和对照组进行了实践比较研究，并从相关分析中得出，拓展训练内容对大学生运动员的意志品质培养有着十分积极的作用，主要体现在果断性、自控力、自信心等方面非常明显的改进和提高。

陈蕴霞，谭景旺[19]则通过校园定向运动培养对大学生的意志品质。校园定向运动是一项相对较新兴的时尚运动，要求参加者持指南针和地图，用最短的时间完成比赛，该项目有自身的特点与要求，两位老师从校园定向运动的特点、比赛规则和比赛环境等方面入手，论证了校园定向运动对提高大学生意志品质中的自觉性、果断性、坚持性和自制性的作用。

程景瑞[20]从乒乓球运动的特点出发，在理论上分析了培养大学生意志品质的手段与方法：①注重培养竞争意识的自觉性，从增强自身实力、公平竞赛和学会面对失败着手进行锻炼；②注重大学生对自制和果断处理问题能力的培养，从利用好规则、掌握好比赛技巧、积累临场经验等着手。乒乓球比赛培养大学生意志品质的主要方法：①条件限制法，通过增加练习难度，更换场地等方式进行锻炼；②竞赛法，通过持续的实践竞赛，以提高比赛难度、提高比赛对手水平，磨炼大学生的意志品质；③帮助和鼓励法，通过心理上、思想上的帮助、鼓励与疏导，提升信心、决心和信念。

从以上五个研究成果看，以运动项目培养大学生意志品质的研究并不多。以选项课为主要课程模式的高校体育，在开设项目多达数十个体育教学课的今天，应该有更多的运动项目更深入地开展体育对大学生育人效果和价值的研究。

3. 结语

以上从体育的视角就培养大学生意志品质的现状进行了综述，其实意志品质是大学生知、情、意、信、行等众多心理认知环节的其中一个，它受知识、感情及理想信念和行为的影响。体育教育和教学在培养大学生意志品质的时候，要充分认识心理认知规律对大学生意志品质养成的影响，真正做到以运动项目为载体，因材施教，科学育人，为此，在研究体育对大学生意志品质中更需要明确，体育促进大学生意志品质的基本机理是什么？要更进一步深入调研影响大学生意志品质的因素有哪些？不同运动项目对大学生意志品质的影响有哪些不同？以上问题值得进一步探索，以更好提高体育育人的质量和针对性。

参考文献：

[1] 华东师范大学心理学系公共必修心理学教研室编 . 心理学 [M]. 上海：华东师范大学出版社，1984.

[2] 杜玫，詹丽峰主编 . 心理学 [M]. 湖北科技出版社，2013（8）：188-190.

[3] 毛振明，蔺铎 . 在体育课中如何有效地锻炼意志品质 [J]. 体育教学，2011（9）：32-35.

[4] 刘武 . 学校体育教学中学生意志品质的培养 [J]. 教学与管理，2012（7）：122-123.

[5][12] 开卫华 . 论高校体育教学中大学生意志品质的培养 [J]. 教育与职业，2007（11）：107-108.

[6] 孙建华 . 体育教学与意志品质的培养 [J]. 广西右江民族师专学报，2004（6）：66-68.

[7] 董敏秋 . 体育大学生意志品质与抗挫折能力培养的有效途径 [J]. 辽宁教育研究，2007（2）：122-123.

[8][14] 胡淑娟，时立新 . 大学生体育锻炼与意志品质特征研究 [J]. 南京体育学院学报 (自然科学版)，2016（10）：155-160.

[9] 张金棒 . 高职体育教学中培养学生意志品质的方法研究 [J]. 安阳工学院学报，2013（7）.

[10] 李郁 . 高师体育教育与学生意志品质培养 [J]. 体育科技文献通报，2009（1）：57-59.

[11] 张军 . 论体育教学中如何培养学生的意志品质 [J]. 辽宁师专学报，2001（9）：64-65、81.

[13] 胡纯 . 体育锻炼对非体育专业大学生意志品质的影响 [J]. 四川体育科学，2013（4）：50-54.

[15] 王玉红，刘丽军等.大学生意志品质培养的体育干预研究 [J]. 教育教学论坛，2017（8）：68-70.

[16] 王晓，张国梅.健美操教学对提高大学生心理品质的影响 [J]. 北京体育大学学报，2001（3）：26-27.

[17] 徐微.散打教学对学生意志品质影响的研究 [J]. 襄樊学院学报，2006（1）：92-95.

[18] 王澜沧.拓展训练对大学生运动员意志品质培养的研究 [J]. 当代体育科技，2017（7）：47-48.

[19] 陈蕴霞，谭景旺.高校定向运动课程对提高大学生意志品质作用的探讨 [J]. 科技资讯，2015（25）：210-211.

[20] 程景瑞.浅析大学生如何通过参加乒乓球比赛培养良好的意志品质 [J]. 科学之友，2009（7）；109-110.

第四章 体育培养大学生思想道德素质的机理分析

本章主要结合体育课程思政资源的基本内容，阐述了体育促进大学生思想道德素质的基本机理，分别就体育培育大学生爱国主义品质、培养大学生诚信品质和意志品质进行了剖析与论述，为体育课程提升大学生道德素质提供理论参考。

第一节 体育与新时代大学生爱国主义品质的培育

本节以文献资料法、归纳法、比较研究等方法，在阐述爱国主义概念、基本内涵及培育大学生爱国主义重要意义的基础上，认为在高校体育中要结合中国辉煌的近代奥运史、中华体育精神、中国运动员体育经典故事、中国特色社会主义体育先进文化等开展爱国主义教育，主要途径和方法是守好体育课堂主渠道、加强校园体育文化建设和教师以身作则践行爱国主义。

引言

2019 年 10 月，盛世逢佳节，时值中华人民共和国成立 70 周年纪念，伟大的中华人民共和国自 1949 年成立以来，在中国共产党的正确领导下，团结带领全国各族人民，戮力同心，历经几代人的艰苦奋斗、前仆后继，终于开创了中国特色社会主义的新时代，一个日益富起来、强起来的中华民族已然昂首屹立于世界东方，面对 70 年来中华民族取得的举世瞩目的辉煌成就，全球华夏儿女为之感到骄傲与自豪，爱国之情油然而生；2019 年国庆前夕，中国女排在日本东京第 13 届世界杯排球比赛中以 11 连胜的骄人成绩，第五次夺得了世界杯冠军，成功实现了卫冕，第十次荣膺世界排球"三大赛"冠军，再次激发了全国人民巨大的爱国热情，令国人为之兴奋和自豪，也为祖国 70 华诞送上一份令人激动、欣喜又及时的生日贺礼。社会舆论、国人对中国女排精神的高度赞扬和崇敬再次彰显了体育对加强爱国主义品质教育的重要作用和精神力量。

中国特色社会主义已经进入了新时代，在建成全面小康社会的当下，要实现"两个一百年"奋斗目标和中华民族伟大复兴的"中国梦"，我们比任何时候更需要精神的力量，尤其是以爱国主义为核心的民族精神，以此来团结凝聚全中国人民的力量奋进新时代，以此来更好地激励人民砥砺前行，再创新辉煌。中共中央、国务院于 2019 年 11 月 12 日印发了《新时代爱国主义教育实施纲要》，并指出 [1]："新时代加强爱国主义教育，对于振奋民族精神、凝聚全民族力量，决胜全面建成小康社会，夺取新时代中国特色社会主义伟大胜利，实现中华民族伟大复兴的中国梦，具有重大而深远的意义。"高校是爱国主义教育的主阵地、主渠道，广大青年学生是我们"中国梦"的见证者、参与者和创造者，提升他们的爱国热情是新时代发展所需，国家强盛所需，民族兴旺所需，更是大学生自我健康成长所需，因此，每一门课程都要挖掘爱国主义的教育元素，都要对大学生开展爱国主义教育。体育作为高校教育的重要内容，在爱国主义教育中有着体育学科自身的独特优势。文章就高校体育培养大学生的爱国主义品质的机理进行了分析与阐述。

所谓机理 [2] 是指为实现某一特定功能，一定的系统结构中各要素的内在工作方式以及诸要素在一定环境条件下相互联系、相互作用的运行规则和原理。用体育的手段来培养大学生的爱国主义品质，我们必须牢牢把体育课程特点要素引进，以体现体育培养大学生爱国主义品质的独特性。

1. 爱国主义的内涵

1.1 爱国主义的概念

目前对爱国主义概念的解释主要有如下三种：爱国主义指对祖国的忠诚和热爱的思想[3]；爱国主义就是对祖国的忠诚和热爱，核心是对国家和民族生存与发展、繁荣与兴旺等根本性利益的关心与维护[4]；爱国主义是指个人或集体对祖国的一种积极的支持态度，集中体现为民族自信心和民族自尊心，为争取、保卫祖国的独立富强而献身的奋斗精神。爱国主义不仅体现在政治、道德、法律、艺术、宗教等各种意识形态及整个上层建筑之中，而且渗透到社会生活的各个方面，会成为影响国家、民族命运的重要因素[5]。爱国主义作为一种爱的情感，主要是对民族、国家深层次的情感认可、理性认知、历史认同、文化皈依的心理现象和道德表现，其蕴含着丰富的内涵。

1.2 爱国主义的基本内涵

爱国主义作为心理、道德、历史、文化等多种因素形成的情感，其主要有五个方面的具体内涵：首先，表现为是一种心理情感，正如列宁所说的关于爱国主义名言：爱国主义是由于千百年来巩固起来的对自己祖国的一种最深厚的感情[6]，这种心理情感更多地表现为对故土之情、恋乡之情、念祖之情的集中流露，是长年以来对祖国的浓厚感情；其次，表现为一种理性的认识，是人们对祖国深厚感情认识基础上的一种观念形态，爱国主义表现为一种基本的道德规范及一定的政治原则。人们正是正确理性认识的指导下进行爱国行动，爱国主义也日益成为评价、约束人们实践行为的思想要求和基本准则，不断激励一代又一代爱国者去思考、探索，是激励人们爱国、护国的重要精神力量；第三，爱国主义也是一种价值取向，对祖国的爱需要具体的内容，即体现出人们对爱国的价值认同，是把对祖国的形象、利益、尊严、荣誉等置于至高无上地位的价值认可，愿意用自己的一切来维护祖国的发展和声誉；第四，爱国主义也是一种社会思潮，是指一定社会的历史时期，不同阶层或整个民族所反映的当时社会、政治、文化状况的众多思想汇集，不同的时代有不同的爱国主义内涵，如五四爱国运动开启新民主主义革命，以及科技兴国、实践强国等爱国主义思想，都在很大程度上推进了国家的发展和进步；第五，爱国主义更是一种行为范式，爱国主义作为一种精神力量，只有在实际行动中才能体现出其真正的价值与力量，给人以震撼，如表现国家兴旺，匹夫有责的担当意识；为先天下之忧而忧，后天下之乐而乐的社会责任；埋头苦干、全心全意为人民服务的奉献作风等，以实际行为诠释爱国主义的精神实质和内涵。

爱国主义的情感外在表现主要体现为民族的自信心、自尊心和自豪感，而其思想的内在实质则是义务感和责任感，在精神层面上爱国主义则是一种道德规范和政治原则。

2. 培育新时代大学生爱国主义品质的重要意义

2.1 加强新时代大学生爱国主义教育是培养中国特色社会主义可靠接班人和合格建设者的迫切需要。

高校的最终使命是育人，是培养一大批具有中国特色社会主义可靠接班人和合格建设者。习近平指出："培养什么人，是教育的首要问题。我国是中国共产党领导的社会主义国家，这就决定了我们的教育必须把培养社会主义建设者和接班人作为根本任务，培养一代又一代拥护中国共产党领导和我国社会主义制度、立志为中国特色社会主义奋斗终身的有用人才。[7]"百年大计、教育为本，教育大计、德育为先，大学生的思想品德素质的培养是教育的关键，关乎人的价值取向与成长方向。新时代大学生不仅要加强自身的社会公德、家庭美德、职业道德、个人品德的培养和教育，更要培养坚定的理想信念和爱国主义情怀，以德立身，以德立学，以德立人。正如习近平总书记所说，我们培养的大学生不仅仅要长着中国人的脸，更要有浓浓的中国情和中国味。因此，加强新时代大学生爱国主义教育，使他们成为又红又专的人，懂得爱国奉献、护国奋斗的新时代先进青年，这是高等教育的首要任务，也是高校的初心，必须牢牢把握，持之以恒开展好爱国主义教育。

2.2 加强新时代大学生爱国主义教育是践行社会主义核心价值观的迫切需要

党的十八大提出，倡导"富强、民主、文明、和谐，倡导自由、平等、公正、法治，倡导爱国、敬业、诚信、友善"，积极培育和践行社会主义核心价值观，是推进中国特色社会主义伟大事业、实现中华民族伟大复兴中国梦的战略任务[8]。"爱国、敬业、诚信、友善"是公民个人层面的价值准则，需要每个人，尤其是当代大学生需要积极践行、带头践行。习近平总书记指出："要结合弘扬和践行社会主义核心价值观，在广大青少年中开展深入、持久、生动的爱国主义宣传教育，让爱国主义精神在广大青少年心中牢牢扎根，让广大青少年培养爱国之情、砥砺强国之志、实践报国之行，让爱国主义精神代代相传、发扬光大。[9]"加强大学生爱国主义精神的培育也是高校大学生思想政治教育工作中培育和践行社会主义核心价值观的中心环节。中国特色社会主义进入新时代，面对纷繁复杂的国际社会和多元的社会意识形态，面对互联网信息的鱼龙混杂、良莠不齐，我们更需要有社会主义核心价值观来引领大学生思想，更需要比任何时候热爱自己的国家，牢固树立报效祖国的雄心壮志。因此，高校必须加强对大学生的爱国主义培育，才能使大学生通过接受教育，树立祖国利益高于一切的理想信念，并充分认识到祖国的繁荣富强和快速发展、国家的长治久安与为个人提供更大的发展空间的关联性，从而把个人理想和国家梦想有机结合起来，逐步把爱国之情、强国之志、报国之行转变成自觉行动。

2.3 加强新时代大学生爱国主义培育是实现中华民族伟大复兴中国梦的迫切需要

爱国主义既具有历史性，又具有现实性，既有时代特性，也具有永恒性。爱国主义要在现实中体现，必须要有具体的目标和载体，而中国梦作为中国共产党的重要执政理念和重要思想，2012年11月29日习总书记首次提出，并认为中国梦是"实现中华民族伟大复兴，就是中华民族近代以来最伟大梦想"[10]，其核心目标概括为"两个一百年"目标，即到2021年中国共产党成立100周年和2049年中华人民共和国成立100周年时，逐步并最终顺利实现中华民族的伟大复兴，具体表现为国家的富强、民族的振兴、人民的幸福。

2013年3月17日上午在十二届全国人大一次会议闭幕会上，习近平总书记坚定表示："实现中国梦必须走中国道路，必须弘扬中国精神，必须凝聚中国力量"，并强调要把每个人的利益与国家、民族利益紧紧地联系在一起作为一个共同体，凝聚13亿中国人的力量，由伟大光荣正确的党领导全国各族人民努力奋斗。坚持走中国特色社会主义道路，就是复兴之路、追梦之旅。新时代大学生作为中国特色社会主义的接班人，作为中国梦的奋斗者、创造者，他们若没有对祖国的热爱、对祖国的真挚情感、对祖国的思想认同和理论认知，就不可能迸发出他们对新时代中国特色社会主义的建设热情，没有他们的努力奋斗和前仆后继，中国梦就没有实现的可能，由此，加强新时代大学生爱国主义的培育，上升为事关民族复兴的伟业，事关中国特色社会主义事业建设的成败。

3. 体育与新时代大学生爱国主义品质的培育

3.1 结合辉煌的中国近代奥运史对大学生进行爱国主义教育，激发大学生的爱国真情

尽管我国体育代表团因政治、经济等种种原因的影响，到了1984年才算正式组团参加在美国洛杉矶举行的第23届奥运会，但中国体育代表团自参加奥运会以来，在奥运赛场全团上下团结一致，祖国至上，顽强拼搏，奋勇争先，取得了令人骄傲的竞技成绩，目前我国体育综合竞技水平已跨入世界第一集团行列，尤其是2000年后一直保持在世界前三的位置（表1），中国已成为当今世界的体育大国，让我们国人无比自豪，旧社会时曾被人称为"东亚病夫"的旧帽子已成为一去不复返的历史；由于我国经济社会的快速发展和进步，中国北京已在2008年成功举办了第29届夏季奥运会，并且取得了圆满成功，获得了各国的广泛赞誉，向全世界人民展示了中国人的体育竞技实力和组织举办体育赛事的超强能力，同时，北京还成功获得了举办2022年冬奥会的举办权，北京也成了世界上唯一一座既举办过夏季奥运会又将举办冬奥会的城市，令我们华夏儿女倍感骄傲和自豪。

中国体育代表团参加奥运会的发展史本身就是一部具有深远教育意义的爱国主义教育史，让我们每一个中华儿女对中国体育代表团取得的辉煌成绩心生

崇敬与爱戴，尤其将大大激发广大青年学子的爱国真情。铭记历史，以史育人，激励青年学子更是我们体育人的职责和使命所在。

表 1　中国体育代表团历届夏季奥运会奖牌数量及名次 [11][12][13][14]

年份	届数	金牌	银牌	铜牌	总数	名次
1984 年	23	15	8	9	32	4
1988 年	24	5	11	12	28	11
1992 年	25	16	22	16	54	4
1996 年	26	16	22	12	50	4
2000 年	27	28	16	15	59	3
2004 年	28	32	17	14	63	2
2008 年	29	51	21	28	100	1
2012 年	30	38	31	22	91	2
2016 年	31	26	18	26	70	3

3.2 结合伟大的中华体育精神对大学生进行爱国主义教育，激发大学生的爱国热情

中国体育竞技的起步、发展、崛起和不断地超越，从微观上讲主要在于广大运动员的刻苦训练、顽强拼搏、敢于胜利、不服输的意志品质和勇往直前的精神气质，在于教练员的科学训练、精心谋划、细心指导，在于广大体育工作人员提供周到的服务和可靠的保障，经过一代又一代中国体育人长期的体育实践和竞技比赛，中国体育形成了具有自身特点的、伟大的中华体育精神[15]，它是指中国人在体育实践活动中形成的，以爱国奉献、公平竞争、团结合作、顽强拼搏、快乐健康为主要价值准则的意识、思维活动和一般的心理状态，以爱国主义精神、英雄主义精神、公平竞争精神、团队合作精神、乐观自信精神及实用理性精神为主要内容，也正是中华体育精神的激励，使得中国运动员在一次次的竞技比赛中屡创佳绩，中华体育精神也是中华民族文化的重要内容。正因为有着对祖国深沉的爱、浓浓的情，一代又一代华夏健儿才孕育并铸就了中华体育精神，迸发出了为祖国奉献牺牲自我的竞技精神和意志。弘扬和传承优秀的中华体育精神，以此激发新时代大学生的爱国热情。

3.3 结合我国运动员具体的体育经典故事对大学生进行爱国主义教育，激发大学生的爱国激情

2019 年 9 月 30 日，习近平总书记在会见中国女排时强调[16]："广大人民群众对中国女排的喜爱，不仅是因为你们夺得了冠军，更重要的是你们在赛场上展现了祖国至上、团结协作、顽强拼搏、永不言败的精神面貌。"女排精神代表着一个时代的精神，回想 20 世纪八十年代女排五连冠，每一场比赛就是一个个经典赛，激励着人们喊出"团结起来，振兴中华"的心声；当然还有许许多多中国运动员创造的经典赛事，都令人为之动容，让人见识到运动员们为国拼搏的劲头和意志品质，如奥运六朝元老王义夫在 1996 年亚特兰大奥运会上，发烧还坚持比赛，直到最后晕倒在赛场，最后仅以 0.1 环之差获得了宝贵的银牌，着实让人泪目；又如世界速滑全能冠军叶乔波，在 1994 年 2 月 19 日，第十七届挪威利勒哈默尔冬奥会上，顶着膝盖的疼痛，咬着牙坚持完成了 1000 米比赛，并获得一枚铜牌，这块奖牌的获得是在她韧带断裂，膑骨错位，软骨破碎，"乱了套"的膝盖中含了大大小小 13 块碎骨的情况下取得的，这样的伤痛一般常人难以忍受，也难以想象，这需要何等的勇气和毅力！还有很多令人惊叹和感慨的运动员经典故事，他们的那种"为国争光，为中华民族争气"的精神气概，都是培育大学生爱国主义精神的优质资源，传承经典，学习榜样，必将激发新时代热血大学生对祖国的深厚感情。

3.4 结合中国特色的社会主义体育先进文化对大学生进行爱国主义教育，激发大学生的爱国自豪感

自 1978 年党的十一届三中全会开启改革开放以来，我国体育制度不断完善[17]，1990 年国务院批准《学校体育工作条例》，1995 年 6 月，国务院批准和颁布了《全民健身计划纲要》，使群体体育的开展有了纲领性文件；1995 年 8 月，全国人大全票通过了《中华人民共和国体育法》，使广大群众参加体育活动有了法律的保护，2007 年中共中央、国务院颁布《关于加强青少年体育增强青少年体质的意见》，2009 年全面实施《全民健身条例》，中共中央于 2016 年颁布了《健康中国 2030 规划纲要》等一系列有关体育的法规和行动计划、意见，确保了我国体育事业的法制化建设，彰显了我国体育制度的优越

性。2019 年 9 月 30 日习近平总书记在会见中国女排时指出 [18]："实现体育强国目标，要大力弘扬新时代的女排精神，把体育健身同人民健康结合起来，把弘扬中华体育精神同坚定文化自信结合起来，坚持举国体制和市场机制相结合"，习近平总书记的讲话道出了中国体育先进文化的实质，从制度上我们既要坚持举国体制，坚持集中力量办大事，在荣誉和利益面前坚持集体至上，随着社会的发展又要根据市场经济的不断发展，发挥市场经济的作用，实现在管理模式由单一的政府管理向多元管理方向转变，发挥并激发社会力量对体育的支持与贡献，中国特色的体育文化制度先进性在于集中所有力量为体育事业的发展提供多重保障，既为竞技体育水平的提高群策群力，也为全民族健康素质的提升提供政策、制度、体育设施等全方位的支撑，真正使广大人民群众享受到体育所带来的诸多实惠和益处，使人人都能享受到体育的权利，也在体育中感受爱国主义的情感。这是中国特色社会主义体育文化的自信，值得每一个国民自豪，更值得每一个新时代大学生为之骄傲。

4. 体育培育大学生爱国主义精神的基本路径与方法

4.1 以体育课堂为主渠道，加强大学生爱国主义教育

体育课程是高校体育教育教学的主渠道，必须坚持发挥课堂育人的重要作用，科学设计体育课堂教学计划、明确教学目标，并把加强爱国主义教育作为其中的内容之一，主要有以下几个方法：

4.1.1 要深入挖掘每个体育运动项目中所蕴含的爱国主义元素，这是开展体育爱国主义教育的关键所在。要认真备课，充分挖掘体育项目中的爱国主义资源，如田径运动中，著名运动员刘翔在 110 米栏中夺得奥运会冠军，创造亚洲飞人的奇迹；乒乓球项目中一代又一代中国乒乓人在世界大赛中屡次为国争光，彰显我们乒乓球王国自豪的故事；中国女排多次获得世界冠军傲视群雄背后的内在动因；中国跳水队缘何能保持长盛不衰的世界领先水平等，需要体育教师细心挖掘并整理课程材料，融入教案中去，作为爱国主义教育的素材、故事，与新时代大学生共同分享，以使他们在心理、情感、思想上产生共鸣与认同。

4.1.2 在课堂内组织学生开展模拟比赛，体会并践行爱国主义精神。竞技是体育的一个鲜明特点，也是体育育人的优势所在，爱国主义教育不仅需要理论上的阐述，更需要具体的实践体验。年轻的大学生通常争胜好强，体育竞技能很好激发他们的好胜心，通过体育模拟比赛，一方面使他们感受到取得胜利的来之不易，另一方面，在运动比赛中让大学生从热爱自己的同学、小组、团队做起，培育他们的集体主义和爱国主义情愫。

4.1.3 从经典体育赛事中，让大学生感知爱国主义精神。积极关注体育时事并结合最新的国际体育比赛，引导学生关注、关心有中国运动员参加的体育赛事，有条件组织学生观看相应的体育赛事，并组织学生进行思考、点评，使他们在众多优秀运动身上，感知、学习爱国主义精神的可贵和重要，激发新时代大学生的爱国意识。

4.2 加强校园体育文化建设，宣传中国体育好故事，营造良好的爱国主义教育氛围

习近平总书记指出文化是一个国家、一个民族的灵魂，也是一个国家、一个民族发展中更基本、更深沉、更持久的力量。要加强校园体育文化建设，认真开展广泛的群众性体育运动和校园体育赛事，积极宣传中国体育经典事迹、先进事迹，宣传身边的体育先进和典型，既要加强传统的媒体宣传，更要充分利用"互联网＋"这个现代化多媒体宣传途径的优势，宣传好运动以体育爱国的故事、用体育报国的经典，弘扬体育爱国精神，传播体育正能量、正气，积极营造良好的爱国主义教育文化气氛，在潜移默化中使大学生感受到浓浓的爱国主义教育氛围。

4.3 体育教师要以身作则，立德树人，成为爱国主义的榜样

师者，传道授业解惑。教师首先必须要正确的世界观、人生观和价值观，加强大学生爱国主义教育，教师要以身作则，要立德树人，要从热爱自身的本职工作做起，从热爱自己的学生、热爱自己的学校、热爱中国共产党、热爱中国特色社会主义做起，使学生感受到爱国主义不是空洞的，而是具体的、实实在在的。新时代体育教师更要以"四有好老师"和"四个引路人"的标准来严格要求自己，真正把爱国主义教育融入日常体育教育教学中去，关心、关注、

爱护学生，潜心做好本职工作，唯有如此，我们的体育教育才能真正走进学生的心灵，在传技、炼体的过程中培养他们爱国的情怀和意识，塑造他们爱国的品德，引领他们爱国的精神。

5.结语

爱国主义教育是一个永恒的课题和话题，无论人类社会发展到何时都会存在，她既是一种人类高级的情感，是人类理性思考的认知，也是人类表达情感和意志的一种行为，更是人之为人的美好精神寄托。加强爱国主义教育实质是使人的思想接受洗礼、精神受到熏陶、灵魂得到震撼的过程，爱国主义精神的教育渗透在教育的各个方面、每门课程，体现在时时处处，体育中加强大学生爱国主义教育要有理论的认知、文化的引领，更要用好体育特有的优质教育资源和体育特有的手段与方法进行培育，必将产生特定的效果与作用。

参考文献：

[1] 中共中央、国务院.新时代爱国主义教育实施纲要 [Z].2019-11-12.

[2] https://baike.so.com/doc/4833732-5050608.html.

[3] 中国社会科学院语言研究所词典编辑室.现代汉语词典（第 6 版）[M].北京：商务印书馆，2016：5.

[4] 罗大文.试析爱国主义的内涵、结构与功能 [M].学术论坛，2006（6）：61-64.

[5]https://baike.so.com/doc/23304-24261.html.

[6] 列宁选集：第 3 卷 [M].北京：人民出版社，1972：608.

[7] 习近平在全国教育大会上的讲话 [N].人民日报，2018-9-11.

[8] 中共中央办公厅《关于培育和践行社会主义核心价值观的意见》中办发〔2013〕24 号 [Z].2013-12.

[9] 习近平主持中共中央政治局第二十九次集体学习上的讲话 [EB/OL].(2015-12-30)[2919-01-28].http://edu.china.com.cn/2015-12/31/content_37428783.htm.

[10] 中共中央宣传部 . 习近平新时代中国特色社会主义思想学习纲要 [M].北京：学习出版社 人民出版社，2019（6）：49-57.

[11] 宋亮 . 夏季奥运会中国体育代表团奖牌点变化特征研究 [J]. 山东体育学院学报，2014（8）：23-28.

[12]https://wenda.so.com/q/1522137903211244.

[13]https://baike.so.com/doc/5356898-5592408.html.

[14]https://baike.so.com/doc/24055350-24638277.html.

[15] 黄莉 . 中华体育精神研究 [M]. 北京：北京体育大学出版社，2007（12）：49.

[16][18] 习近平会见中国女排代表 [N]. 光明日报，2019-10-1.

[17] 国家体育总局编 . 新中国体育 70 年（综合卷）[M]. 北京：人民出版社，2019（9）：165-168.

第二节　体育与新时代大学生诚信品质的培育

本节主要通过文献资料法、比较法、归纳法，以诚信概念为研究起点，在分析大学生诚信现状的基础上，论述了体育培育大学生诚信品质的优势：道德实践性优势、育人全程性优势、课程规范性优势、道德养成公开监督机制性优势、竞技文化契合性优势；阐述了体育培育大学生诚信品质的基本路径：体育教师要率先垂范践行诚信品格，以良好的体育诚信教学环境濡化学生，以体育技术技能学习为手段强化大学生的诚信品质，以体育规则和教学要求规范大学生诚信行为，以科学合理的体育成绩评价体系引导大学生的诚信行为。

引言

2013 年 12 月 23 日，中共中央办公厅印发了《关于培育和践行社会主义核心价值观的意见》[1]，其中提出的"爱国、敬业、诚信、友善"，是我国公民的基本道德规范，是从个人行为层面对社会主义核心价值观基本理念的凝练，它覆盖了社会道德生活的各个领域，是公民必须要恪守的基本道德准则，也是评价公民道德行为选择的基本价值标准。诚信作为社会主义核心价值观的重要内容，必须人人崇尚、人人遵守并要以自己的实际行动去努力践行，作为育人的高校更有责任和义务加强对大学生诚信品质的培育和诚信行为的倡导、褒扬，每门课程有使命和担当积极发挥在培养大学生诚信道德养成中的作用。

体育课程作为一门公共必修课，从小学一路陪伴同学们进入大学，将以自身特有的方式培育大学生的诚信品质，起到独特的育人作用。

1."课程思政"与诚信培育

习近平总书记在 2016 年全国思想宣传工作会议上强调指出[2]："要用好课堂教学这个主渠道，思想政治理论课要坚持在改进中加强，提升思想政治教育亲和力和针对性，满足学生成长发展需求和期待，其他各门课都要守好一段渠、种好责任田，使各类课程与思想政治理论课同向同行，形成协同效应。""课程思政"的提出在于发挥各门课程的育人作用和价值，真正使课程承载思政，思政寓于各门课程之中，努力做到全方位、全员、全程育人，以全面提升大学生思想道德素质。

诚信作为人之为人的基本道德品质，作为我国公民道德建设的重要内容，无疑也是高校课程育人中所要加强的必要内容之一。2019 年 10 月 27 日，中共中央、国务院印发了《新时代公民道德建设实施纲要》[3]（以下简称《纲要》），《纲要》指出在当前国内外形势深刻变化、我国经济社会深刻变革的时代背景下，因市场经济规则、社会治理、政策法规还不够健全，以及受不良思想文化侵蚀和网络有害信息影响，道德领域依然存在不少问题，如一些地方和领域不同程度存在道德失范现象，拜金主义、享乐主义、极端个人主义仍然比较突出；一些社会成员道德观念模糊甚至缺失，是非、善恶、美丑不分，唯利是图、见利忘义，损人利己、损公肥私；造假欺诈、不讲信用的现象久治不绝，突破公序良俗底线、妨害人民幸福生活、伤害国家尊严和民族感情的事件时有发生。这些问题必须引起全党全社会高度重视，采取有力措施切实加以解决。《纲要》明确要求持续推进诚信建设，主要是大力弘扬与社会主义市场经济相适应的诚信理念、诚信文化、契约精神，推动各行业各领域制定诚信公约，加快个人诚信、政务诚信、商务诚信、社会诚信和司法公信建设，构建覆盖全社会的征信体系，健全守信联合激励和失信联合惩戒机制，开展诚信缺失突出问题专项治理，提高全社会诚信水平，并强调加强思想品德教育，遵循不同年龄阶段的道德认知规律，结合基础教育、职业教育、高等教育的不同特点，把社会主义核心价值观和道德规范有效传授给学生；要注重融入贯穿，把公民道德建设的内容和要求渗入到各学科教育中，体现在学科体系、教学体系、教材体系、管理体系建设中，使传授知识过程成为道德教化过程。《纲要》的要求、做法与"课程思政"保持了高度的一致，体现了对公民道德建设，尤其是公民诚信教育的高度重视。

按照党和国家所倡导的社会主义核心价值观、"课程思政"的教育理念和新时代公民道德建设的要求及体育学科自身的发展目标，下面我们从体育学科自身的特点出发，结合当前大学生诚信的现状，阐述高校体育在培养大学生诚信品质方面有自身的特点和优势以及如何通过体育来培育大学生诚信品质的基本路径。

2. 诚信的内涵和特性

2.1 诚信的内涵

"诚"是形声会意字，本义是不虚伪、真心实意，引申为真实，南宋理学大家朱熹认为"诚"是一种美德，即"诚者，真实无妄之谓"；"信"是会意字，《说文解字》认为，"人言为信"，本义是指语言真实，又引申指相信、信任；"诚信"在《现代汉语词典》中的含义是指诚实、守信用；诚信是中华民族的优秀传统，是人类普遍意义上的美德，无论时代如何变迁，诚信永远是人之为人的根本特性，诚信不仅是人的立身之本，也是立业之本，更是立国之本。

2.2 诚信的特性

诚信从现代社会主义市场经济体制来理解，已不同于传统意义上的以下三

个特性 [4]：①诚信具有普遍性。市场经济要求交易的主体是自由、平等、双向的，要求双方必须尊重彼此的权利和利益，这就决定了诚信是对不同的人采取同样的交易原则，即一视同仁，以打破带个人色彩的非人格交换关系。②诚信具有理性。理性诚信是指人们能够按照事实的掌握、分析而做出判断是否信任对方，随着现代社会信用体系的建立与不断完善，人们往往通过人的信用记录和体现能力的外在资质来作为判断的重要条件，如人品信任和能力信任。③诚信具有功利性。马克思和恩格斯在历史唯物主义的基础上，揭示了道德在本质上对一定社会利益关系的反映，道德与利益有着密不可分的联系，现代社会的诚信作为影响双方利益的重要道德要素，必然具有道义和功利的双重属性。

3. 新时代大学生诚信品质的现状

3.1 新时代大学生的个性特点

2017 年 10 月 18 日上午，北京人民大会堂万人大礼堂，在党的十九大上习近平总书记向世界庄严宣示，"经过长期努力，中国特色社会主义进入了新时代"。应该说党的十八大以来，以习近平同志为核心的党中央领导全国各族人民，在坚持和发展中国特色社会主义伟大实践中，开辟了治国理政的新境界，进一步深化了我们党对执政规律、中国特色社会主义建设规律和人类社会发展规律的认识。十八大后的 5 年，是党和国家发展进程极不平凡的 5 年，党和国家的各项事业均取得了前所未有的成就，发生了历史性的伟大变革；我国的社会主要矛盾由原来的"人民群众日益增长的物质文化需求同落后的社会生产之间的矛盾"转化为"人民日益增长的美好生活需要与发展不平衡不充分之间的矛盾"，2020 年我国社会已全面建成小康社会。在新时代成长起来的大学生，目前基本都是"00"后大学生，生长在物质条件优越、互联网发达、科技发展迅速的时代，他们身上有着自身的特点，主要表现为 [5] 价值追求个性化、学习方式自主化、娱乐生活网络化、处世方式理性化、人生理想务实化。他们有较强的竞争意识，但抗挫折能力较弱；追求自我价值，但责任意识淡薄；视野开阔，但实践能力欠缺等，这些给高校开展道德教育带来了挑战，也带来了机遇。

3.2 新时代大学生诚信品质现状分析

诚信乃是做人之本，更是新时代大学生成长成才成人的道德底线，但是随着我国社会主义市场经济的发展，受一些人重利轻义、贪图享受思想的消极影响，部分大学生也存在着诚信缺失的现象，主要体现在以下几个方面：首先是学习上的诚信缺失。其次是经济上的诚信危机。第三、职业应聘的诚信缺失。第四、人际交往的诚信缺失 [6]。面对新时代高等教育的普及化，面对新时代社会、家庭、学生对高质量高等教育教学的美好向往，作为高等教育的重要组成部分——体育，有责任和使命培养一代体魄强健、思想高尚、品行端正、精神健全的时代新人。

4. 体育与大学生诚信品质的培育

4.1 培育诚信——高校体育应有的题中之义

4.1.1 高校体育课程的基本特点

体育是以身体练习为基本手段，以达到增强体质、增进健康、提高心理健康为目标的课程，而高校体育所具有的高等性则体现在学习基本技术、基本技能的基础上，注重大学生道德层面的养成与提升，除了体育学科应有的技艺性、运动负荷性、竞争性、情意性、人文性外，还集中体现在其培育人的道德养成和精神提升，即在体育实践中培养、提高大学生的道德品质和精神境界。高校体育是大学生道德品质形成的重要手段和途径，如通过体育教育可以培养大学生的参与精神、规则意识和诚信品质、拼搏精神等，这些都是高校体育所应承载的育人内容。

4.1.2 高校体育课程的目标

高校体育作为育人的重要内容，《全国普通高等学校体育课程教学指导纲要》中明确了高校体育课程的五个基本目标，即运动参与目标、运动技能目标、身体健康目标、心理健康目标、社会适应目标，其中在社会适应目标中进一步明确了大学生要有良好的体育道德和合作精神，还明确提出了要培育大学生的诚信品质。因此，在高校体育中培养大学生的诚信品质是体育教学应有的题中之义。

4.1.3 在践行社会主义核心价值观上体育被寄予厚望

在 2016 年 6 月，国务院办公厅《关于强化学校体育，促进学生身心健康全面发展的意见》国办发〔2016〕27 号中明确指出，要以"天天锻炼、健康成长、终身受益"为目标，充分发挥体育在培育大学生践行社会主义核心价值观的综合作用，切实提升学生的人格品质，为培养德、智、体、美、劳全面发展的社会主义合格建设者和可靠接班人而贡献体育学科的智慧和力量。无疑当我们进入中国特色社会主义新时代之际，国家与社会对体育给予更高的时代使命，体育除了要强身健体外，更要在大学生道德建设和精神成人方面承担更多的育人责任和学科作用，使体育成为大学生践行社会主义核心价值观的重要路径与手段。

4.2 体育在培育大学生诚信品质中的优势

4.2.1 体育培养大学生诚信品质具有道德实践性优势

大学生诚信品质的形成不仅需要通过理论教学给予知识的传授，更需要在实践中培养，真正要做到知行合一，必须经过道德实践的检验与锻炼。诚信品质的形成是一个从知到行，以行促知，知行合一逐步养成的过程，没有经过诚信实践检验的诚信知识只是一种认识而已，唯有付诸诚信实践才能真正成为人的诚信品质。目前，2018 年教育部关于《新时代高校思想政治理论课教学工作基本要求》[7]，主要侧重于通过理论教学向大学生进行社会主义核心价值观和道德教育，大学生思想政治课程的最显著特点在于知识的传授，理论的讲解，而实践性相对缺乏；理论是实践的先导，思政课程的理论教学对大学生诚信品质培养是需要的，但没有道德实践的锻炼，要形成真正的道德品质、诚信品质是不完善的，也是经不起考验的。体育教育作为一个以身体练习为主要手段的课程，其最大的特点在于实践性，在于行动上的体现与落实，在于技术、技能学习和体育竞赛过程中人与人之间的交往性，在这样一个以实践活动为主的教育情景中，能更好地培养大学生诚信品质的道德情感、道德行为，可以全方位考察一个大学生的诚信品质，体育教育中道德实践性优势是培养大学生诚信品质的最大优势。

4.2.2 体育培养大学生诚信品质具有育人全程性优势

体育作为学校教育的重要组成部分和育人的重要内容，教育部明确规定了从小学到大学都要开设体育课程，这在制度上明确保障了体育课程在大学生成长中的育人地位和重要性，2017 年国务院再次强调要把开足开齐体育课作为基本要求列入中小学校体育工作考核的范围内 [8]；习近平总书记也在 2018 年 9 月的全国教育大会上强调："要树立健康第一的教育理念，开齐开足体育课，帮助学生在体育锻炼中享受乐趣、增强体质、健全人格、锤炼意志 [9]。"大学生诚信品质的形成是一个长期的、循序渐进的过程，需要长期培育，作为一门课程，体育能始终能陪伴学生在校时期的成长与发展，这即是一种制度优势、更是一种学科优势，我们有责任把制度优势、学科优势转化为育人优势，尤其是对大学生诚信品质的培养上，要持之以恒贯穿始终。

4.2.3 体育培养大学生诚信品质具有道德养成公开监督性机制优势

体育是以身体练习为主要内容的技艺性课程，体育课程的特点决定了其所在的场所不同于其他课程，大多数的运动项目在开放的体育公共场所进行教学与锻炼，参与人数的众多性、项目本身要求的集体性均是体育运动的一些特点，教学、练习过程中，不仅有师生之间的互动，更有同学之间的互帮互助与交流，大学生在运动场上所表现出来的一切行为均会受到其他人的公开监督，道德实践行为的对与错、好与坏都会受到其他人的评判。大学生在体育运动中所呈现的行为，一方面会受到自身道德认知的影响，但更大一方面会受到来自外界公开监督力量的制约，如体育老师、同学、社团成员等的评判，集众人的力量对于大学生诚信行为的肯定与非诚信行为的监督、评价机制，是体育培养大学生诚信品质最直接、有效的干预教育方式。

4.2.4 体育培养大学生诚信品质的课程规范性优势

体育作为一门公共课程，旨在促进大学生身心健康，为贯彻"健康第一"教学指导思想，各高校基本都设有规范的体育教学课程，同时还有丰富的课外体育锻炼活动，为保证课堂教学的规范进行和日常课外体育锻炼的开展，学校均有完善的制度规范，如课堂教学的常规、课外体育锻炼打卡制度，积极倡导大学生诚信参加体育教学和课外体育锻炼，完善的制度防止学生上课请假撒谎、防止不诚信课外运动打卡，要求学生诚信参加体育考试、诚信体育锻炼，对有不诚信行为的同学给予严厉的处罚；同时还通过高科技手段来监测学生开展诚信锻炼，如通过定位系统来统计学生跑步锻炼的路径、距离，避免代打卡等不诚信体育行为，完善的规章制度和规范、科学的管理都是体育课程培养大学生诚信品质的重要措施。

4.2.5 体育培养大学生诚信品质的竞技文化契合性优势

体育作为一门课程，有其自身的教学要求，每个运动项目有自身的规则，更有体育教学自身的文化和规律。首先，体育技能的掌握与形成需要遵循运动技能的形成规律，体质的增强同样需要遵循超量恢复的原理等，体育倡导持之以恒不间断的练习，所谓"夏练三伏、冬练三九"，就是体育对每个参与体育人的一种考验，更是对人自身诚信的考验，每一个技术动作的掌握必须经历一个由泛化、固化、自动化的阶段，每一次自身体能的增强，都需要付出努力的练习，没有捷径可走，在动作掌握、技能形成规律的面前，体质增强规律面前，谁没有坚持练习、没有达到足够数量的学习时间、没有付出足够的努力，都不会轻而易举地达到娴熟掌握动作的程度，都不会有体质的真正提高，这是体育课程本身对大学生的诚信要求，也是学科自身的内在优势。其次，体育比赛倡导"公平、公正、公开"的规则精神，规则面前人人平等，不允许任何人破坏规则、践踏规则，不仅有裁判的公正判决，同样有成千上万观众的监督，更有科学的跟踪监督，如有国际专门组织调查运动员是否服用兴奋剂等；再次，体育运动还崇尚"更快、更高、更强"的超越精神，人类要在体育运动实现自我超越，必须建立在对运动热爱、诚信参与的基础上，没有对运动技术一招一式的诚信练习，没有长年累月的体能锻炼练习和虔诚的辛苦付出，奥运文化就不会有"更快、更高、更强"精神的写照，因此，体育文化所追求的目标和规则执行的过程就是铸造诚信品质的过程，参与体育的过程就是一个考验人诚信品质真正养成的过程。

5. 体育培养大学生诚信品质的基本路径

5.1 以身作则，体育教师要率先垂范践行诚信品格

教师作为体育课程的主导者，无疑对大学生诚信品质的影响是十分巨大的，"学高为师，身正为范"是对所有老师的职业规范和要求，作为新时代体

育教师不仅要有过硬的体育专业理论知识、扎实的运动技术、技能，更要有良好的师德师风。2018年11月，教育部发布了《新时代高校教师行为准则十条》，其中第八条就明确规定了教师要秉持公平诚信的要求；2014年9月，习近平总书记在视察北京师范大学时提出，广大教师要成为有理想信念、有道德情操、有扎实学识、有仁爱之心的"四有"好老师，并在2016年教师节前夕，在"四有好老师"的基础上提出希望广大教师努力成为学生的"四个引路人"，即要做学生锤炼品格的引路人，做学生学习知识的引路人，做学生创新思维的引路人，做学生奉献祖国的引路人，以真正担负起立德树人，为党育人、为国育才的重要使命。新时代体育教师首先要加强自身的思想道德品质修炼，积极践行诚信行为，无论与学生交往中、还是在教学实践和工作生活中要处处以身作则体现诚信品格和行为，以成为学生学习的诚信榜样。

5.2 以良好的体育诚信教学环境濡化学生

体育教学环境是学生开展体育教学的重要环境，优质的教学不仅需要优越的物质教学环境，更需要良好的人文教学环境，尤其是体育活动需要进行频繁的人际交往，良好的师生关系、生生关系直接影响教学的顺利进行及教学质量，更关系到学生心理、道德、思想的成长与发现。师生、生生之间的交往，均要以诚信为基本准则，以相互信任为原则。教师首先对学生要以诚待人，信任学生，在人格上要以学生平等相处，为学生做表率。同时，要通过团队的形式组建学生的学习小组，以学习任务和目标为导向，开展相应的游戏活动、技能练习以及竞赛等方式，以营造团队学生之间的相互信任与精诚合作，在潜移默化中促进学生的诚信意识与品质。

5.3 以体育技术技能学习为手段强化大学生的诚信品质

体育以身体练习为手段，以学习体育运动的技术、技能为基本内容，身体健康与体质的增强需要日常的锻炼与活动，运动技术与技能只有通过不断地练习才能掌握好，才能有提高，不论在课堂上还是在课外自我体育锻炼，都需要大学生脚踏实地参与其中，没有认真对待的诚信品质，不可能有技术、技能的进步与提高，体质与健康程度也同样不会有很大的改善，这是体育运动规律所决定的。在高校体育课内外一体化的时代背景下，每一个大学生要以诚信的运

动参与去践行"每天锻炼一小时，健康工作 50 年，幸福生活一辈子"的锻炼
理念，这不仅需要老师的积极引导，还需要大学生的自律和践行，这更多地是
大学生诚信品质在日常体育锻炼中的充分体现和不断强化。

5.4 以体育规则和教学要求规范大学生诚信行为

体育教学与其他课程一样，有自己的课堂教学纪律和要求，除了准时到课
等基本要求外，体育课堂要自身特有的要求：首先，体育教学要求大学生诚信
守纪。体现在运动基本规范上，如上体育课要求学生穿运动服上课，以确保学
生的运动安全，大部分同学都十分遵守教学要求和规矩，但总会有学生因这样
或那样的原因强调个人理由；其次，体育课要求大学生诚信请假。体育课其实
就是身体练习，需要身体运动，不像其他理论课程对身体机能有较高的要求，
很多同学会积极参加到其中来，但有个别学生会借各种身体不适、医院开假证
明等原因而进行请假、甚至旷课；第三，要求大学生诚信测试和比赛。开展体
育测试和比赛是体育教学的一个显著特点，很多大学生遵循"公开、公开、公
正"原则，认真参加各项测试与不同类别的竞赛，但也有个别同学为获得理想
的结果和成绩，不惜铤而走险，投机取巧、相互包庇、甚至找人代考测试等手
段进行不诚信测试、比赛等；第四，诚信锻炼。随着互联网技术的快速发展与
运用，体育锻炼利用 App 平台已成为一种时尚，很多高校课外体育锻炼都采
用这种方式，但也有少数同学采用代跑步及锻炼的形式。对于体育课程中少数
大学生出现的不诚信现象和行为要及时阻止、批评教育外，要大力倡导和表扬
诚信的行为和现象。

5.5 以科学合理的体育成绩评价体系引导大学生的诚信行为

要改变传统的唯体育运动成绩为单一指标的评价体系和标准，要在体育成
绩评价体系中纳入体育运动技术、技能水平，身体素质等反映运动成绩的指
标，但也要纳入学生参与体育的学习态度、思想品德、日常锻炼的情况等指
标，对于日常体育活动和竞赛中有不诚信行为的，除了严肃地教育与批评外，
要充分体现在成绩评价中；在评价主体中，既要有教师的评价，也要让同学参
与进来开展相互评价，真实体现学生在日常体育学习、练习、锻炼中的真实情
况，真正把诚信教育落实到具体的体育学习、锻炼、测试、比赛和日常活动中。

6. 结语

诚信品质是人之为人的根基，人无信不立，国无信则衰。在全面建成中国特色社会主义小康社会的今天，在物质文明快速发展的新时代，我们同样需要有快速发展的与物质文明相匹配的道德文明，而诚信作为道德建设的核心要素需要集全社会的力量进行教育，高校作为培育人的主阵地，无疑承担着重要的诚信培育责任，每一门课程作为育人的具体内容都有育人的职责，唯有在每门课程的全过程中贯穿大学生诚信品质的培育，才能使诚信品格真正立于大学生的心中，使诚信行为成为大学生的一种习惯。

参考文献：

[1] 中共中央办公厅. 关于培育和践行社会主义核心价值观的意见 [Z].2016-12-23.

[2] 习近平在全国高校思想政治工作会议上强调：把思想政治工作贯穿教育教学全过程，开创我国高等教育事业发展新局面 [N]. 人民日报，2016-12-9.

[3] 中共中央、国务院. 新时代公民道德建设实施纲要 [Z].2019-10-27.

[4] 陈云涛编著. 大学生诚信文化理论与实践（修订版）[M]. 杭州：浙江工商大学出版社，2014（9）：8.

[5] 王海建. "00 后"大学生的群体特点与思想政治教育策略 [J]. 思想理论教育，2018（10）：90-94.

[6] 张晓敏. 高校精神成人问题研究 [D]. 湖南师范大学硕士学位论文，2009-5.

[7] 教育部. 新时代高校思想政治理论课教学工作基本要求 [Z]. 教社科〔2018〕2 号，2018-4.

[8] 国务院教育督导委员会办公室. 中小学校体育工作督导评估办法 [Z]. 国教督办〔2017〕4 号，2017-3.

[9] 习近平. 坚持中国特色社会主义教育发展道路 培养德智体美劳全面发展的社会主义建设者和接班人 [N]. 人民日报，2018-9-11.

第三节　体育与大学生意志品质的培养

通过文献资料法、比较法、分析归纳等研究方法，本节阐述了高校体育课程的性质，并在分析大学生意志品质特点的基础上，论述了体育培养大学生意志品质的内在机理：要结合体育课程的技艺性、体育课程的艰苦性、体育课程的竞技性、体育课程的项目化等特点进行培养；基本路径：坚持以课堂教学为主渠道，完善课外锻炼制度、组建各类体育社团，丰富各类体育赛事，营造良好的体育文化氛围等培养大学生的意志品质。

引言

2003 年颁布的《全国普通高等学校体育课程教学指导纲要》明确要求在发展目标中，体育要在加强大学生心理健康时积极培养大学生顽强的意志品质；2016 年国务院发布了《国务院办公厅.关于强化学校体育，促进学生身心健康全面发展的意见》(国办发〔2016〕27 号)，其中在工作目标中也提到："到 2020 年学生体育锻炼的习惯基本养成，运动技能、体质健康水平要有明显的提升，规则意识、合作精神和意志品质要有显著增强"。2019 年 8 月全国教育大会上，习近平总书记也强调，体育课要树立"健康第一"的教育理念，要增强学生体质，健全学生人格，锤炼学生意志。文件精神和习近平总书记的讲话都充分体现了党和国家对高校如何更好培养德智体美劳全面发展大学生的高度重视，也彰显了体育课程在育人中的独特地位。体育课程作为培养大学生全面发展的重要手段和内容，如何发挥体育育人的独特作用，是新时代高校体育和所有体育人的重要使命和职责所在。

实践和心理学的研究都已证明，在合作与竞争日益加剧的今天，无论是个人和团队要想取得成功，不仅需要知识、技术、技能，更需要良好的心理素质，尤其是顽强的意志品质，它是人保持干事创业的心理支撑，是人干成事、干好事的必备心理品质，因此，如何更好地培养大学生良好的意志品质也成为教育教学理论研究领域的热点。截至 2020 年 3 月，从中国知网和万方数据就有关"体育与意志品的的培养"主题进行搜索，共有 370 余篇论文，而有关"体育促进大学生心理品质"为主题的文章近 60 篇，主要从理论分析、运动项目影响的研究和实证调查分析等三个方面开展。经研究综述梳理，目前有关体育与大学生意志品质的研究在机理上阐释并不清晰，培养的基本路径尚不明确。文章就这两个方面进行论述与分析，供大家交流。

1. 高校体育课程的性质与特点

1.1 高校体育课程的性质

体育是高等教育的一个有机组成部分，《全国普通高等学校体育课程教学指导纲要》[1] 中（以下简称《纲要》）明确体育课程是大学生以身体练习为主要手段，通过合理的体育教育和科学的体育锻炼过程，达到增强体质、增进健康和提高体育素养为主要目标的公共必修课程；是学校课程体系的重要组成部分；是高等学校体育工作的中心环节。体育课程是一门寓学生身心和谐发展、思想品德教育、文化科学教育、生活与体育技能教育于身体活动并有机结合的课程；是实施素质教育和培养德智体美劳全面发展人才的重要载体和手段。

1.2 高校体育课程的特点

高校体育课程与其他课程比较主要有以下几个特点 [2]：第一，"技艺性"特点，高校体育课程主要是通过大学生身体练习的手段来掌握体育基本知识、技术和技能；第二，"情意性"特点，是指体育以发展身体实践体验与情感交流互动的过程；第三，"艰苦性"特点，体育课程是以大学生承受较大的运动负荷来增进身体健康的，这是体育课程本质的特征；第四，"人文性"特点，体育是以加强沟通、适应角色转换来提高个体社会化程度的；第五，"竞技性"特点，体育课程有一个十分明显的特点是竞赛，非常受大部分同学欢迎的教学内容就是开展教学比赛；第六，课程组织的"项目化"特点，目前我国高校体育课程绝大多数以选项课的形式进行授课，以满足大学生对不同兴趣项目的爱好与需求。

2．意志、意志品质的基本内涵

2.1 意志的概念和特点

意志是人类特有的心理品质，是人的主动性和积极性的充分表现。所谓意志[3]是人自觉地确定目标，并以此来支配、调节自己的行动，克服困难去实现目标的心理过程。

2.2 意志品质的基本内涵和要素

意志品质[4]是人在日常生活中形成的稳定的意志特征。意志品质具体表现为自觉性、自制性、果断性和坚持性四个方面。自觉性是指个体对自身行动的目的和动机有清晰而深刻的认知，并能以正确的信念和世界观调节支配自我，坚持原则和规范，使行动达到既定目标的品质，自觉性是个体坚定信仰和立场的反映，是意志产生的源泉；自制性是指个体自觉控制和调节自我思想情感及行为的品质，自制性强是人关于控制人的情感，理性地支配自己的行为，往往是取得成功的重要条件；果断性是个体意志敏锐的具体表现，是在复杂情境下，善于明辨是非，把握机遇及时处理问题的品质，果断性以深思熟虑和勇敢为基础，与当机立断和深谋远虑相结合的品质；坚持性是指以顽强的精神，坚强的毅力，百折不挠地去完成目标的品质，不畏艰难、满怀信心、持之以恒是坚持性的明显特点。

3．大学生意志品质的现状[5]

大学生处在青春成长发展的后期，他们生理上和心理认知已基本趋向成熟，但由于受应试教育等的影响在社会经历、阅历上缺乏，往往导致他们处于"社会边缘人"的角色，即大学生虽被赋予社会成人的角色，但暂不能完全胜任应承担的责任和义务，尤其是他们的意志品质没有经历各种锻炼，发展显得更加滞后和不够成熟，具体体现在以下几个方面：

3.1 大学生意志品质具有不稳定性

随着大学生心理独立性、社会性的发展和自我意识的不断增强，他们意志品质中的自制性、独立性、果断性和坚韧性等都有了迅速的提高，但有时在处理突发问题、需要采取重大行动或做出关键决定的时候，往往表现出犹豫不决、或轻率、盲目跟从等特点。

3.2 大学生意志品质的发展不平衡性

大学生行为的自觉性、目的性有了明显提高，但还有一定的惰性，缺乏坚持精神；大学生理智性和自制力已明显增强，但往往抱有从众心理，在一定程度上受情绪的影响；大学生在独立性和果断性上也用较大进步，但还存在固执、冲动、依赖和逆反心理；大学生充满正气，敢作敢为，勇往直前，但在具体行动中往往考虑不周，常出现草率、感情用事的现象。大学生的自我意识及思维独立性、批判性日益增强，促进了意志品质的理性发展，但他们思维发展还不十分全面、深刻，有时常被情绪、情感所支配。

3.3 大学生意志水平的个体差异性大

不同的生活经历和性格特征，会使大学生在日常生活中表现出不同的意志特点。有的大学生表现意志成熟，能够自如地应付学习、生活中的各种压力，承受不同的挫折；而有的大学生则意志脆弱，不能客观理性地面对困难，而常采取回避困难或逃避现实的方式来对待。在各种活动中，大学生的意志水平也不一样：有的大学生在专业上表现出非常强的恒心和毅力、在自身修养方面也有较高的自我约束力；而有的则在自己感兴趣的活动上表现出非常高的热情。

3.4 对挫折的承受能力和应对能力不强

处于青年后期的大学生，正值人生发展的关键期。他们一方面精力充沛，思维活跃，表现欲强，个人的理想抱负水平高，有较高的自我要求，需求广泛；而另一方面，大学学业竞争依旧激烈，各种社团活动繁多，人际交往要比中学阶段密切而宽泛得多，容易会碰到一些学习、生活、工作的挫折。由于多数大学生都是初次离家过群体生活，生活经验相对缺乏，社会阅历又欠缺，对生活中出现的一些挫折并没有心理准备，导致缺乏对挫折的正确认识和应对措施，对遇到的挫折表现反应强烈，有的甚至出现过激行为，出现心理异常等。

3.5 意志品质的培养和锻炼不足

大学生因涉世不深，生活经验不足，所经历的挫折也不多，因此对自身意志品质的培养和锻炼也普遍不够。大学生的意志品质中存在着心理承受能力弱、吃苦耐劳精神缺乏、依赖性强等特点。如处理同学矛盾、恋爱失败、室友生活习惯不同、活动中表现不尽如人意等，都可能会使他们失去情绪控制，容易感情用事，以自我为中心，听不进他人的意见，而采取一些过激的方式和行为来对待、处理自己不如意的事情，表现出他们意志品质的独断、莽撞。

4. 高校体育培养大学生意志品质的机理

以上我们阐述了意志、意志品质的基本内涵，论述了高校体育课程的性质和特点，分析了大学生意志品质的现状，作为教育的一个重要载体和手段，高校体育只有坚持从自身学科的特点出发来培养大学生的意志品质，才能体现出其独特性和与众不同的效果，下面就高校体育培养大学生意志品质的机理进行简要分析与阐述。

4.1 机理的内涵

机理 [6] 是指为实现某一特定功能，一定的系统结构中各要素的内在工作方式以及诸要素在一定环境条件下相互联系、相互作用的运行规则和原理。用体育的手段来培养大学生的意志品质，我们必须牢牢把体育课程特点要素进行，以体现体育培养大学生意志品质的独特性。

4.2 结合体育课程"技艺性"特点，培养大学生的意志品质

体育课程以学习、练习体育技术和技能为主要内容的课程，但每个体育技术、技能的掌握都要遵循运动技能形成的规律，都必须经历三个学习阶段，即初步掌握动作的泛化阶段、改进和提高动作的分化阶段及巩固和运用自动化阶段，学会并自如地掌握体育技术动作不仅需要一个长期的过程，更需要克服反复练习所带来的枯燥、停止不前、失败消极心理影响，体育技术动作学习和技能掌握的过程，其实就是培养大学生意志品质的过程，尤其是能培养大学生的自觉性、自制性和坚持性。作为教师，我们要科学利用好学习体育技能的规律，掌握教学技巧和方法，激发学习兴趣，使学生能较顺利地掌握体育技术动作，同时达到培养意志品质的应有效果。

4.3 结合体育课程"艰苦性"特点，培养大学生的意志品质

4.3.1 利用体能"超量恢复"规律，培养大学生的意志品质

体育课程以学生承受运动生理负荷为最基本特征，也体现出了课程的艰苦

性特点，大学生体质的增强、机能的提高也正是通过不断地给身体以适当的运动负荷刺激得以实现的，而且是一个需要反复、持续的过程，人体生理机能的提高同样必须遵循适应性规律[7]，即要按照"开始锻炼——相对恢复阶段——超量恢复阶段——复原阶段"的规律来进行，我们称之为"超量恢复"规律，大学生在反复的锻炼中需要不断地增加运动负荷，以促进身体机能的提高，在这一过程中身体需要经受疲劳甚至要接受大运动负荷所带来生理上的难受，这种生理上的痛苦必定带给大学生心理上的巨大考验。为此，一方面教师要科学合理地掌握运动负荷，另一方面加强对大学生的思想引导与鼓励，帮助大学生在"痛"中收获强健体魄的结果。提高体能的过程，对于提升大学生意志品质中的自制性和坚持性是十分有针对性的，这也许是大学生在学校教育中接受劳其筋骨、苦其心志的一个重要途径了，要驾驭好、运用好、把握好，体现体育育人的规律。

4.3.2 利用体育课程的自然环境条件，培养大学生的意志品质

体育课程作为实践性课程，其上课的场所不同于一般理论课的教室，大多是在室外或者是在开放式的场地进行，干扰相对较多，易导致人分散注意力，条件相对艰苦。体育课无论是在炎热的夏天还是寒冷的冬天都要坚持身体练习，且承受一定的运动负荷，在这样的自然环境和气候条件下进行身体锻炼和技能学习，对学生来讲不仅是对生理上的挑战更是对人心理上的考验，在适当的时机，教师要让大学生接受一定"风雨"的洗礼（如足球比赛在风雨中照常进行、在酷暑和严寒中完成集体拓展项目等），这些对于大学生培养意志品质的自觉性、自制性和坚持性是十分有效和重要的。

4.4 结合体育课程"竞技性"特点，培养大学生的意志品质

4.4.1 利用好体育竞技，培养大学生的意志品质

体育是竞技的代名词，体育比赛是大学生体育课程教学的重要内容，也是学校体育活动的重要内容，体育竞技不仅会给大学生生理上的压力，同时也会给大学生造成心理上的紧张，产生焦虑、恐惧等消极赛前心理，如何积极应对这些因比赛而引起的心理、生理压力是培养大学生意志品质的重要途径和载体，尤其是在比赛进行中，人体生理到达极限产生身体痛苦的时候是否还能坚

持下去，面对强大的竞争对手时能否积极应战、敢于拼搏，面对比赛成绩不理想时是否能正确对待，面对同伴发挥失常时能否理性宽容地对待等，都能对大学生意志品质的自觉性、自制性、果断性、坚持性等产生全面的影响。

4.4.2 利用好各类体育测试，培养大学生的意志品质

体育课程的考试是对大学生体育综合能力和水平的检验，体育作为高校教育的重要"一育"，其成绩好坏直接影响着大学生各类先进和奖项的评选，为了能有个理想的体育成绩，达到评优、评选的标准，往往会导致一些同学抱有不纯的考试动机，也往往在体育测试中出现一些不理智、不诚信应考的事件，结合各类体育测试的契机，是培养大学生意志品质的好机会，有利于培养大学生的自制性、自觉性和坚持性。

4.5 结合体育课程"项目化"的特点，培养大学生的意志品质

当前，我国高校体育课程的组织主要以选项课（不同运动项目为授课内容）的形式进行，如何发挥好每个运动项目的特点和育人作用，对于大学生意志品质的培养无疑是十分重要的，已有专门的心理学实验对不同的运动项目对大学生的意志品质培养进行了较深入的研究[8]，具体结论见下表，便于我们在实践教学中结合自己的工作经验与实际情况进行参考与运用，这其中的不同运动项目所具体蕴含的培养大学生意志品质的内容需要老师认真挖掘，如长跑能培养大学生意志品质中的坚持性、自制性等品质；球类运动讲究战术配合、遵守和利用比赛规则，能培养大学生的自觉性、自制性等，这与大家日常的认知十分相符，也非常容易得到学生的理解与认同。在以"项目化"组织开展高校体育课程的背景下，必须充分认识项目的特点，研究培养大学生意志品质手段与方法。

运动项目与意志品质的培养

项目	主要品质	次要品质
田径、射击、举重等室内运动	坚持性、自制性	果断性
滑雪、划船等户外探险运动	坚持性、自制性	果断性
击剑、跆拳道、武术、摔跤	自制性、果断性	自觉性、坚持性
摩托车、跳伞	果断性、坚持性	自制性、自觉性
球类	自觉性、自制性	果断性、坚持性

5. 高校体育培养大学生意志品质的基本路径

5.1 坚持以课堂教学为主渠道，培养大学生的意志品质

5.1.1 加强体育课程的目的和动机教育，提高大学生对培养意志品质重要性的认识

正确理性的认识是大学生培养意志品质的前提。教育大学生树立"健康第一"的课程理念，正确理解健康的内涵（生理、心理、社会和精神健康），加强大学生对体育课程目的性教育，引导他们树立正确的体育动机，只有大学生在思想上有正确的认识，才能拥有在体育学习和锻炼中克服困难的决心、信心、恒心和勇气及动力，为培养意志品质提供正确的认知保障。

5.1.2 认真研究运动项目的特点，发挥项目优势，在运动实践中培养大学生的意志品质

以"项目化"组织高校体育课是以满足大学生对运动项目的兴趣为根本的，一方面要更好地激发他们对运动的兴趣，保持对项目的热情，并认真研究运动项目促进大学生意志品质的特点和优势在哪里，在实践教学中加以充分利用；另一方面，要加强同学生的交流与沟通，关心、关注学生，保持与学生在情感上的互动，营造良好的师生关系，真正让学生在学习运动技术、技能及各类游戏、比赛、练习中潜移默化地得到意志品质的培养和提高。

5.2 完善课外锻炼制度，组建各类体育社团，在自我体育锻炼中培养大学生的意志品质

良好意志品质的培养不是一蹴而就的，需要各种实践活动长期、反复的磨砺才能形成，课外体育锻炼作为体育课的重要延伸，已是大学生生活中的一个内容了，尤其是教育部一贯倡导各高校开展阳光体育运动，要求确保学生每天一小时的锻炼时间落到实处，团中央一直坚持开展大学生"三走活动"——走下网络、走出寝室、走向操场等执行以来，建立制定并完善课外体育锻炼的制度，已成为高校体育建设的工作要求，以此来引导、激励他们参加体育锻炼的积极性，同时组建各类体育社团，开展一系列适合大学生感兴趣的活动，对于发挥他们自我教育、自我管理、自我服务的能力是非常有帮助的，尤其对培养

大学生的自觉性、自制性和坚持性具有十分重要的教育意义。

5.3 丰富各类体育赛事，激发学生体育兴趣，在比赛中磨炼大学生的意志品质

争强好胜是大学生的心理特征，他们朝气蓬勃，充满活力，喜欢运动，开展一些大学生喜欢的体育赛事，如趣味运动会、传统的田径运动会、单项体育联赛等，不仅能满足他们对胜利的渴望和竞技的需要，丰富他们的校园生活，更重要的是以赛促练，增进身心健康。通过举办体育比赛，一方面彰提高大学生参与体育的积极性，以提升自己的体育技术、技能；另一方面，考验他们在紧张、激烈的比赛中，如何有效地应对各种挑战、克服各种困难，尽自己所能展现最佳的自己，实现不断地超越的意志品质。体育比赛对培养大学生意志品质的自觉性、自制性、坚持性和果断性的影响是全面的、深刻的。

5.4 充分利用自媒体发达的优势，积极宣传体育经典与榜样，营造良好的体育文化氛围培养大学生的意志品质

在互联网发达的今天，手机作为自媒体已经成为每个人了解信息的主要手段，尤其是大学生们思维活跃，思想进步，他们关注社会、关注世界时事、关心身边舆情。环境文化氛围对他们的影响是潜移默化的，学校要以微信、QQ等途径，通过网络宣传充满正能量的体育经典故事，如中国女排五连冠、中国乒乓精神等，要积极大胆地宣传身边的师生体育榜样，如学校优秀运动员、体育达人等，树典型、表彰先进，使大学生从体育经典和榜样中汲取良好意志品质带给人的力量，深切感受体育文化的精神动力。

6. 结语

体育培养大学生的意志品质有着自身学科的内在机理，这是体育学科自身的规律与教育教学规律所决定的，其培养的路径也应在正确认识内在机理的基础上设置，努力提升体育育人的效果与效率。

参考文献：

[1] 全国普通高等学校体育课程教学指导纲要 [Z]. 教体艺〔2002〕13 号，

2002-8.

[2] 潘绍伟，于可红．学校体育学 [M].北京：高等教育出版社，2005（7）：67-68.

[3][4] 杜玫，詹丽峰主编．心理学 [M].湖北科技出版社，2013（8）177.

[5] 李术红．当代大学生意志品质的特点及培养策略 [J].教育探索，2013（5）141-142.

[6] https://baike.so.com/doc/4833732-5050608.html.

[7] 吴峰山．体育教育学 [M]，山西：山西人民出版社，2008（7）：122-123.

[8] 吴孟岭．心理学图解入门 [M].北京：海潮出版社，2007（9）：115.

第五章　体育培养大学生精神素质的机理分析

高校体育是高等教育的重要组成部分，对增进大学生的健康、增强大学生的体质、促进大学生的心理健康方面的作用已得到社会各界的广泛认同和理解，而近年来随着课程思政教育理念的不断深入和推进，人们对体育培养大学生的道德素质和精神素质也日益重视。体育作为课程思政教育的重要资源与载体，对大学生的思想道德和精神素质的提升有着其自身独特的作用，如何从体育的特点出发来培养大学生的精神素质，目前尚未有较系统、深入的研究与分析，本章主要阐述体育在促进大学生精神素质的内在机理，共有三个方面，即培养大学生的公平公正精神、团队合作精神、超越精神，供大家交流。

第一节　体育与大学生"公平公正"精神的培养

"公平公正"精神是人类社会保持规范和谐发展的基石，也是现实生活中人们孜孜追求的理想精神，更是践行我国社会主义核心价值观的具体体现。文章采用文献资料法、逻辑归纳法、比较研究法等，对高校体育与大学生"公平公正"精神的培养进行了分析研究。认为：《体育法》《体育工作条例》的制定实施，促使大学生树立起公平的权利意识；体育学科的实践性特点造就大学生敢于公平、公正、公开竞争的阳光个性；运动项目规则本身对大学生形成"公平公正"精神有着深刻的教化作用；参赛运动员和裁判员神圣的宣誓仪式对大学生树立"公平公正"精神有着强烈的引领作用；裁判员的公正执法对大学生培养"公平公正"精神起到了正面的示范作用；体育道德风尚奖的评比对培养大学生"公平公正"精神起到了积极的激励作用。

引言

大学生是国家宝贵的人才资源，承担着未来"两个一百年"中国梦建设的历史重任。高校作为培养合格大学生的专业基地，不仅要传授给大学生丰富的专业知识、过硬的专业技能，还必须让大学生拥有崇高的思想品德与健康的精神品格。面对我国经济放开带来的一些负面影响，如价值取向扭曲、诚信意识淡薄、艰苦奋斗精神淡化、团结协作意识较差、心理素质软弱等问题，中共中央国务院于 2004 年 10 月 15 日发布了《关于进一步加强和改进大学生政治思想教育的意见》（中发〔2004〕16 号）[1]，此《意见》指出要进一步加强思想政治教育课程和高校哲学课程的主渠道和主阵地外，其他各门课程都要承担起本课程对大学生思想政治教育的独特功能，广大教师要以高度的历史责任感和使命感，言传身教，率先垂范，以良好的思想品德和人格精神影响学生，同时加强学科教学本身所蕴含的对大学生思想、道德和精神的教育功能，以提升大学生的思想境界、道德品质和精神内涵。2013 年 12 月中央办公厅印发了《关于培育与和践行社会主义核心价值观的意见》[2]，其中也明确提出了"自由、平等、公正、法治"是社会层面的核心价值取向，可见培养大学生的"公平公正"精神也是培育与践行社会主义核心价值观的现实需要。高校作为专门的育人机构，培育大学生的社会主义核心价值观责无旁贷，让大学生践行社会主义核心价值观更是高校育人的重要目标。培育和践行社会主义核心价值观的思想应渗透到高校一切教学、教育活动中去。高校体育作为学校教育的重要组成部分，有其自身的育人特点，其对大学生的思想、道德与精神的影响有着其独特的作用，对大学生"公平公正"精神的培养同样与其他学科有所不同。

"公平公正"精神，是保证社会良性有序运行的基本规范与要求，也是人类孜孜以求的精神。人与人之间的平等，社会的公平、公正是人类文明进步的标志，大学生是未来社会的建设者和引领者，也是和谐社会的创造者，因此，他们首先应该是"公平公正"精神的遵守者，同时也是"公平公正"精神的维护者和践行者，这同培育与践行社会主义核心价值观是一致的、相互促进的。高校体育对大学生"公平公正"精神的培养，有着其自身学科的优势，我们将采用文献资料法、逻辑归纳法、比较研究法等，就此展开深入分析与论述。

1. "公平公正"精神的内涵

"公平"概念[3]的内涵主要体现在两个方面：首先，是指以同样的态度对待同样的人和事，如我们常说的"一视同仁"；其次，是指人们在从事同样的社会活动时，必须遵循同样的规则和程序，不允许有任何例外者。总之，"公平"所强调的是态度、规则、程序的同一性。显然，在构建社会主义和谐社会的过程中，必须大力提倡、强调社会"公平"。没有社会"公平"，社会生活就不可能安定、有序。但是，如果一味强调社会"公平"也是不行的。这是因为人们彼此之间在各方面都是有差异的，规则、程序上的"公平"，并不能够保证结果上的"公平"。如果一味强调社会"公平"，那么将可能造成结果上的巨大差异，从而造成社会矛盾。因此，我们在提倡社会"公平"的同时，还必须大力提倡社会公正、正义、平等等原则。

"公正"的基本内涵：一是指实事求是；二是指去私立公；三是指遵循一定的道理、规律说话做事。即它所着重强调的是行为处事的态度、立场。

2. 高校体育的性质与目标

2.1 高校体育课程的性质

《全国普通高等学校体育课程教学指导纲要》[4]（以下简称《纲要》）指出，高校体育课程是大学生以身体练习为主要手段，通过合理的体育教育和科学的体育锻炼过程，达到增强体质、增进健康和提高体育素养为主要目标的公共必修课程；是学校课程体系的重要组成部分；是高等学校体育工作的中心环节。

体育课程是寓身心和谐发展、思想品德教育、文化科学教育、生活与体育技能教育于身体活动并有机结合的教育过程；是实施素质教育和培养全面发展人才的重要途径。

2.2 高校体育课程的人才培养目标

《纲要》把高校体育课程的目标分为基本目标与发展目标，其中除了要求大学生们积极参与和掌握体育基本技能及自我评价手段、方法外，也十分注重心理与社会发展目标。心理健康目标是期望大学生能自觉通过体育活动来改善心理状态、克服心理障碍，养成积极乐观的生活态度；运用适当的方法来调节自己的情绪；在运动中体验到运动所带来的乐趣和成功，并能在具有挑战性的运动环境中表现出勇敢顽强的意志品质；社会发展目标是希望大学生表现出良好的体育道德和合作精神；能正确处理竞争与合作的关系，形成良好的行为习惯，主动关心、积极参加社区体育事务。

3. 高校体育对大学生"公平公正"精神的培养

从上述高校体育的性质与目标来分析，高校体育作为体育运动的一个有机组成部分，既要传习体育知识、体育技术、技能，同样也承担着传承体育运动文化与精神的使命，尤其是对奥林匹克精神的传播与传承，其中"公平、公正、公开比赛"就是奥林匹克精神的重要内容，它对人的影响是全面和深远的。因此，高校体育对大学生"三公"精神的培养和教育既渗透着奥林匹克精神的精髓和本质，同样也是高校体育自身发展和育人的重要目标。高校对大学生"公平公正"精神的培养主要体现在以下几个方面：

3.1 《体育法》《学校体育工作条例》给予大学生参与体育活动的保障，有利于强化大学生公平意识的养成

《中华人民共和国体育法》[5]第三章从宏观的角度明确了大学生参与体育的权利，不论是身体健全的学生，还是身体不健全的学生，同样享有参与体育活动的权利，学校要为他们开设体育课程，并为他们创造开展课外体育锻炼活动的条件，任何人不得侵犯或剥夺。而《学校体育工作条例》则更加细致地规定了学校体育该如何保证、落实体育法的要求与规定，出台了具体的细则，为大学生参与体育活动提供人、财、物的保障。当前高校选项体育课及保健体育课的开设，是对大学生"公平公正"精神的很好体现，不论性别、不论系别、

不论身体素质的差异、不论地域的差异、不论技术、技能的高低等，每一个学生都有机会平等地选择自己喜欢的运动项目，并接受老师的教学、帮助及个性化指导，积极平等地参与教学活动，如技能练习、教学比赛、裁判工作等。同样在体育成绩的评定与考核时，每一个同学均在同样的成绩评定标准面前接受公平、公正、公开的检验，以获得各自相对应的体育成绩；大学生还能自由地选择课外体育锻炼项目等，这些均充分体现了学校体育对不同类别大学生参与体育的公平、公正、公开精神，体育法的实施有利于强化大学生公平、公开、公正地参与体育活动的权利意识。

3.2 高校体育的实践性特点有利于培养大学生光明正大、公开做事的阳光个性

体育运动是以身体练习为基本手段，通过与个体思维相结合的"技艺性"实践活动，她是一种实实在在的行为，是外显的而不是内隐的，是具体的而不是抽象的，所有的体育教学与体育竞赛及课外锻炼都是光明正大地开展的，在众目睽睽之下进行的。接受运动伙伴、老师及其他同学的监督是体育运动自身的形式所决定，高校体育以身体练习为主要形式是有别于其他一切文化类课程的显著特点。体育课程的实践性特点潜移默化地影响着大学生习惯于接受监督、公开处事的态度和意识。通过长期的体育教学与坚持锻炼使得大学生逐渐养成一种敢于公开展示自我、公平竞争的良好精神风貌和阳光的个性。

3.3 体育运动项目的规则对大学生"公平公正"精神的形成有着深刻的教化作用

高校体育教学的项目众多，但每个体育运动项目都有一定的比赛规则，每个大学生必须严格遵守运动项目的规则，以确保每个人都有在同一起跑线上的公平的权利。运动项目规则的权威性，能整治一切有意或无意的不良行为。所有运动项目的规则都对一切不公平的"非法"行为给予严肃的惩罚。举个简单的例子，如田径项目中的百米赛跑，每个同学都有属于自己的一条跑道，都站在同一起跑线上，若哪个同学提前抢跑或是在跑进过程中抢占别人的跑道进而影响他人，其结果均是违反规则的，必将遭到严肃的处罚。规则的严肃性是建立在法治基础之上的，对每个参与者都有着严肃的警示作用。运动规则的

合理性、公平性、公正性，必将促使大学生们树立起规范、标准、有序的价值理念和操作程序。体育运动项目的规则要求同样也深深影响着大学生的诚信意识，不论是谁一切不符合体育道德要求和不诚实、不真实的体育现象，如冒名顶替、投机取巧、服用兴奋剂等都将在规则的约束下，受到应有的、严厉的处罚。体育运动项目的规则对大学生"公平公正"精神的养成有着深刻的教化作用，同时对培养大学生的诚信意识起到了良好的教育和引导作用。

3.4 体育比赛中裁判员和运动员代表的庄严宣誓对大学生"公平公正"精神的培养有着强烈的引领作用

体育运动不仅仅是增强大学生体质，获得健康快乐，更重要的是通过体育运动来达到教育人的终极目标，尤其是学校体育，体育的育人功能更是被大众所肯定，如近代著名教育家蔡元培说："完全人格，首在体育"，他主张通过体育运动提高大学生的道德修养。高校体育教学与体育竞赛不仅是大学生相互学习、竞技的过程，更是高等学校对大学生开展育人的一个过程。几乎所有的学校在体育竞赛中均有运动员代表与裁判员代表庄严宣誓的仪式。既体现运动员对裁判员、对手、观众的尊重、友谊与友好，更体现了所有参与人员确保比赛公平、公正、公开的信心与决心 [6]。这种神圣的仪式，不仅对参与竞赛的同学树立"公平、公正、公开"精神有着强烈的引领与模样作用，同样对所有观众与工作人员也是一次深刻的社会规范教育。以下是裁判员代表和运动员代表宣誓词的基本精神介绍，其中心思想均体现了对"公平、公正、公开"精神的维护与崇尚：

1）裁判员代表宣誓词：在体育比赛中，我们将认真履行裁判员职责，坚决服从裁判长指挥，严格遵守裁判员纪律和竞赛规则，严格遵循公开、公正、公平的基本原则，尊重参赛选手，文明裁判，严肃认真，为运动员创造佳绩提供良好的比赛条件。

2）运动员代表宣誓词：我们将以积极饱满的热情参加运动会，严格遵守赛事的各项安排，遵守比赛规则和赛场纪律，服从裁判，尊重对手，团结协作，公平竞争，顽强拼搏，赛出风格，赛出水平。

两个宣誓词的文化内涵均体现了倡导比赛认真严肃的纪律、激励大学生以"公平、公正、公开"的体育精神参赛的良好风尚和行为，杜绝造假的不良赛风等，这其实就是对人类优秀体育文化的传承，也是对大学生的体育文化熏陶。

3.5 裁判员公正正确的执法对大学生培养"公平公正"精神有着良好的榜样作用

在一切比赛中，裁判员的公正执法，不徇私情，不偏袒任何一方，公平对待每一位参赛选手；所有运动员在规则面前一律平等[7]，不管是谁违反了比赛规则，违反了体育道德，裁判员就按照规则的要求，做出相应的处罚和裁定，这不仅对参与者起到了较大的威慑作用，同样对其他同学也有深刻的警示教育作用。裁判员公平、公正、公开的执法精神会对大学生树立"公平公正"精神起到良好的示范效应。

3.6 体育道德风尚奖的评比对培养大学生"公平公正"精神起到了积极的激励作用

高校开展体育竞赛一般都有体育道德风尚奖的评比活动环节，不管是集体的体育道德风尚奖，还是优秀运动员、优秀裁判员的评比，在一定程度上均是对"公平公正"精神做得非常好的单位和个人的褒奖，是对他们在比赛过程中遵守和维护"公平公正"精神的肯定与鼓励。体育比赛不仅仅是看谁获得了多少奖牌，取得了多少优异的比赛成绩，还要看比赛中所展现出来的精神风貌、道德风尚、人格魅力等，这些内在的、优秀的精神品格对人的影响将是深远的、长期的。通过对这些优秀单位及其个人的鼓励和褒扬，必定对大学生追求"公平公正"精神起到积极的激励作用，榜样的力量是无穷的。在弘扬"公平公正"精神的基础上取得优异的成绩是高校体育所应该追求的目标和崇高的理想境界。

4．结语

高校体育对大学生"公平公正"精神的积极影响是由体育学科的特殊性所决定的，体育教学与体育竞赛中体现的各个环节均对大学生"公平公正"精神的养成有着潜移默化的、广泛的作用。体育教育给大学生的不仅是健康快乐、体质的增强，更是给人以一种精神的传承与内化，也是社会规范的教化、维护与推崇。在高校体育中加强"公平公正"精神的教育既是社会发展的迫切需要，是培育与践行大学生社会主义核心价值观的现实需要，同样也是高校体育育人应承担的责任与义务，更是大学生自身精神成人的内在需要。

高校体育对大学生"公平公正"精神的培养，不仅需要我们从理论上去理解、去认识，更需要体育教育工作者在实践中很好地加以贯彻落实，不仅要以身作则，尤其要注重在体育教学、课外竞赛中不同环节和育人内容进行正确的引导与教育，真正使高校体育成为培养大学生"公平公正"精神的重要载体，体现出高校体育在育人中应有的重要价值。

体育的技术与技能及成绩会因身体机能的下降而逐渐退化，而体育精神给人的力量则会因岁月的积累、磨炼显得更加强大，我们需要传承体育的技术与技能，而更多的则是要传承体育的精神，她是人类改变自身与世界的重要动力。

参考文献：

[1]《关于进一步加强和改进大学生政治思想教育的意见》（中发〔2004〕16 号）[Z].2004-10.

[2]《中共中央办公厅印发〈关于培育和践行社会主义核心价值观的意见〉的通知》(中办发〔2013〕24 号)[Z].2013-12.

[3] 刘晓靖 . 公平、公正、正义、平等辨析 [J]. 郑州大学学报 (哲学社会科学版)，2009（1）：14-17.

[4]《全国普通高等学校体育课程教学指导纲要》[Z]. 教体艺〔2002〕13 号，2002-8.

[5]《中华人民共和国体育法》[Z].1995-10.

[6] 于涛 . 体育哲学研究 [M]. 北京：北京体育大学出版社，2009-4.

[7] 金元浦 . 大学奥林匹克文化教程 [M]. 北京：高等教育出版社，2006-12.

第二节 体育与大学生"团队合作"精神的培养

本节主要简述了团队合作精神的基本内涵，论述了培育大学生团队合作精神的背景，结合高校体育的特点和目标，分析了高校体育培养大学生团队合作精神的几个方面：树立加强大学生精神成人的教育理念；搭建培育大学生团队合作的组织平台；注重体育实践教学过程中磨炼大学生的团队合作精神；以体育游戏和比赛淬炼大学生的团队合作精神；在成绩评定上，以团队考核的方式强化大学生的团队合作精神。

引言

随着科技的快速发展和"互联网＋"技术的广泛应用，使得知识的专业化程度越来越高，行业分工细分现象也日益呈现，不同领域的知识和技术壁垒也越来越厚，导致行业之间、企业之间、社会团体之间的依赖性也日益提高，由于知识、专业的精细化，人作为个体要想取得事业的成功更是离不开团队的平台，团队合作不仅是一个行业、一个企业生存发展的方式，也是一个国家、民族发展的方略，更是一个体发展的基本生存方式，作为当代大学生更要学会团队合作，积极奉献，才能担负起实现我国"两个一百年"奋斗目标和中华民族伟大复兴的"中国梦"。

1. 团队合作精神的概念与内涵

1.1 团队的概念

有关团队的定义，从不同的学科角度来阐释各有着重，按照本文的研究逻辑，从社会学和管理学定义团队[1]是指"一个为了实现某一目标而相互合作的个体组成的正式群体。"

1.2 合作的定义

合作[2]指个人与个人、群体与群体之间为达到共同目标而进行彼此尽责的一种联合行动。一般指两个及以上群团相互协作，有为直接合作与间接合作，自觉合作与不自觉合作，结构性合作与非结构性合作等类型。

1.3 团队合作的内涵

鉴于上述团队与合作的理解，我们认为团队合作是指团队内各成员之间，按照规范有序地方式，为实现团队的目标而进行共同配合的行为。团队合作是一个成员之间互相助推的行为。

1.4 团队合作精神

基于以上对团队、合作及团队合作等内涵的分析，我们认为团队合作精神是指在团队中每个成员发挥自己最大所能，且在行动上互相配合支持、情感上互相认同激励，为达到共同的目标所具有的意识和品质。团队合作精神是人客观存在的主观状态，属于意识形态范畴。

2. 大学生团队合作精神培养的背景

2.1 培养团队协作精神是大学生精神成人的内在需要

大学阶段是大学生精神发育和成长的黄金期，在大学里大学生既不能没有专业知识、技术、技能的武装，更不能缺少把握人发展方向的精神思想。然而大学生成长的现状表明，大学生精神成人方面还存在一定的缺欠[3]，如一些大学生不同程度地存在着政治信仰迷茫、理想信念模糊、价值取向扭曲、诚信意识淡薄、社会责任感淡化、艰苦奋斗精神缺失、团结合作观念较差及心理素质欠佳等问题，这些不良的精神和心理现象，是完全不符合高等教育育人目标的，也不符合社会对当代大学生的期望。要真正把培养成为大学生中国特色社会主义事业的合格建设者和可靠接班人，高等教育必须把培育大学生良好的精神素养提到极其重要的位置上来，加强大学生的团队合作精神培育就是其中比较重要的一个精神因素，需用心教育贯彻到实践教学中去。

2.2 培养大学生团队合作精神是社会发展的客观要求

现代社会知识更新的周期越来越短，科技的快速发展，信息技术"互联网+"的广泛应用，使得知识的专业化程度越来越高，行业分工越来越细，不同行业、企业之间的依赖性越来越强，当然作为个体的大学生生活在当下，必须在学好学业的同时，要学会认识社会、适应社会、改造社会。马克思说，人是一切社会关系的总和，而不是一个孤立的生物个体，人是一个与社会各种事物、群体有着诸多关联的、带有能动意识和思想信念的精神存在体，人有自己的多种需要和价值追求，大学生同样也离不开与社会的千丝万缕，离不开人与人之间的各种合作。所以，大学生必须学会与人合作共处，掌握与人积极沟通的能力。在各门课程教学中，大学生通过学习把自己的思想、行为、心理、情感，尤其是精神品质提高到与社会相适应的程度，应是大学生学习的重要目标，更是大学教学的重要任务。

3．高校体育课程的特点与目标

3.1 高校体育课程的特点

体育以身体练习为基本手段，以增强体质、增进健康、提高心理健康为目标的课程，而高校体育的高等性体现在以学习技术、技能的基础上，注重大学生精神层面的拓展与提升，除了体育应有的技艺性、竞争性、情意性、运动负荷性、人文性外，主要体现其培育人的精神性，即在体育实践中培养、提高大学生的精神素质。高校体育的以上特点中蕴含着丰富的精神内涵，是大学生精神成人的重要载体和手段，如通过体育可以培养大学生的拼搏精神、参与精神、吃苦耐劳精神、公平公正精神、超越精神、合作精神等。

3.2 高校体育课程的目标

《全国普通高等学校体育课程教学指导纲要》中明确了高校体育课程的五个基本目标，即运动参与目标、运动技能目标、身体健康目标、心理健康目标、社会适应目标，其中社会适应目标中明确了大学生要有良好的体育道德和合作精神。因此，在高校体育中加强大学生团队合作精神的培养是体育教学应有的题中之义。

4．高校体育与大学生团队合作精神的培养

高校体育以身体练习为内容区别于其他学科，她的形体动作的直观显性，以及各种比赛练习结果的公开及时性，更有利于在情感上、氛围上感染大学生

团队合作精神的培养。当然，高校体育教学的组织形式、实践教学过程、各科游戏比赛、成绩评定方式等，加以精心组织、合理安排都能起到激发大学生团队合作精神的作用。

4.1 高校体育应注重发展大学生的精神成长

高等教育在人的培养上[4]，不仅要加强大学生对专业知识、技术、技能的学习，更应注重发展大学生的内向度的精神发展，如理想信念、自主精神、合作意识等，一个受过良好高等教育的人，应在人发展的最高层次——精神的发展上显示出其个人的文明素质或受过教育后所达到的应有水平。高等教育的根本属性应是人的"个性化"，以追求人的精神世界的发展为使命，从最严谨的科学到诗歌的所有精神领域和想象领域，都应是高等教育的内容。体育作为以身体练习为主要特征的教育学科，同样负有促进大学生精神成人的重要使命与责任，在关注大学生体育学习掌握"三基"的基础上，注重发展大学生的精神品质，促进大学生的社会化，体现大学体育的高等性。合作精神作为现代人应有的精神品质和素质要求，无疑应成为学科教学中所要高度关注和认真教育的内容。

4.2 树立合作教学理念，为培养大学生团队合作精神创立载体

培养大学生的团队合作精神，需要教师在教学中树立合作教学理念，没有在思想上树立相应的理论观念并以之为指导，是很难在教学实践中达到理想的育人效果的。所谓合作教学[5]是指以小组为单位，在教师的指导下，通过组内学生的自主探究和互助活动共同完成学习任务的一种学习方式。培养大学生团队合作精神需要有理念，也需要有载体、手段与方法，搭建团队载体是培养大学生团队合作精神的前提。

4.2.1 发挥教师教学的主导作用，组建学生学习团队

为满足大学生的体育需求，当前大多数高校体育的教学模式是执行选项课的，即一个运动项目的选项班会有来自不同行政班级的学生共同组成。要培养大学生的团队合作精神，组建学生学习团队显得十分必要和重要。根据运动项目的基本要求、学生实际的运动能力、个性、性别等情况，由教师主导来组建学生学习团队，并明确各学习团队的职责与要求，通过引导首先在心理上解除

同学之间的陌生感，在思想认识上树立团队合作意识，保证合作教学理念的落实。

4.2.2 充分利用好集体项目的天然优势，组建学生学习团队，培养大学生团队合作精神

体育教学中有许多集体项目如篮球、排球、足球等，这是开展大学生团队合作学习的优势所在，也是培养大学生团队合作精神的良好载体。因为集体项目按照运动规则每个同学在场上进行运动时，尤其是比赛时往往都有十分明确的分工和职责，这有利于培养大学生团队合作的责任意识、互帮互助的合作意识。因此，按照集体项目的规则要求，确定每个学生在集体项目中的位置、所承担的任务，组建这样大学生的学习团队相对容易，也非常自然。教师要对主动承担团队队长或负责人的同学给予充分肯定和鼓励。

4.3 以团队为单位开展教学，注重过程学习与评价，在日常教学中培育大学生团队合作精神

体育以身体练习为主要特征，以学习体育的基本技术、技能为主要内容，技术的学习会经历泛化、分化、固化等学习阶段，是一个循序渐进的过程。由于不同学生的体育基础、体育学习能力等各异，会出现学生个体间掌握技术、技能的差异性，有的同学学得轻松，掌握得快，而有的同学则学习得吃力，掌握得慢。教师作为教学的主导者，有责任来指导、帮助学习困难者，但更多地应倡导同队学生间的团结协作、互帮互助，以培养大学生的团队合作精神，并在教学中注重对整个团队学习、练习取得的成绩进行评价。教师要善于观察、了解学生，对于每个团队中积极发挥作用、体现出互帮互助精神的现象要进行及时褒奖，对于具有良好团队合作精神的同学予以大力表扬。

4.4 开展形式多样的日常比赛，淬炼大学生的团队合作精神

体育教学纯粹的技术、技能练习既需要一定的体能付出，又需要积极激发自己的动商[6]（狭义的动商是指个体的运动商数，是个体克服自身和客观事物进行运动的能力，是人挖掘、发挥运动天赋和潜能的能力，主要包括运动素质、运动心理、身体机能等），努力完成好教学任务，持续练习的过程有时会因技术动作的机械性而呈现出枯燥的一面，会影响同学们的练习积极性，开展

形式多样的日常体育教学游戏和比赛（班级、专业、各社团、校级等比赛）及学校大型的体育赛事，会更好地激发大学生积极性，也能满足他们的好胜心。以团队为单位开展的体育游戏和比赛，会在很大程度上激发他们的战斗力，包括技、战术的安排，也会激励每位同学为团队贡献自己力量的决心，会增进团队成员之间相互的友谊，更在于能磨炼大学生们，在团队面对困难时精诚合作的精神。做好每一次体育教学的游戏和比赛，有针对性地淬炼大学生的团队合作精神是体育特有的优势。

4.5 坚持团队考核与个人考核相结合，在成绩考核中强化大学生团队合作精神

教学评价是对师生双方完成教学任务和教学目标情况的基本考核，不同的教学评价体系会产生不同的教学指向，影响师生的教学思想与教学行为，当然也会产生不同的教学效果。传统的体育教学评价，以考核个人的技术、技能、素质等项目为内容，尽管还有平时学习的指标纳入其中以测评体育成绩，主要考核的是个人学习掌握体育技术、技能及参与的情况，但对大学生合作精神方面的考评显得相对欠缺，把团队合作学习的情况作为考核的内容列入测评范围，会在一定程度上强化大学生对团队合作的意识，会使他们的团队概念更加牢固，也会更好地体现团队合作的精神。

5. 结语

体育作为高等教育的重要组成部分，是育人的重要内容和手段，体育教育中蕴藏着丰富的、促进大学生成长的精神因素，充分挖掘这些精神因素，发挥其对大学生精神成人的作用，在如今物质文明日益繁荣的形势下，已显得十分重要和必要。文章主要从体育培育大学生团队合作精神出发，做了一些论述，但高校体育如何面对新时期社会发展和大学生人才培养的目标和要求，体现自身的学科活力和生命力，彰显体育自身的学科价值是高校体育改革面临的课题。从课程的理念、教学模式的选择、教学手段与方法的革新，都需要从大学生成长、成才的视角去审视，值得高校体育教学工作者深入思考和探索。这也我国社会主义体育文化自信的需要，更是高校体育文化自信的需要。

参考文献：

[1] 斯蒂芬·罗宾斯（美）. 管理学 [M]. 北京：中国人民大学出版社，1997.

[2] 吴玲. 论当代体育精神的构建 [J]. 山东师范大学 [D].2007.

[3] 关于进一步加强和改进大学生思想政治教育的意见 [Z].2004.

[4] 王坤庆. 精神与教育：一种教育哲学视角的当代教育反思与构建 [M]. 华中师范大学出版社，2009.

[5] 于瑾. 合作学习的价值取向及形式探索 [D]. 辽宁师范大学，2006.

[6] 王宗平等. 动商——人类全面发展的重要支脚 [J]. 体育学刊，2016（7）：13-1.

第三节 体育与大学生"超越"精神的培养

本节在阐述超越内涵、分析人的超越性和教育超越性的基础上，结合体育学科的特点，提出了培养大学生超越精神的基本路径：以体育特有的文化熏陶大学生的超越精神、以体育实践磨炼大学生的超越精神、以体育竞赛淬炼大学生的超越精神、以体育"课内外一体化"的课程模式强化大学生的超越精神，发挥好体育在大学生超越精神培育中的作用。

引言

人既是物质的存在，更是精神的存在。超越精神是人类特有的精神，是人生命的品质，但所有人具有的品质都有潜在性，它不会自发地全表露出来，需要有一定的引导和教育，因此，唤醒人内在的超越意识，培养人应有的超越精神和锻炼人的超越能力，是生命成长的超越性对教育的客观要求。体育是高等教育的育人手段与方法，是大学生身体健康成长和精神成长的载体和平台，也是唤醒和培养大学生超越精神的独特途径。

超越精神是人之为人的精神，一个没有超越精神的人就不会有强的竞争力，一个没有超越精神的民族就不会有强的创新力，一个没有超越精神的国家就不会有强的发展动力，当然失却了超越精神的教育将会失去教育的旺盛生命力。高校体育有责任和义务为振兴教育，培养有超越精神的大学生而发挥应有的作用。

1．超越与教育的超越性

1.1 超越的内涵

在英语中超越的解释，《牛津英语词典》[1]中作为动词的超越 transcend 来自拉丁语 tran(s)scend-ere 有四个含义：一是超出或超过物理的障碍或限制；爬过或翻越墙顶、山顶等。二是超过或超出非物理的限制；超出某种非物质的限制。三是在某些方面，品质或贡献超出；超越，超过，胜出。四是攀登，上升，升起，向上或向前通过。作为名词的超越 transcendence 的含义是超出的行动或事实，超越的状态或品质。

《古汉语常用字词典》[2]对超越一词的释义有三种意思，一是跳跃，指习武；二是超过；三是越过。

英语和汉语对超越的注释表明，其主要内涵是指人超过某种限制，包括看得见的物理限制或看不见的精神限制等，指向人不断追求卓越的品性。超越是一种行为，更是一个过程，超越包括对自我的超越和其他主体的超越。

1.2 人的超越性

人不仅是自然存在物，而且是精神存在物，人的精神存在主要表现为：首先，人具有能动性和创造性。人的能动性体现在认识世界和改造世界上，主要通过实践来把人的主观感觉、知觉及判断、推理等把客观世界对象化，创造出属于人自己的人化世界，体现出人创造性的一面。其次，人具有意义和精神性。人的存在是一种"意义"的存在，离开了"意义"的引导，人就成了"无意义的存在"，和动物的差距就会消失；另外人不仅是物质存在体，更是精神存在体，人有物质需要，更有精神的需要，精神需要是人类特有的需要，是人的本质需要。由于人的主观能动性，对意义世界的不断追问、对现实世界的不满及对客观世界的持续改造，使超越性成了人内在的本质。

1.3 教育的超越性

一切实践活动的本质就是超越[3]。教育作为一种有目的的实践活动，它以受教育者自身为实践的对象，以对受教育者现实规定性的否定和超越为出发点。教育不是教育者对受教育者的改造，而是受教育者自身的自我改造和自我超越的实践活动。教育给予人以现实的规定性[4]，是为了否定、超越这种规定性。一切现实的规定性只能是规定人的现在，而不能解决他的未来。理想的教育并不是要以各种现实的规定性去束缚人、限制人，而是能使人从现实性中看到各种发展的可能性，并且将可能性转化为现实性；它要使人树立起发展和超越现实的理想，并将理想付之现实。培养一种理想与现实相统一的人，超越意识和超越能力相统一的人，这才是教育之宗旨，也是教育的超越性所在。

2. 高校体育课程的性质、发展目标与特点

2.1 高校体育课程的性质

《全国普通高等学校体育课程教学指导纲要》[5]（以下简称《纲要》）明确指出体育课程是大学生以身体练习为主要手段，通过合理的体育教育和科学的体育锻炼过程，达到增强体质、增进健康和提高体育素养为主要目标的公共必修课程；是学校课程体系的重要组成部分；是高等学校体育工作的中心环节。体育课程是寓促进身心和谐发展、思想品德教育、文化科学教育、生活与体育技能教育于身体活动并有机结合的教育过程；是实施素质教育和培养全面发展的人才的重要途径。

2.2 高校体育课程的发展目标

《纲要》规定了大学生体育课程的基本目标，且在这基础上制定了发展目标，其主要是针对部分学有所长和有余力的学生确定的，也是作为大多数学生的努力目标，具体有以下五个[6]：

①运动参与目标：形成良好的体育锻炼习惯；能独立制订适用于自身需要的健身运动处方；具有较高的体育文化素养和观赏水平；②运动技能目标：积极提高运动技术水平，发展自己的运动才能，在某个运动项目上达到或相当于国家等级运动员水平；能参加有挑战性的野外活动和运动竞赛；③身体健康目标：能

选择良好的运动环境，全面发展体能，提高自身科学锻炼的能力，练就强健的体魄；④心理健康目标：在具有挑战性的运动环境中表现出勇敢顽强的意志品质；⑤社会适应目标：形成良好的行为习惯，主动关心、积极参加社区体育事务。

2.3 高校体育教育的特点

体育作为大学教育的育人内容，和其他学科相比有以下几个特点[7]：首先，高校体育是以大学生身体练习为主要手段掌握体育"三基"为特征的"技艺性"；其次，是以发展身体体验与情感交流为特征的"情意性"；再次，是以承受一定运动负荷而增进身体健康为主要特征的"艰苦性"；其四，是以加强交流、适应角色转换提高个体社会化程度为主要特征的"人文性"；其五，以运动成绩高低划分等级的"竞争性"。

从人的超越性品质和教育具有超越性，结合高校体育的性质、发展目标与特点，我们发现在高校体育教育过程中，具备培养大学生超越精神的内在要求、育人内容与逻辑。高校体育以自身的独特优势来培育大学生的超越精神，既是学科本身发展的需要，也是高校教育育人目标的要求，更是大学生精神成长的需要。在全面建成小康社会，培养中国特色社会主义可靠接班人和合格建设者的当下，高校体育应有这份文化自觉和历史担当。

3.1 超越精神的内涵与大学生精神成人的作用

3.1.1 超越精神的内涵

根据上述对超越概念的解析，我们认为超越精神的通用定义应是人不断追求自我完善、挑战自我、实现自我的过程中，创造新纪录的奋斗意识。超越在目标上有两种情况，即超越自我和超越他人；超越在内容上也有两种情形，即物质超越和精神超越，物质的超越是有限的，而精神的超越是无限的。人作为有意识的能动主体，尽管体力有限、生命有限，正是人的精神的无限性，推动着人类社会的发展和历史的进步。

3.1.2 超越精神对大学生精神成人的作用

从高中进入大学，是学生成长中一个质的飞跃，由接受普通知识到转向接受专业教育及精神教育是高等教育的巨大进步。偏向于精神内向度教育的大学对于一个精神成长正处于黄金期的大学生来讲是何等重要与需要，这关乎大学生成长的方向和今后成才的高度。超越精神是一个人证明自己、不断走向成功的精神品质，青年大学生拥有超越精神不仅有利于自身的快速成长，也是一个民族的希望所在，更是一个国家不断创新的动力所在。

4. 高校体育与大学生超越精神的培养

高校体育是融科学与人文精神于一体的学科，对大学生的成长、成才有着独特的作用，不仅在于增强大学生的体质，更在于促进大学生的精神成长。体育以其独特的体育文化如"更快、更高、更强"的奥运格言，运动技术、技能的学习与掌握，运动所取得的成效、实效（获得成功与否、成绩好坏等）的显性激励着大学生的拼搏精神和超越精神，是培养大学生精神成人的重要载体与手段。按照《纲要》对大学生体育发展目标的要求，结合体育课程的特点和大学生的能动性，从以下几个方面着手培养大学生的超越精神。

4.1 以"更快、更高、更强"的奥运格言培养和熏陶大学生的超越精神

"更快、更高、更强"是奥运格言，是人类突破自我，战胜自我，超越自我的最好写照，更是超越精神的最好彰显，超越精神是人类历史进步和发展的重要精神品质。

4.1.1 以"更快、更高、更强"的奥运格言熏陶大学生的超越精神

奥运格言"更快、更高、更强"是指在竞技体育中人们要不断地挑战纪录、挑战自我、挑战他人、挑战极限，向人们展示的是人要不畏强手、困难，要不断进取，要敢于拼搏、敢于胜利的英勇气魄和魄力。作为当代大学生，要学习这种超越精神，要有超越意识，不仅在体育学习中领会这种精神，更要在学习、工作、生活中树立超越意识，指导自己的成长与成才，要不甘于平庸，努力前进，要朝气蓬勃，超越自我，将自己的潜能发挥到极限，促进自身持续成长与进步。

4.1.2 以"更快、更高、更强"的奥运格言要求大学生树立体育学习目标，追求自我超越

在日常的体育学习中，以"更快、更高、更强"的奥运格言要求大学生树

立体育学习目标，努力按照《纲要》的要求，在实现大学生体育基本目标的基础上，积极参与努力把自己锻炼成为一个符合"发展目标"标准的人；按照《全国大学生健康体质测试评分标准》（2014年修正版），这个测试标准明确规定大学3—4年级学生要比1—2年级学生有更高的要求，体现出了国家对大学生体质不断提升与进步的要求，即不断超越的要求；在大学生体育学习成绩目标上，关注学生的过程学习与进步，树立每天进步一小步，年年均有大进步，课课均有提高的目标，树立积跬步至千里，积小流至江海的积小胜为大胜的超越意识。

4.2 以高校体育教学的实践磨炼培养大学生的超越精神

实践是体现超越精神的重要手段，也是践行超越精神的重要载体，体育是以身体练习为手段的改造人自身的实践活动，更是人践行、检验超越精神的独特手段。

4.2.1 在体育实践教学中磨炼大学生的超越精神

日常的体育教学在教师的指导下，以完成一定的体育教学任务为目标，以身体练习为主要方法，以项目为载体，以学习技术为主要内容，给予一定的运动负荷进行学习，并通过小组比赛、日常体能练习、定量练习等形式，让大学生通过重复的实践练习、艰苦的实践练习、竞争的实践练习、团队的实践练习，不断磨炼奋勇争先，不断超越的精神品质，要褒扬、鼓励在体育实践积极磨炼自己、敢于自我超越的学生。

4.2.2 在教学考评、健康体质测试中检验大学生的超越精神

体育教学的考评是体育课程的一个重要环节，不仅关系到学生一个学期以来掌握体育技术技能的真实情况，更反映了一个大学生对自我的要求与追求，更考验一个大学生是否具有超越意识和超越魅力，这是一个检验大学生超越精神的良好契机；一年一度的健康体质测试，项目众多，尤其是耐力跑（男生1000米、女子800米）对绝大部分大学生是一种生理和心理上的考验，体质测试的成绩会影响大学生的评奖评优，如何以敢于自我超越的精神在测试中展现自己的最佳水平和状态，也是一个考验大学生是否具有超越精神的难得契机。要表扬成绩优异的学生，更要表扬进步很快的学生，这是自我超越的一个

体现。

4.3 以丰富多样的校园体育竞赛淬炼大学生的超越精神

大学生校园体育竞赛是高校体育的核心组成部分，争胜好强的大学生喜欢展示自我，喜欢与同伴交流、切磋体育技能，更喜欢与他们同台竞技以体现自我的能力与实力，体育竞赛应是培养大学生超越精神的绝佳途径。

4.3.1 以校园体育比赛为载体淬炼大学生的超越精神

大学校园里体育竞赛的形式多样，小至寝室之间的比赛，更多的是班级、专业、二级学院间的比赛及体育社团、校级体育的比赛，更有校际的体育友谊赛。所有的体育比赛既是对大学生体育技术、技能、体能的比拼，更是对超越精神和意志品质的较量。大学生对胜利的渴望和对自信的坚定及对团队创新合作的展示等，都会激发他们积极参与、努力进取、敢于胜利的超越精神，全身心地投入比赛，彰显青春的活力与豪迈。要树立在比赛中敢打敢拼学生的典型与榜样，赞扬进取、努力不断超越的精神文化。在体育竞赛中淬炼大学生的超越精神是不可多得的契机，也是体育课程所具有的独特优势。

4.3.2 以大型体育比赛的典型事迹为载体陶冶大学生的超越精神

体育作为 21 世纪的新兴产业和健康产业得到了众多商家的赞助与运作，各种体育赛事频频开展，且项目众多，激发了运动员们的参赛热情，观看、欣赏体育赛事也成了现代人生活的一部分，随着"互联网+"技术的高度发达和自媒体的快速发展，当代大学生观看体育赛事已是十分便捷。面对这种新的体育发展形势，要在体育教学和体育宣传中，弘扬我国优秀体育健儿在赛场上那种顽强拼搏，勇于超越的体育精神，如作为黄种人我国上海籍运动员刘翔在田径赛道上 110 米栏项目上不断超越创造历史，多次夺得奥运会、世锦赛等冠军；中国女排历史曲折再次问鼎世界冠军、网球选手李娜作为亚洲第一位大满贯女子单打冠军得主等，(他)她们在赛场上的那种积极进取、敢于超越的精神及对体育事业的执着与热爱，值得当代青年学子好好学习。

4.4 以体育"课内外一体化"教学模式强化大学生的超越精神

4.4.1 以正确的体育锻炼理念强化大学生的超越精神

体育"课内外一体化"教学模式是贯彻"健康第一"体育指导思想和"每

天锻炼一小时，健康工作五十年，幸福生活一辈子"体育锻炼理念的具体表现。对体育指导思想和体育锻炼理念的深刻认识是大学生践行超越精神的基础，没有思想认知上的认同，很难以此理论来指导自己的行为。"健康第一"的体育指导思想与"每天锻炼一小时，健康工作五十年，幸福生活一辈子"体育锻炼理念是相一致的，体育从根本上讲也是一种修身，是对自我健康和自我行为管理的一种修为，健康的重要性不言自明，把体育锻炼与自我的健康联系起来，把健康与自我的幸福、家庭的幸福、集体的和谐、国家的昌盛联系起来，是一种认识上的超越，做到坚持每天的健身锻炼就是另一种超越。只有认识上有了超越意识，才会在实践中践行超越精神。

4.4.2 拓展课内外锻炼时空培育大学生的超越精神

成功的教育是教会学生能开展自我教育。体育的"课内外化一体化"模式是对学生自我教育的一种要求和考验，从教育的角度讲，也是一种超越，即在教师教的状态下超越成为自我安排、自我教育、自我锻炼，走向自主、自为。从时空上讲也是一种拓展，由课上走向课下，由课内走向课外、由校内走向校外，更多是要求大学生的一种自律与坚持，这是超越精神的基础，没有平时的脚踏实地、刻苦练习、团队合作，何来比赛时的辉煌与成功，何来真正的超越精神。超越是一种精神，是一种行为，更是一个过程，需要平时不断的积累作为基础，需要有一个量变到质变的过程。

5. 结语

体育精神的核心是超越精神，其实这也是人类的精神核心，人类社会的发展与文明的进步史见证的就是人类不断追求卓越，不断超越自我，不断超越历史的过程。体育作为育人的课程不能停留在强身健体的生物性层面，随着我国经济建设取得的伟大成就，物质文明的快速进步，如何提高人的精神文明水平，会影响全面建成小康社会的进程，会影响"两个一百年"目标的实现。教育的进步，不仅体现在传授知识、技术、技能的高精尖，同时，还在于人精神层面的提升与发展。在新的时代背景下，如何发挥精神的能动作用，其实已不是体育一门学科的历史使命与责任，作为教育的所有学科都有责任，在大学生的精神成长中承担自身那份精神信念与理想守望。

参考文献：

[1]The Oxford English Dictionary. Second Edition.Volume XV Ⅷ Oxford University Press.1989：388-389.

[2] 杨希义 . 古汉语常用字词典 [M]. 长春：长春出版社，2010.

[3] 冯建军 . 人的超越性及其教育意蕴 [J]，教育研究与实验，2005（1）：17-21.

[4] 鲁洁 . 论教育之适应与超越 [J]. 教育研究，1996.

[5][6] 全国普通高等学校体育课程教学指导纲要 [Z].2002.

[7] 潘绍伟，于可红 . 学校体育学 [M]. 北京：高等教育出版社，2005：67-68.

第六章 体育促进大学生思想道德素质的现状调查

本章主要通过问卷调查、数理统计等研究方法与手段，对体育促进大学生思想道德素质的现状进行调查分析，以深入了解体育对大学生精神提升中的实然作用，主要从培养大学生爱国主义品质、诚信品质和意志品质进行研究。

第一节 体育促进大学生爱国主义品质的现状调查

本节通过文献资料法、问卷调查法、数理统计法、比较法，对体育培育新时代不同类别高职大学生爱国主义精神的现状进行了数理统计，体育对高职大学生爱国主义精神养成的主要因素进行了分析。

引言

爱国是一个人最朴素、最深沉、最自然的情感，是人们对自己祖国的依赖、依靠、忠诚和热爱的心理品质，爱国是我国社会主义核心价值观中个人层面的重要价值准则之一，爱国主义也是支撑国家繁荣发展和民族振兴的精神动力。爱国主义精神的培育是高校思想政治教育的一个重要内容。

2016 年习近平总书记在全国思想政治工作会议上指出 [1]："高校思想政治工作关系高校培养什么样的人、如何培养人以及为谁培养人的根本问题，要坚持把立德树人作为中心环节，把思想政治工作贯穿教育教学全过程，实现全程育人、全方位育人，努力开创我国高等教育事业发展新局面""要用好课堂教学这个主渠道，思想政治理论课要坚持在改进中加强 …… 其他各门课都要守好一段渠、种好责任田，使各类课程与思想政治理论课同向同行，形成协同效应"，加强以爱国主义为核心的民族精神教育和改革开放为核心的时代精神教育，是为建设新时代中国特色社会主义提供强大精神支撑和道德力量的客观需要。中共中央、国务院根据我国经济与社会发展水平的需要，在 2019 年 11 月，重新完善并修订了 1994 年颁布的《爱国主义实施纲要》（以下简称《纲要》），详细了阐述了新时代开展爱国主义教育的总体要求、主要内容、教育对象、实践载体、氛围营造及领导保障等，为新时代各级各类学校开展爱国主义教育提供了基本遵循。

学校是进行爱国主义教育的主渠道、主阵地，加强对大学生爱国主义的教育，是新时代高校培育一大批具有爱国之情、强国之志、报国之行的中国特色社会主义合格建设者和可靠接班人的迫切需要，事关中华民族伟大复兴和中国梦的实现。把爱国主义教育融入各门课程，进教材，进课堂，是《纲要》的基本要求。体育作为高等教育的有机组成部分，是进行大学生爱国主义教育的重要载体和路径，调查和分析体育对高职大学生爱国主义精神培养的现状，有利于提高体育育人的针对性和有效性。

1. 研究对象和方法

1.1 研究对象

共有两份调查问卷，一份采取随机抽样的方法，以在杭高职大学生 400 人为研究样本，共发放问卷 400 份，回收 385 份，回收率为 96.25%，其中有效问卷为 360 份，有效率为 94.03%。另一份问卷在杭州下沙高教园区所属高职院校中采用随机小样本抽样的调查方法，进行为期一周的跟踪调查，共发问卷 50 份，回收 48 份，回收率为 96%，有效卷 45 份，有效率为 93.75%。回收率和问卷有效率均满足统计学的要求。

1.2 研究方法

1）问卷调查法。对体育促进大学生诚信品质的影响调查采用 4 级量表法：很大、比较大、说不准、没有作用。

问卷的结构效度和内容效度：问卷的调查项目是在对体育、教育学、心理学相关文献研究综述的基础上，通过咨询多学科专家并结合大学体育精神的特点和大学生的实际情况，构建而成的调查问卷，各项指标经过多名专家的论证并经实践的检验，具有较高的效度。

问卷的信度：本研究采用"重测法"，在 1 个月内对 50 名高职大学生进行重测，得出相关系数 R = 0.903，P < 0.01，说明具有很高的可信度。

2）数理统计与分析方法 (所有数据处理均由 spass19.0[3] 软件完成)。

3）专家咨询法。

4）文献资料法。

5）访谈法。

2 体育与高职大学生爱国主义精神培养的内涵

2.1 爱国主义的概念

爱国主义是指个人或集体对祖国的一种积极的支持态度，集中体现为民族自信心和民族自尊心，为争取、保卫祖国的独立富强而献身的奋斗精神。爱国主义不仅体现在政治、道德、法律、艺术、宗教等各种意识形态及整个上层建筑之中，而且渗透到社会生活的各个方面，会成为影响国家、民族命运的重要因素[4]。

2.2 体育培养高职大学生爱国主义的基本内涵

体育培养高职大学生爱国主义精神的基本内涵是指高职大学生通过学习体育课程、参加课外体育锻炼及欣赏体育赛事等多种体育手段与途径，使他们产生对我国体育物质文化的由衷喜欢、对体育制度文化的高度认可及对体育精神的无限崇尚与积极追求，从而进一步激发高职大学生对我国体育文化产生强烈的民族自尊心、自信心和自豪感，从而培养高职大学生对国家的眷恋、依赖、忠诚和对民族无限热爱的积极心理品质。

3. 体育促进高职大学生爱国主义精神养成的现状调查

3.1 体育对不同类别高职大学生爱国主义精神养成的现状调查

表 6-1　体育对不同类高职大学生爱国主义品质养成的调查统计

类别		影响作用									卡方检验值	
		很大		比较大		一般		没有作用		合计	Chi-Square	P 值
		人数	%	人数	%	人数	%	人数	%	人数		
性别	男	144	67.29	58	27.10	12	5.61	0	0	214	4.86	0.028<0.05
	女	78	53.42	58	39.73	6	4.11	4	2.74	146		
	小计	222	61.67	116	32.22	18	5.00	4	1.11	360		
年级	一年级	116	58.00	68	34.00	14	7.00	2	1.00	200	12.13	0.001
	二年级	106	66.25	48	30.00	4	2.50	2	1.25	160		
	小计	222	61.67	116	32.22	18	5.00	4	1.11	360		
生源地	农村	130	63.11	60	29.13	14	6.80	2	0.97	206	1.485[1,2]	0.138
	城镇	54	51.92	44	42.31	4	3.85	2	1.92	104	2.812[2,3]	0.005<0.01
	城市	38	76.00	12	24.00	0	0.00	0	0	50	1.839[1,3]	0.066
	小计	222	61.67	116	32.22	18	5.00	4	1.11	360		
学科	理科	118	60.82	60	30.93	14	7.22	2	1.03	194	6.79	0.01<0.05
	文科	104	62.65	56	33.73	4	2.41	2	1.20	166		
	小计	222	61.67	116	32.22	18	5.00	4	1.11	360		
是否独生子女	独生子女	132	70.21	50	26.60	4	2.13	2	1.06	188	27.63	0.00<0.01
	非独生子	90	52.33	66	38.37	14	8.14	2	1.16	172		
	小计	222	61.67	116	32.22	18	5.00	4	1.11	360		

表 6-1 的统计数据显示，体育对高职大学生爱国主义精神的正影响率达 93.89%（把影响"很大"和"比较大"的占比之和称为正影响率），仅有 6.11% 的学生认为体育对爱国主义精神的培养"说不准"或"没有作用"。体育对男大学生爱国主义精神培养的正影响率为 94.39%，而女生的正影响率为

93.15%。进一步的卡方分析显示，体育对男女大学生之间爱国主义精神养成的正影响存在显著性差异 (P<0.05)，对男生诚信品质的养成比女生的影响要大，主要体现在影响"很大"和"比较大"数据上的差异；

体育对一年级高职大学生爱国主义精神培养的正影响率为 92%，而对二年级高职大学生爱国主义精神的培养正影响率为 96.25%，且统计分析表明两者之间存在非常显著性差异（P<0.01）；

体育对城市高职大学生爱国主义精神培养的正影响率为 100%，对城镇高职大学生的正影响率为 94.23%，对农村高职大学生的正影响率为 92.24%，数理分析表明，体育对城市高职大学生爱国主义精神的培养与城镇、农村高职大学生之间存在非常显著性差异（P<0.01），而城镇与农村高职大学生之间则不存在统计学意义的显著性差异。

体育对理科类高职大学生爱国主义精神培养的正影响率为 91.75%，对文科类高职大学生的正影响率为 96.38%，且两者之间存在数理统计学上的显著性差异。

体育对独生子女高职大学生爱国主义精神培养的正影响率为 96.81%，对非独生子女大学生的正影响率为 90.7%，且两者之间存在数理统计学上的非常显著性差异。

调查数据表明，体育对培养高职体育大学生爱国主义精神培养的作用得到了超过 9 成同学的高度认同，对城市生源高职大学生爱国主义精神培养的正影响率竟达到 100%，对高职男生、独生子女高职生、二年级高职生及文科类高职大学生的正影响率均超过 90%。

3.2 体育培养高职大学生爱国主义精神的主要影响因素分析

表 6-2　体育培养高职大学生爱国主义精神主要影响因素的调查统计

促进因素	人数	有效百分比	排序
中华体育精神的激励	306	85.00	1
辉煌的中国奥运近代史	296	82.22	2
优秀运动队、运动员的经典故事	278	77.22	3
先进的中国体育制度	263	73.05	4

（续表）

| 先进的中国体育文化 | 253 | 70.28 | 5 |
| 我国日益完善的体育场馆设施 | 242 | 67.22 | 6 |

根据多因素选择法对高职大学生进行调查，统计数据显示，体育以其自身的特点和文化对高职大学生爱国主义精神的培育有着较大的影响作用，其中有6个主要因素对高职大学生爱国主义精神养成的影响获得了超过了2/3人数的认同，对此我们进行了简要的分析。

3.1 中华体育精神激发高职大学生的爱国主义热情

中华体育精神成为促进高职大学生爱国主义精神养成的首选是符合现实逻辑的。随着体育各种赛事的常态化、规范化举办，尤其是2013年以来，我国举办全国性体育赛事每年在1000场以上，其中国际性赛事每年超过200场以上[5]。体育欣赏已然成了人们生活的一个部分，借助"互联网＋"的科技手段，使得自媒体高度发达，观赏体育赛事随时随地成为可能。中国体育经过一代又一代人接继努力，形成了优秀的中华体育精神[6]，具体指以爱国奉献、公平竞争、团结合作、顽强拼搏、快乐健康为主要价值准则的意识、思维活动和一般的心理状态，其包括爱国主义精神、英雄主义精神、公平竞争精神、团队合作精神、乐观自信精神及实用理性精神等。在和平年代运动员们这种积极进取、敢于胜利、不畏艰难等品质，易激起争胜好强大学生的心理共鸣，产生对国家的热爱。

3.2 辉煌的中国近代奥运史激发高职大学生的爱国主义真情

辉煌的中国近代奥运史成为促进高职大学生爱国主义精神培养的第二选项是非常合情的。当前奥运会对世界的影响已远远超出体育比赛本身，她是对一个国家经济水平、管理制度、科技水平、人们健康、体育制度和体育组织等综合实力的反映。尽管我国因多种因素，直到1984年才正式组队参加第23届美国洛杉矶奥运会，但中国在历届奥运会的优异表演，常令国人兴奋和自豪，更易激发自尊心强、热爱运动高职大学生对祖国的爱国真情，尤其是北京成功举办了2008年奥运会后，又获得了承办2022年第24届冬奥会的举办权，彰显了中国作为一个世界体育强国的高大形象，体现了中国在世界体育的地位，极大地激发我国大学生的爱国之情。杭州作为2022年亚运会的举办地，更能让在杭州学习的高职大学生感受到祖国的强大、杭州的魅力，激发爱国之情！

3.3 优秀运动队、运动员的经典故事激发高职大学生的爱国主义豪情

经典的魅力在于其打动人内心的精神世界。20 世纪 80 年代初，中国女排"五连冠"的经典赛事，彻底点燃了改革开放初期中国人民的爱国热情，国人从内心喊响了"团结起来，振兴中华"的时代强音；后续中国女排再夺 2003 年世界杯、2004 年奥运会、2015 年世界杯、2016 年奥运会、2019 年世界杯等世界冠军，中国女排成了国人值得自豪和骄傲的体育精神和体育标识；2020 年国庆介绍中国女排的电影《夺冠》上演，重新唤起了几代人的国家记忆，给国人以强大的精神力量；另外，优秀运动员的经典赛事，同样也激发我们大学生的爱国豪情，如我国奥运六朝元老著名射击运动员王义夫，在参加 1996 年亚特兰大奥运会射击比赛时，身体发着高烧，但他还是强忍着坚持比赛，直到最后晕倒在赛场，最后仅以 0.1 环之差与金牌失之交臂获得了宝贵的银牌，着实让人泪目，令人为之动容；我国优秀运动队、运动员的经典故事还有很多，体育比赛以其外显的张力给人以强烈的震撼，易激发大学生的爱国豪情！

3.4 我国科学合理的体育制度成为培养高职大学生爱国主义精神的重要因素，在于大学生是体育制度的受益者

作为新时代大学生，充分享受了我国体育制度带给他们的体育权益[5]，1995 年《中华人民共和国体育法》的颁布与实施，使我国体育进入了依法治体的新阶段，确保了广大群众参加体育活动的权利；2002 年教育部关于印发《全国普通高等学校体育课程教学指导纲要》的通知（2002 年 8 月 6 日，教体艺〔2002〕13 号），明确了大学生受体育教育的权益；2007 年，中国中央、国务院颁布《关于加强青少年体育增强青少年体质的意见》，2009 年始全面实施《全民健身条例》；进入新时代，中共中央在 2016 年颁布了《健康中国 2030 规划纲要》、国务院办公厅发布了《关于强化学校体育，促进学生身心健康全面发展的意见》（国办发〔2016〕27 号）等一系列有关体育的法规和行动计划、意见，进一步强调了体育在促进人民群众和大学生身心健康方面的作用，明确了保证实施法规和制度的要求，充分体现了国家尊重和保障人的宪法精神。高职大学生亲身的体育受益经历，必然在内心产生深深的爱国之情。

3.5 中国先进的体育文化是培养高职大学生爱国主义精神

我国体育始终坚持以人民为中心的文化理念，尤其是进入新时代以来，坚持"健康第一"的体育观念，积极实施《全民健身计划》，大力倡导健康、科学、文明的体育生活方式；实施《体育强国建设纲要》（国办发〔2019〕40号），推动全民健身与全民健康相融合，满足生活对美好生活的向往；坚持竞技体育与群众、学校体育协同发展，坚持普及与提高相结合；大力弘扬"绿色、科技、人文"的奥运文化，注重体育发展与生态环境的协调发展和相互适应；始终把人民群众的健康放在首位，把体育作为改造人类自我的重要手段，充分彰显了以人民群众为中心的执政理念，深得大部分高职大学生的认同与拥护。

3.6 我国日益完善的体育场馆和设施从感观上激发高职大学生的爱国之情

随着我国举办奥运会、冬奥会、亚运会、全运会等国际、国内赛事的增多，按照国际、国内赛事的标准，我国体育场馆和设施的建设就日益完善，无论是 2008 年奥运会时建成的"北京鸟巢体育馆""水立方国家游泳中心"还是"折扇形国家体育馆"等标志性体育场馆，奥运会后都成为人们开展体育、娱乐的活动场所，既满足了人们日常体育锻炼的需要，更满足了人们的心理需求——曾经的奥运场馆；同样，现在在建的 2022 年冬奥会标志性场馆——国家速滑馆及杭州 2022 年亚运会场馆——"莲花碗"（目前中国第三大体育场馆），各种设施及配置的仪器、设备十分先进，令人羡慕。这些易从外在的感观上激发对大学生国家和民族的热爱。另外，随着《学校体育工作条例》的贯彻落实，大学体育的场馆和设施也得到了极大的改善，第六次全国体育场馆普查数据显示 [7]，2003—2013 年我国体育场馆在经济高速增长的背景下得到了快速发展，为大学生开展体育运动提供了可靠的场馆和设施保障。

4. 结论

4.1 体育培养高职大学生爱国主义精神的正影响率为 93.89%，对城市生源高职大学生、高职男大学生、独生子女高职大学生、二年级高职大学生及文科类高职大学生爱国主义精神培养的正影响率分别为 96%、93.6%、92.56%、

92.5%、90.36%；

4.2 体育对高职大学生爱国主义精神的培养总体上是得到了同学们的认可，但从类别上数理分析的结果表明是存在差异的；

4.3 体育促进高职大学生爱国主义精神养成的主要因素有：中华体育精神，我国近代奥运发展史，优秀体育团队、运动员的经典赛事，科学合理的体育制度和先进的体育文化，日益完善的体育设施等。

5．建议

5.1 以实践为特征的体育课程对高职大学生爱国主义精神的养成作用是显而易见的，坚持"以体育人"是对大学生进行隐性思政教育的重要手段方式，也是全课程育人的需要。

5.2 爱国主义精神教育要融入体育课程、进入体育课堂，真正成为培育高职大学生爱国主义精神教育的重要方式，针对目前高校体育以选项形式开展教学的现状，需要做好以下四个方面的工作：首先，体育教师要结合自身从事教学项目，进行爱国主义教育相关内容的深入挖掘及经典故事的梳理；其次，要认真分析中华体育精神的具体内涵并熟悉；再次，要认真了解我国近代奥运发展史，多掌握我国其他项目优秀运动员的经典赛事，便于在教学过程中能旁征博引，以丰富的爱国主义素材教育引导学生；第四，体育教师要以更宽广的视野多关注我国体育制度及文化的建设，要从实际事例中积极宣传我国体育制度的优越性和体育文化的先进性，坚定体育文化的自信。

5.3 高职大学生作为接受高等教育的人群，学校体育一直陪伴着他们的成长与成才，对体育功能的了解和认识已日渐趋于成熟，但如何在体育教育中把握适当的时机和环节，进行爱国主义精神元素的教育，一方面需要体育教师进行显性的理论阐述，另一方面又要结合体育实践在潜移默化中影响学生，提升体育教师思政教育能力是当前或今后一段时间需要加强的体育教学环节。

参考文献：

[1] 习近平在全国高校思想政治工作会议上强调：把思想政治工作贯穿教

育教学全过程，开创我国高等教育事业发展新局面 [N]. 人民日报，2016-12-09.

[2] 中共中央、国务院 . 新时代爱国主义教育实施纲要 [Z].2019-11-12.

[3] 何国民 . 应用统计学案例教程：以 SPSS 为计算工具 [M]. 华中科技出版社，2011.

[4]https://baike.so.com/doc/23304-24261.html.

[5] 国家体育总局编 . 新中国体育 70 年（综合卷）[M]. 北京：人民出版社，2019（9）：165-168.

[6] 黄莉 . 中华体育精神研究 [M]. 北京：北京体育大学出版社，2007（12）：49.

[7] 第六次全国体育场地普查数据公报 [N]. 中国体育报，2014-12-26(03).

第二节　体育培育新时代高职大学生诚信品质的
现状调查与分析

　　本节以文献资料法、问卷调查法、数理统计法、比较法，对体育培育新时代高职大学生诚信品质的现状进行了数理统计，体育对不同类别高职大学生诚信品质的影响、高职大学生对体育课程中不诚信现象的调查及体育影响高职大学生诚信品质养成的主要因素进行了分析。认为体育课程要坚持实践"促"诚、规律"炼"诚、榜样"引"诚、制度"立"诚、评价"奖"诚、习惯"养"诚。

引言

　　诚信作为我国社会主义核心价值观个人层面的价值准则之一，是每个社会个体的立身之基、为人之本，更是新时代大学生应有的内在品质。2016 年习近平总书记在全国高校思想政治工作会议上指出，高校必须要坚持立德树人，把思想政治教育工作贯穿教育教学全过程，实现全程育人、全方位育人；同时强调高校要坚持不懈地培育和弘扬社会主义核心价值观，引导广大师生做社会主义核心价值观的坚定信仰者、积极传播者、模范践行者[1]。立德树人是高校立身之本，也是每门课程教育的应有之义。体育作为公共基础课是高等教育的有机组成部分，对大学生的思想道德教育和社会主义核心价值观的培育，不仅是体育教育应有的题中之义，更有着其自身学科独特的作用。

　　在课程思政的大背景下，调查和分析体育课程对高职大学生诚信品质的养成作用，具有十分重要的现实和理论意义，这不仅有利于拓展大学生思想政治教育的载体与手段，同时，也为提升体育课程的育人质量提供基本参考与理论指导。

1. 研究对象和方法

1.1 研究对象

共有两份调查问卷，一份采取随机抽样的方法，以在杭高职大学生 400 人为研究样本，共发放问卷 400 份，回收 385 份，回收率为 96.25%，其中有效问卷为 360 份，有效率为 94.03%。另一份问卷在杭州下沙高教园区所属高职院校中采用随机小样本抽样的调查方法，进行为期一周的跟踪调查，共发问卷 50 份，回收 48 份，回收率为 96%，有效问卷 45 份，有效率为 93.75%。回收率和问卷有效率均满足统计学的要求。

1.2 研究方法

1）问卷调查法。对体育促进大学生诚信品质的影响调查采用 4 级量表法：很大、比较大、说不准、没有作用。

问卷的结构效度和内容效度：问卷的调查项目是在对体育、教育学、心理学相关文献研究综述的基础上，通过咨询多学科专家并结合大学体育精神的特点和大学生的实际情况，构建而成的调查问卷，各项指标经过多名专家的论证并经实践的检验，具有较高的效度。

问卷的信度：本研究采用"重测法"，在 1 个月内对 50 名高职大学生进行重测，得出相关系数 R = 0.903，P < 0.01，说明具有很高的可信度。

2）数理统计与分析方法（所有数据处理均由 spass19.0[2] 软件完成）。

3）专家咨询法。

4）文献资料法。

5）访谈法

2 体育培育高职大学生诚信品质的现状调查

2.1 诚信培育——体育教育应有的题中之义

《全国普通高等学校体育课程教学指导纲要》[3] 中明确了高校体育课程的五个基本目标，即运动参与目标、运动技能目标、身体健康目标、心理健康目标、社会适应目标，其中在社会适应目标中进一步明确了大学生要有良好的体育道德和合作精神，明确提出了要培养大学生的诚信品质。

2.2 体育对不同类别高职大学生诚信品质养成的现状调查

表 6-3　体育对不同类别高职大学生诚信品质养成的现状调查

类别		影响作用									卡方检验值	
		很大		比较大		一般		没有作用		合计	Chi-Square	P 值
		人数	%	人数	%	人数	%	人数	%	人数		
性别	男	136	63.55	60	28.04	16	7.48	2	0.93	214	4.86	0.028<0.05
	女	74	50.68	52	35.62	18	12.33	2	1.37	146		
	小计	210	58.33	112	31.11	34	9.44	4	1.12	360		
年级	一年级	102	51.00	72	36.00	24	12.00	2	1.00	200	12.13	0.01
	二年级	108	67.50	40	25.00	10	6.25	2	1.25	160		
	小计	210	58.33	112	31.11	34	9.44	4	1.12	360		
生源地	农村	116	56.31	66	32.04	20	9.71	4	1.94	206	2.43[1,2] 20.93[2,3] 14.27[1,3]	0.056 0.00<0.01 0.00<0.01
	城镇	56	53.85	36	34.61	12	11.54	0	0	104		
	城市	38	76.00	10	20.00	2	4.00	0	0	50		
	小计	210	58.33	112	31.11	34	9.44	4	1.12	360		
学科	理科	106	54.64	66	34.02	20	10.31	2	1.03	194	6.79	0.010<0.05
	文科	104	62.65	46	27.71	14	8.43	2	1.20	166		
	小计	210	58.33	112	31.11	34	9.44	4	1.12	360		
是否独生子女	独生子女	134	71.28	40	21.28	12	6.38	2	1.06	188	27.63	0.00<0.01
	非独生子	76	44.19	72	41.86	22	12.79	2	1.16	172		
	小计	210	58.33	112	31.11	34	9.44	4	1.12	360		

表 6-3 的统计数据表明，体育对高职大学生养成诚信品质的正影响率为 89.44%（在此把影响很大和比较大的占比之和称为正影响率，下同），有 10.56% 的学生认为体育对诚信品质的培养没有作用。体育对男大学生诚信品质的养成正影响率为 93.6%，而女生的正影响率为 86.3%。进一步的卡方分析显示，体育对男女大学生之间诚信品质养成的正影响存在显著性差异 (P<0.05)，对男生诚信品质的养成比女生的影响要大；

体育对一年级高职大学生诚信品质养成的正影响率为 87%，而对二年级高职大学生诚信品质养成的正影响率为 92.5%，且统计分析表明两者之间存在非常显著性差异（P<0.01）；

体育对城市高职大学生诚信品质养成的正影响率为 96%，对城镇高职大学生诚信品质养成的正影响率为 88.46%，对农村高职大学生的诚信品质培养的正影响率为 88.35%，数理分析表明，体育对城市高职大学生诚信品质的培养与城镇、农村高职大学生之间存在非常显著性差异（P<0.01），而城镇与农村高职大学生之间则不存在统计学意义的显著性差异；

体育对理科类高职大学生诚信品质养成的正影响率为 88.66%，对文科类高职大学生诚信品质养成的正影响率为 90.36%，且两者之间存在数理统计学上的显著性差异；

体育对独生子女高职大学生诚信品质养成的正影响率为 92.56%，对非独生子女大学生诚信品质养成的正影响率为 86.05%。

调查数据表明，体育对培养高职体育大学生诚信品质的作用得到了近 9 成同学的认同，对城市生源高职大学生诚信品质养成的正影响率达到 96%，对高职男生、独生子女高职生、二年级高职生及文科类高职大学生的正影响率均超过 90%。

2.2 高职大学生对体育课程中不诚信现象的现状调查

表 6-4　高职大学生对体育课程中不诚信现象的调查统计

不诚信现象	人数	百分比	排序
大学生没有按体育老师要求完成教学任务	193	53.61	1
体育测验、比赛、课外锻炼考勤时作弊	176	48.89	2
利用说谎体育课请假、迟到、早退等	165	45.83	3
教师自律与他律不一致	108	30.00	4
教学计划与实际教学完成不一致	86	23.89	5
日常教学与评价教学不一致	66	18.33	6
制度制订与执行不一致	53	14.72	7

问卷对高职大学生进行了体育课程中不诚信现象进行调查，分学生和教师两个层面。从学生层面讲主要存在三个方面的不诚信现象：首先，大学生没有按照老师的要求完成好体育教学的任务，在与部分学生座谈中我们也了解到，在课内外有部分学生对于体育老师安排的教学任务，尤其是需要自主练习完成的项目更是完成不到位，如耐力跑、单杠等有一定强度和难度的身体素质项目；其次，在体育测验、比赛及课外锻炼中存在作弊现象，常见的有在体育测

验中找人替考、违规、课外锻炼违纪，如找人代打卡或代跑，出现一个人跑步锻炼拿着多个手机（其他同学的）的现象等；第三，利用说谎体育课请假、迟到、早退等，有同学找各种借口、托词、编造各种理由请假，甚至找医生开具假病假证明，逃避体育课，女生也存在利用生理周期说事请假，躲避体育课等现象，不少学生以身体不适为由，拒绝参加一些大运动量和强度高的练习项目。

从教师层面看，高职大学生通过日常对体育课程的观察，认为以下几个方面存在不诚信的现象：首先，有同学认为少数教师存在自律与他律不一致的现象，如要求学生提前到课，而自己则存踩着铃声进行课堂的现象，要求学生在课上严格管控手机，而自己随意使用手机的现象等；其次，教学计划与实际教学完成不一致的现象，教师会因教学中的主客观原因，而不能顺利完成教学计划；第三，小部分同学发现，个别老师碰上教学评价课时，会表现出与日常教学巨大的反差，表现在课前的充分准备、学生的积极配合、时间的把握等方面，同学们理解评价教学课对教师的重要性，但如此巨大的反差，觉得作为教师并不合适，日常教学也应坚持认真、规范；第四，制度的执行不到位，如对违纪学生的处罚，存在雷声大雨点小的现象，存在怕丢分的心理，目前不少学校存在生评教的环节；个别教师也存在与学生搞关系、套近乎的现象。

3. 体育培育高职大学生诚信品质的主要影响因素

表 6-5　体育促进高职大学生诚信品质主要因素的调查统计

促进因素	人数	有效百分比	排序
体育课程的实践性（知行合一）	303	84.17	1
体育技能形成规律和体质增强规律	286	79.44	2
体育教师的诚信自律	276	76.67	3
体育运动项目的基本规则	267	74.17	4
自我锻炼体育的习惯	259	71.94	5
体育测试的规范要求	251	69.72	6
体育课堂常规与课外体育锻炼制度等	248	68.89	7
体育同伴的诚信言行	243	67.50	8
体育竞赛中运动员和裁判的诚信言行	239	66.39	9

通过多选项调查统计数据显示，体育以其自身的特点和要求对高职大学生的诚信品质的培育有着积极影响，排位前 5 个因素的选择人数均超过了 70%，依据以上数据及影响因子，我们认为在高校体育教学中应坚持以下几个方面来培养大学生的诚信品质。

3.1 体育实践"促"诚

体育课程以实践活动为主，充分体现了知行合一的道德实践特点，以体育实践"促进"大学生诚信品质是体育学科的最大优势，道德知识并不等于道德品质，只有经过道德实践的道德知识并被道德主体所接受和认同，才能真正内化于心、外化于行，成为真正的道德品质，体育课程的实践性是促进大学生诚信品质的最大优势和特点。

3.2 体育技能形成规律和体质增强规律"炼"诚

体育是以掌握和运用运动技术、技能为主要特点的学科，要熟练掌握、运用好运动技术、技能，必须要遵守技能形成规律，要经过泛化、固化及自动化等阶段的学习过程，来不得投机取巧，必须经过勤奋的持续练习，才能达到熟练掌握运动技术、技能的目标；大学生自身体质的增强需要符合超量恢复的运行规律，才能不断提高体能与体质，在这些规律面前大学生没有诚信品质，没有踏踏实实的练习与锻炼不可能熟练地掌握运动技术、技能及增强体质。体育运动技术技能的形成规律和体质健康增进规律，要求大学生践行"知行合一"的诚信品质，这是体育运动自身内在的规律要求。

3.3 师生诚信榜样"引"诚

教师作为教学活动的实施者和组织者，其本身的诚信品质，对大学生道德品质的养成具有十分重要的影响作用，教师良好的诚信品质是大学生学习的榜样，教师对大学生的一诺千金、言出必行等诚信品质，会潜移默化地引领大学生的诚信品质；同样，拥有良好诚信品质的大学生同伴，对于身边的大学生引领也是十分重要和必要的，往往朋辈的影响会远超其他人的影响[4]，因为朋辈之间的年龄、经历、认知都非常相似、相近，他们之间有着许多的共同话语及较大的可比性，朋辈互助是促进大学生诚信品质的重要途径。因此，师生良好的诚信言行会积极引领大学生塑造良好的诚信品质。

3.4 体育规则、制度"立"诚

进行体育竞赛是体育课程的一个重要内容和特点，每项体育竞赛都有其自身的规则，以"公平、公正、公开"为基本遵循的体育规则，要求大学生必须以诚参赛，以诚竞技，倡导规则面前人人平等，加强裁判员对比赛的公正执法和监督，对于违反比赛规则的学生一定要以严厉的惩罚，通过体育规则对大学生诚信品质的养成是一个非常有效的措施；

3.5 体育成绩评价"奖"诚

体育课堂的规章制度、教学评价标准，同样对大学生的诚信品质塑造有着十分重要的激励作用，诚信品质不仅仅是对大学生道德层面的约束，也是大学生体育课成绩评价内容的一个考核指标。对于体育课程教学、竞赛及课外锻炼中的诚信行为要进行表扬和奖励，积极倡导把诚信、合作、互助等良好道德素质的考核，作为体育成绩评价的有机组成部分，既要给学生精神上的鼓励，还要给他们以一定的成绩肯定，以营造良好的、利于大学生诚信品质养成的教学氛围。

3.6 体育习惯"养"诚

体育课程坚持以"健康第一"理念为指导思想，从课程设置上是陪伴学生时间最长的课程，从小学到大学一路相随，守护并增进大学生的健康，如今随着课内外一体化的体育锻炼理念不断深入，更需要大学生把体育锻炼成为日常生活的一种习惯，随着"互联网+"技术的快速发展，利用 App 平台进行体育锻炼成为一种新的体育锻炼模式，在做好诚信锻炼广泛舆论宣传的同时，良好的自我自律体育锻炼习惯已成为培养和检验大学生诚信品质的一种方法和手段。

4. 结论

4.1 体育对高职大学生诚信品质的正影响率为 89.44%，对城市生源高职大学生、高职男大学生、独生子女高职大学生、二年级高职大学生及文科类高职大学生诚信品质养成的正影响率分别为 96%、93.6%、92.56%、92.5%、90.36%

4.2 调查显示目前体育课程中学生存在三个方面的不诚信现象：不诚信完

成体育教学任务，不诚信参加体育测验、比赛，不诚信请假等；教师方面存在四个方面不诚信的现象：自律与他律不一致、教学计划与实际完成不一致、评价教学与日常教学不一致、制度执行不到位等；

4.3 体育促进高职大学生诚信品质养成的影响因素依次为体育课程的实践性、体育技能形成规律和体质增强规律、体育教师的诚信自律、体育运动项目的基本规则要求、自我体育锻炼习惯等。

5．建议

5.1 以实践为特征的体育课程对高职大学生诚信品质养成的作用是显而易见的，得到了近 9 成学生的高度认可，坚持体育运动的特点对大学生开展隐性思政教育是体育课程育人的重要方式；

5.2 针对体育课程中学生不诚信的现象，要预防为先，及时加强引导、教导、劝导与督导，在思想上积极倡导诚信教育、诚信意识，同时要建章立制，规范运行；尽管只有少数学生对教师反映不诚信的现象，但应引起教师自身的关注和相关部门的高度重视，教师要以身作则，严以律己，做到有则改之，无则加勉，以确保立德树人，教书育人，发挥好体育育人的作用。

5.3 体育课程要坚持"健康第一""课内外一体化"的育人理念，发挥好体育课堂的主渠道作用，课外体育竞赛和体育锻炼的协同作用，利用好各类体育社团，认真开展大学生诚信品质的培育和自我教育，坚持实践"促"诚、规律"炼"诚、榜样"引"诚、制度"立"诚、评价"奖"诚、习惯"养"诚，以达到健体育心立德铸魂。

参考文献：

[1] 习近平在全国高校思想政治工作会议上强调：把思想政治工作贯穿教育教学全过程，开创我国高等教育事业发展新局面 [N]. 人民日报，2016-12-09.

[2] 何国民. 应用统计学案例教程：以 SPSS 为计算工具 [M]. 武汉：华中科技出版社，2011.

[3] 全国普通高等学校体育课程教学指导纲要 [Z]. 教体艺〔2002〕13 号，

2002.

[4] 钱利安，熊秀兰. 朋辈文化塑造品质学子研究 [M]. 北京：九州出版社，2020.

第三节　课程思政视阈下体育培养大学生意志品质的调查分析

本节主要以文献资料法、逻辑归纳法，从意志品质的特性要素出发，简述了体育培养大学生意志品质的基本优势，即体育学科运动技能形规律等客观性要求有利于培养大学生持之以恒的意志品质，具体体现为体育课程目标有利于培养大学生的积极进取意识，体育的超越性文化有利于培养大学生敢于挑战困难的自觉性，体育的生理负荷性特点有利于培养大学生艰苦奋斗的自制性，体育的竞技性特点有利于培养大学生顽强拼搏的果断性。以问卷调查、数理统计和比较研究等方法，对体育培养大学生意志品质的影响现状进行了调查，探析了体育在培养大学生意志品质中的实然作用。

引言

思想政治教育关系到培养什么人、为谁培养人和如何培养人的问题，事关育人的方向，事关学生是否能成为中国特色社会主义合格建设者和可靠接班人，事关我国"两个一百年"奋斗目标的实现和中华民族的伟大复兴。习近平总书记在 2016 年的全国思想宣传工作会议上强调指出 [1]，要坚持立德树人，要把思想政治教育工作贯穿教育教学全过程，实现全程育人，全方位育人；如今中国已经进入新时代，做好高校思想政治工作，要因事而化、因时而进、因势而新。不仅要遵循思想政治工作规律，更要遵循教书育人规律和学生成长规律，以不断提高工作能力和水平。习近平总书记说："要用好课堂教学这个主渠道，思想政治理论课要坚持在改进中加强，提升思想政治教育亲和力和针对性，满足学生成长发展需求和期待，其他各门课都要守好一段渠、种好责任田，使各类课程与思想政治理论课同向同行，形成协同效应。"因此，课程承载思政教育已成为每一门课程进行育人的重要理念和教学思想，也是教书育人的现实需要，更是学生成长的迫切需要；心理品质作为思想品德教育的一个重要内容，已越来越引起人们的重视和关注，体育是高等教育的重要内容，蕴含着丰富的育人资源，对提升大学生的心理品质和道德品质等都有着独特的作用，国务院办公厅于 2016 年颁布国办发〔2016〕27 号《关于强化学校体育，促进学生身心健康全面发展的意见》，其中在工作目标中强调："学生体育锻炼习惯基本养成，运动技能和体质健康水平明显提升，规则意识、合作精神和意志品质显著增强。"结合课程思政的教育理念，培养大学生良好的意志品质已然是学校体育的一个重要目标和任务，需要认真研究和调查分析、精心落实。

1. 研究对象和方法

1.1 研究对象

共有两份调查问卷，一份采取随机抽样的方法，以浙江省在校高校大学生 550 人为研究样本，共发放问卷 550 份，回收 524 份，回收率为 95.27%，其中有效问卷为 502 份，有效率为 95.8%。另一份问卷在杭州下沙高教园区所属高职院校中采用随机小样本抽样的调查方法，进行为期一周的跟踪调查，共发问卷 60 份，回收 55 份，回收率为 91.67%，有效问卷 50 份，有效率为 90.9%。回收率和问卷有效率均满足统计学的要求。

1.2 研究方法

1）问卷调查法。对体育培养大学生意志品质的影响调查采用 5 级量表法：非常大、比较大、说不准、基本没有、完全没有。

问卷的结构效度和内容效度：问卷的测验项目是在对体育精神相关文献研究综述的基础上，通过咨询多学科专家并结合大学体育精神的特点和大学生的实际情况，构建而成的调查问卷，各项指标经过多名专家的论证并经实践的检验，具有较高的效度。

问卷的信度：本研究采用"重测法"，在 1 个月内对 50 名高职大学生进行重测，得出相关系数 $R = 0.898$，$P < 0.01$，说明具有很高的可信度。

2）数理统计与分析方法（所有数据处理均由 spass19.0[3] 软件完成）。

3）专家咨询法。

4）文献资料法。

5）访谈法。

2. 意志和意志品质

2.1 意志的概念

意志是人类特有的心理品质，是人的主动性和积极性的充分表现。所谓意志 [3] 是人自觉地确定目标，并以此来支配、调节自己的行动，克服困难去实现目标的心理过程。

2.2 意志品质的基本内涵和要素

意志品质 [4] 是人在日常生活中形成的稳定的意志特征。意志品质具体表现为自觉性、自制性、果断性和坚持性四个方面。①自觉性是指个体对自身行动的目的和动机有清晰而深刻的认知，并能以正确的信念和世界观调节支配自我，坚持原则和规范，使行动达到既定目标的品质，自觉性是个体坚定信仰和立场的反映，是意志产生的源泉；②自制性是指个体自觉控制和调节自我思想情感及行为的品质，自制性强是人关于控制人的情感，理性地支配自己的行为，往往是取得成功的重要条件；③果断性是个体意志敏锐的具体表现，是在复杂情境下，善于明辨是非，把握机遇及时处理问题的品质，果断性以深思熟虑和勇敢为基础，与当机立断和深谋远虑相结合的品质；④坚持性是指以顽强的精神，坚强的毅力，百折不挠地去完成目标的品质，不畏艰难、满怀信心、持之以恒是坚持性的明显特点。

3. 体育培养大学生意志品质的基本分析

体育是人类为适应社会和自然，以身体练习为基本手段而自觉地改善自我身心和开发自身潜能的社会实践活动 [5]。结合意志和意志品质的基本特性，我们从体育课程的基本特点来分析，体育在培养大学生意志品质中有着自身学科的优势，具体体现为培养积极进取精神，培养大学生敢于挑战困难的自觉性、敢于艰苦奋斗的自制性和敢于胜利的顽强拼搏精神。

3.1 体育学科运动技能形成规律等客观性要求，有利于培养大学生持之以恒的意志品质

首先，体育作为以学习一门技术动作和增强体能为特征的课程，需要遵循技能形成规律和体能增强规律，而这些都是需要一个客观的学习和练习过程的，若半途而废了，则就不可能达到掌握体育运动技能和增强体质的目标；其次，体育作为人类竞技的一种形式，输赢轻而易见，而且冠军只有一个，面对各种各样的挫折与失败，只有始终不放弃、执着地对认定目标进行追求与拼搏，才会有进步、提升、突破自我的可能；第三，体育运动项目本身要求大学生在参与中学会坚持，如长距离跑、90 分钟的足球赛等，在对抗中、身心俱惫的情况下坚持到最后。

3.2 "健康第一"思想指导下明确的体育课程目标，有利于培养大学生意志品质的积极进取意识

"健康第一"是学校体育的指导思想，教育部关于印发《全国普通高等学校体育课程教学指导纲要》中（2002 年 8 月 6 日 教体艺〔2002〕13 号），明确提出了高校体育课程的目标与任务，即运动参与目标、运动技能目标、身体健康目标、心理健康目标和社会适应目标。作为每个参与体育课程的大学生都必须为实现以上课程目标而努力，通过体育课程的教学的具体要求和完善的课外体育锻炼制度的激励及丰富的体育赛事等，均有利于培养大学生参加体育锻炼的积极进取意识。

3.3 体育的超越性文化，有利于培养大学生敢于挑战困难的自觉性

体育不仅是人类增强自身体质与促进健康的重要手段，在精神层面上体育所崇尚的是"更快、更高、更强"的奥运超越精神，因此，在一定的体育规则面前应对自然、环境及竞争对手给自我生理、心理与精神极限进行考验时，能培养大学生敢于挑战遇到困难而表现出来的大无畏担当精神品质，敢于挑战困难是良好意志品质的内在要求，也是良好意志品质所必备的重要条件。

3.4 体育的生理负荷性特点，有利于培养大学生艰苦奋斗的自制性

体育作为以身体练习为基本手段的技艺性学科，其特点之一就是要承受运

动的生理负荷，要付出较大的体力、体能来学习运动技术、掌握运动技能，所谓的冬练三九夏练三伏，就是在各种恶劣气候、环境条件下，开展体育锻炼的情形，这是体现良好意志品质的积极行为和可贵品质，这是由体育学科自身特点所决定的，有利于培养大学生的自制性和自律性。

3.5 体育的竞技性特点，有利于培养大学生敢于胜利、勇于顽强拼搏的果断性

公平竞争是体育的一个特点，无论是与同伴进行竞争，还是与自己进行比较，要想在体育成绩和运动水平上有进步、有提高、战胜对手与自我，都离不开顽强拼搏的品性。顽强拼搏是指人们在运动过程中不断地超越，包括超越自我与他人，努力发挥自身的潜在能量（身体、心理、技术、技能等），尤其是在复杂环境下果敢地做出正确的判断——技战术及基本的动作等的运用，以争取更快、更高、更强，达到自己理想的目标，以体现人类自我存在价值的心理品质，这也是奥林匹克精神中的重要精髓之一。

根据以上简要的分析，我们对不同类别大学生围绕上述意志品质的五个方面进行抽象调查，以深入了解体育培养大学生意志品质的基本现状。

4. 体育培养大学生意志品质的调查与分析

4.1 体育培养大学生意志品质的现状调查

表 6-6　体育培养大学生意志品质的调查统计

类别		影响水平										卡方检验值	
		非常大		比较大		一般		不太大		完全没有		合计	Chi-Square	P 值
		人数	%	人数	%	人数	%	人数	%	人数	%	人数		
性别	男	88	59.46	40	27.03	16	10.81	2	1.35	2	1.35	148	20.42	000<0.01
	女	122	34.46	166	46.89	54	15.25	8	2.26	4	1.13	354		
	小计	210	41.83	206	41.04	70	13.94	10	1.99	6	1.20	502		
年级	一年级	88	46.32	72	37.90	20	10.53	6	3.16	4	2.10	190	1.79	0.18
	二年级	122	39.10	134	42.95	50	16.03	4	1.28	2	0.64	312		
	小计	210	41.83	206	41.04	70	13.94	10	1.99	6	1.20	502		

（续表）

生源地	农村	144	43.64	142	43.03	38	11.52	2	0.61	4	1.21	330	15.57[1,2] 18.13[2,3] 6.66[1,3]	0.00<0.01
	城镇	38	29.23	54	41.54	28	21.54	8	6.15	2	1.54	130		
	城市	28	66.67	10	23.81	4	9.52	0	0	0	0	42		
	小计	210	41.83	206	41.04	70	13.94	10	1.99	6	1.20	502		
学科	理科	100	47.17	78	36.79	28	13.21	6	2.83	0	0	212	3.37	0.07
	文科	110	37.93	128	44.14	42	14.48	4	1.38	6	2.07	290		
	小计	210	41.83	206	41.04	70	13.94	10	1.99	6	1.20	502		
是否独生子女	独生子女	86	47.78	68	37.78	22	12.22	2	1.11	2	1.11	180	4.23	0.040<0.05
	非独生子	124	38.51	138	42.86	48	14.91	8	2.48	4	1.24	322		
	小计	210	41.83	206	41.04	70	13.94	10	1.99	6	1.20	502		

注：1代表农村，2代表城镇，3代表城市，以下同

体育在崇尚"更快、更高、更强"奥运超越精神的同时，我们也积极提倡"重在参与""参与比获胜更重要"的价值理念，尤其是大众体育，旨在培养人的积极参与精神，培养人不放弃，坚持到底的意志品质，因为体育精神是可以迁移到其他领域的，人类社会的发展最基本的要求是积极执着地去参与、去追求，去不断地努力才有实现自己目标的可能与希望[6]，但体育作为一个改造人类自我的手段，技能的掌握、健康的维护需要循序渐进和持之以恒，这是体育运动技能形成规律和运动生理规律所决定的；另外作为一种竞技手段，无论是哪个竞赛、哪种比赛，输赢是显而易见的，很多时候比赛就在一瞬间完成，且往往冠军只有一个，如何正确认识和对待遇到的失败与挫折，在失败与挫折面前是否能寻求好的改进办法与途径再执着地坚持下去，超越自我，这就体现出意志品质的真正内涵，面对失败与挫折敢于正视，冷静分析且积极应对，勇往直前、不放弃才是良好意志品质所倡导的价值理念，这也是人们追求体育精神的重要价值所在。表6-6是体育对培养大学生意志品质的影响情况，总体的正影响率为82.87%（以非常大和比较大的和称作正影响率），不同类别大学生中城市学生、农村学生、男生的影响率位居前三，分别是90.48%、86.66%、86.49%，而对城镇学生的正影响率最低为70.77%；卡方分析的数据告诉我们，男女生之间、不同地区学生、独生子女与非独生子女之间体育对培养意志

品质的正影响上存在统计学意义上的非常显著性差异 (P<0.01) 和显著性差异 (P<0.05)，男生和城市、农村学生及独生子女的影响水平要高于女生和城镇学生及非独生子女，而其余不同类别大学生之间则不存在数理统计上的差异。

4.2 体育培养大学生意志品质之积极进取精神的现状调查

表 6-7　体育培养大学生意志品质之积极进取精神的调查统计

类别		影响水平										合计	卡方检验值	
		非常大		比较大		一般		不太大		完全没有			Chi-Square	P 值
		人数	%	人数	%	人数	%	人数	%	人数	%	人数		
性别	男	84	56.76	50	33.78	12	8.11	0	0	2	1.35	148	17.55	000<0.01
	女	128	36.16	166	46.89	56	15.82	4	1.13	0	0	354		
	小计	212	42.23	216	43.03	68	13.55	4	0.80	2	0.40	502		
年级	一年级	96	50.53	72	37.89	20	10.53	0	0	2	1.05	190	8.555	0.003<0.05
	二年级	116	37.18	144	46.15	48	15.38	4	1.28	0	0	312		
	小计	212	42.23	216	43.03	68	13.55	4	0.80	2	0.40	502		
生源地	农村	140	42.42	144	43.64	44	13.33	2	0.61	0	0	330	0.074[1,2] 0.54[2,3] 0.517[1,3]	0.79 0.82 0.472
	城镇	56	43.08	52	40.00	18	13.85	2	1.54	2	1.54	130		
	城市	16	39.10	20	47.62	6	14.29	0	0	0	0	42		
	小计	212	42.23	216	43.03	68	13.55	4	0.80	2	0.40	502		
学科	理科	98	46.23	92	43.40	18	8.49	2	0.94	2	0.94	212	4.34	0.037<0.05
	文科	114	39.31	124	42.76	50	17.24	2	0.69	0	0	290		
	小计	212	42.23	216	43.03	68	13.55	4	0.80	2	0.40	502		
是否独生子女	独生子女	88	48.89	72	40.00	16	8.89	2	1.11	2	1.11	180	5.721	0.017<0.05
	非独生子	124	38.51	144	44.72	52	16.15	2	0.62	0	0	322		
	小计	212	42.23	216	43.03	68	13.55	4	0.80	2	0.40	502		

　　人作为万物之首区别于其他生物，主要在于人具有主观能动性，能用正确的思想、理论来武装人类自身的头脑，提升人类改造自然、改造社会乃至改造人类自身的能力，而人类历史的进步并不是作为理论概念的历史还是存在的历史自身的进步，本质上她是人们自身思想与认知水平的提高 [7]。良好的意志品质是人类创造历史，开拓进取的重要个性品质，它其中所蕴含的积极进取精神是人类主观能动性的充分体现，也是人们不断走向更高级社会形态必要的主观条件，更是指导人们成就学习、工作、生活取得成功的精神力量。人类持之以

恒地开展各项活动，坚持顽强拼搏，超越自我，无不受到积极进取精神的支撑。体育课程作为特殊的教育手段，其有自身的教育教学目标和要求，无论其所追求的精神实质——超越精神，还是其所采用的方式手段——公平竞争，均能培养大学生的积极进取精神。表 6-7 的统计数据表明，体育对培养大学生积极进取精神的正影响率为 85.26%，不同类别大学生中，男生、独生子女和一年级学生的正影响率位居前三，分别是 90.54%、88.89%、88.42%，而对女生的正影响率最低为 83.05%；卡方分析的数据告诉我们，男女生、不同年级学生、不同学科学生及独生子女与非独生子女学生之间对体育培养积极进取精神的影响上存在统计学意义上的非常显著性差异($P<0.01$)和显著性差异($P<0.05$)，男生、一年级学生、理科生及独生子女的正影响率要高于女生、二年级学生、文科生及非独生子女，而不同生源地的大学生之间则不存在数理统计上的差异。

4.3 体育培养大学生意志品质之挑战困难精神的现状调查

表 6-8　体育培养大学生意志品质之挑战困难精神的调查统计

类别		影响水平										卡方检验值	
		非常大		比较大		一般		不太大		完全没有		合计	Chi-Square	P 值
		人数	%	人数	%	人数	%	人数	%	人数	%	人数		
性别	男	78	52.70	60	40.54	8	5.41	2	1.35	0	0	148	15.46	000<0.01
	女	132	37.29	152	42.94	58	16.38	10	2.82	2	0.56	354		
	小计	210	41.83	212	42.23	66	13.15	12	2.39	2	0.4	502		
年级	一年级	92	48.42	70	36.84	24	12.63	4	2.11	0	0	190	4.31	0.038<0.05
	二年级	118	37.82	142	45.51	42	13.46	8	2.56	2	0.4	312		
	小计	210	41.83	212	42.23	66	13.15	12	2.39	2	0.4	502		
生源地	农村	146	44.24	128	38.79	48	14.55	8	2.42	0	0	330	1.56[1,2] 1.97[2,3] 0.14[1,3]	0.21 0.37 0.71
	城镇	46	35.38	64	49.23	14	10.77	4	3.08	2	1.54	130		
	城市	18	42.86	20	47.62	4	9.52	0	0	0	0	42		
	小计	210	41.83	212	42.23	66	13.15	12	2.39	2	0.4	502		
学科	理科	100	47.17	80	37.74	28	13.21	4	1.89	0	0	212	3.37	0.06
	文科	110	37.93	132	45.52	38	13.10	8	2.76	2	0.7	290		
	小计	210	41.83	212	42.23	66	13.15	12	2.39	2	0.4	502		

（续表）

是否独生子女		人数	%	人数	%	人数	%	人数	%	人数	%	人数	Chi-Square	P值
是否独生子女	独生子女	82	45.56	78	43.33	14	7.78	4	2.22	2	1.11	180	3.21	0.073
是否独生子女	非独生子女	128	39.75	134	41.61	52	16.15	8	2.48	0	0	322	3.21	0.073
是否独生子女	小计	210	41.83	212	42.23	66	13.15	12	2.39	2	0.4	502	3.21	0.073

意志品质的内涵是非常丰富的，我们认为敢于挑战困难的精神是良好意志品质的重要条件，没有敢于同困难做抗争的态度与决心，意志品质无从谈起，挑战困难精神是人类追求进步顽强不屈的充分体现[8]。体育对大学生意识品质中挑战困难精神的培养在于其实践性，在于运动环境及气候等带给人生理上需要确克服的困难，为掌握体育运动技能而反复练习带来的枯燥、体育竞赛和体育测试等带来心理上的困难，表6-8的调查数据表明，大学生对体育培养意志品质之挑战困难精神的正影响率为84.06%，不同类别大学生中，男生、城市的学生和独生子女的正影响率位居前三，分别是93.25%、90.48%、88.89%，而女生的正影响率最低为80.23%；卡方分析的数据告诉我们，男女生之间、不同年级学生之间对体育培养挑战困难精神的正影响上存在统计学意义上的非常显著性差异 (P<0.01) 和显著性差异 (P<0.05)，男生和一年级学生的正影响率要高于女生和二年级的学生，而其余不同类别大学生之间则不存在数理统计上的差异。

4.4 体育培养大学生意志品质之艰苦奋斗精神的现状调查

表 6-9　体育培养大学生意志品质之艰苦奋斗精神的调查统计

类别		影响水平											卡方检验值	
类别		非常大		比较大		一般		不太大		完全没有		合计	Chi-Square	P值
类别		人数	%	人数	%	人数	%	人数	%	人数	%	人数	Chi-Square	P值
性别	男	82	55.41	42	28.38	20	13.51	4	2.70	0	0	148	21.08	000<0.01
性别	女	108	30.51	160	45.20	76	21.47	8	2.26	2	0.56	354	21.08	000<0.01
性别	小计	190	37.85	202	40.24	96	19.12	12	2.39	2	0.4	502	21.08	000<0.01
年级	一年级	80	42.11	70	36.84	32	16.84	6	3.16	2	1.05	190	1.29	0.26
年级	二年级	110	35.26	132	42.31	64	20.51	6	1.92	0	0	312	1.29	0.26
年级	小计	190	37.85	202	40.24	96	19.12	12	2.39	2	0.4	502	1.29	0.26

（续表）

生源地	农村	130	39.39	138	41.82	52	15.76	8	2.42	2	0.61	330	$2.45^{1,2}$	0.12
	城镇	44	33.85	52	40.00	30	23.08	4	3.08	0	0	130	$2.98^{2,3}$	0.23
	城市	16	38.10	12	28.57	14	33.33	0	0	0	0	42	$1.01^{1,3}$	0.32
	小计	190	37.85	202	40.24	96	19.12	12	2.39	2	0.4	502		
学科	理科	68	32.08	88	41.51	52	34.53	2	0.94	2	0.94	212	6.17	0.013<0.05
	文科	122	42.07	114	39.31	44	20.75	10	3.45	0	0	290		
	小计	190	37.85	202	40.24	96	19.12	12	2.39	2	0.4	502		
是否独生子女	独生子女	80	44.44	68	37.78	28	15.56	4	2.22	0	0	180	5.76	0.016
	非独生子	110	34.16	134	41.61	68	21.12	8	2.48	2	0.62	322		
	小计	190	37.85	202	40.24	96	19.12	12	2.39	2	0.4	502		

体育是以身体练习为主要手段的教育，受教育者必须承受一定量的生理负荷和运动强度，尤其是要取得成绩的进步与提高、娴熟地掌握运动技能、在竞争中获胜，必须付出艰苦的努力，消耗大量的体能与精力，要有不怕吃苦的精神，才能克服因体能的持续付出而带给生理上的难受和心理上的紧张与恐惧，这是由体育运动的实践性所决定的。在自动化、机械化、互联网空前发达的今天，体育成了唯一一个苦大学生筋骨、劳大学生心志、提升大学生体能素质的教育手段，培养大学生吃苦耐劳品质的一个重要途径。表 6-9 是体育对培养大学生艰苦奋斗吃苦精神的影响情况，总体的正影响率为 78.09%，不同类别大学生中男生、独生子女、文科生的正影响率位居前三，分别是 83.79%、82.22%、81.38%，而对城市学生的正影响率最低为 66.67%；卡方分析的数据告诉我们，男女生之间、不同学科学生之间在对体育培养艰苦奋斗精神的正影响率上存在着统计学意义上的非常显著性差异(P<0.01) 和显著性差异(P<0.05)，男生和文科学生的正影响率均要高于女生和理科学生，而其余不同类别大学生之间则不存在数理统计上的显著性差异。

4.5 体育培养大学生意志品质之顽强拼搏精神的现状调查

表 6-10　体育培养大学生意志品质之顽强拼搏精神的调查统计

类别		影响水平										卡方检验值	
		非常大		比较大		一般		不太大		完全没有		合计	Chi-Square	P 值
		人数	%	人数	%	人数	%	人数	%	人数	%	人数		
性别	男	90	60.81	44	29.73	10	6.76	4	2.70	0	0	148	18.56	000
	女	130	36.72	188	53.11	28	7.91	8	2.26	0	0	354		
	小计	220	43.83	232	46.22	38	17.57	12	2.39	0	0	502		
年级	一年级	90	47.37	76	40.00	20	10.53	4	2.11	0	0	190	0.36	0.551
	二年级	130	41.67	156	50.00	18	5.77	8	2.56	0	0	312		
	小计	220	43.83	232	46.22	38	17.57	12	2.39	0	0	502		
生源地	农村	154	46.67	144	43.64	22	6.67	10	3.03	0	0	330	5.00[1,2] 4.47[2,3] 0.502[1,3] 注	0.025 0.035 0.479
	城镇	46	35.38	68	52.31	14	10.77	2	1.54	0	0	130		
	城市	20	47.62	20	47.62	2	4.76	0	0	0	0	42		
	小计	220	43.83	232	46.22	38	17.57	12	2.39	0	0	502		
学科	理科	88	41.51	106	50.00	14	6.60	4	1.89	0	0	212	0.21	0.65
	文科	132	45.52	126	43.45	24	8.28	8	2.76	0	0	290		
	小计	220	43.83	232	46.22	38	17.57	12	2.39	0	0	502		
是否独生子女	独生子女	84	46.67	80	44.44	12	6.67	4	2.22	0	0	180	1.022	0.312
	非独生子	136	42.24	152	47.20	26	8.08	8	2.48	0	0	322		
	小计	220	43.83	232	46.22	38	17.57	12	2.39	0	0	502		

　　体育的竞技性特点，体育所倡导的"更快、更高、更强"的奥运文化，很大程度上会激励好用心强的大学生敢于追求进步，敢于拼搏的精神品质，表 5 的统计数据表明，大学生对体育培养顽强拼搏精神的正影响率为 90.05%，有 2.39% 的学生不太认可体育对顽强拼搏精神的培养，数理统计分析得出，大学生认为体育对培养他们的顽强拼搏精神有着积极作用，而从不同类别大学生的影响现状深入分析，则在男女大学生之间，农村与城镇、城镇与城市间的大学生之间存在统计学意义上的非常显著性差异 (P<0.01) 和显著性差异 (P<0.05)，男生的正影响率高于女生，农村和城市的大学生在"非常大"的级别上远高于

城镇大学生，其余类别的大学生之间不存在统计学意义上的差异。令人欣慰的是，没有一个大学生完全否定体育在培养大学生顽强拼搏精神中的作用，这是对学校长期坚持体育教育教学的最大肯定。从类别上看，体育对城市大学生、二年级大学生和文科类大学生培养顽强拼搏精神的正影响排在前三位。

5. 结论

5.1 分析认为体育对大学生意志品质的内在要素的培养主要在于积极进取精神、挑战困难精神、艰苦奋斗精神和顽强拼搏精神。

5.2 体育对培养大学生意志品质的总体正影响率为 82.87%，不同类别大学生中城市学生、农村学生、男生的影响率位居前三，分别是分别是 90.48%、86.66%、86.49%，男女生之间、不同地区学生、独生子女与非独生子女之间体育对培养意志品质的正影响上存在统计学意义上的非常显著性差异 (P<0.01) 和显著性差异 (P<0.05)。

5.3 数理统计数据显示，体育对培养大学生意志品质四个内在要素的影响情况，按正影响率的排序分别为顽强拼搏精神 90.05%，前三位是城市大学生、二年级大学生和文科类大学生；积极进取精神 85.26%，对男生、独生子女和一年级学生的正影响率居前三位；挑战困难精神为 84.06%，对男生、城市的学生和独生子女的正影响率居前三位；艰苦奋斗精神占 78.09%，对男生、独生子女、文科生的正影响率位列前三；只有艰苦奋斗精神对学生的正影响率低于对意志品质总体的正影响 82.87% 的水平。

5.4 数理统计分析表明，体育对培养男女生意志品质的影响上，还是对意志品质四个内在因子的影响上均存在非常显著性差异，且表现为对男生的正影响率水平均高于女生。

5.5 其余不同类别大学生之间虽有少数类别的大学生之间在意志品质个别内在因素的影响上存在显著性差异，但并不存在一定的相关性。

6. 思考与建议

6.1 体育对培养大学生意志品质中顽强拼搏精神的正影响率要远高于其他几个要素，说明体育的竞技文化和奥运"更快、更高、更强"的文化对大学生有着较大的影响，在体育教育教学中应用好竞赛的方法与手段对于培养大学生的意志品质十分重要。

6.2 体育对培养男女大学生意志品质的影响是存在数理统计意义上的差异的，需要在体育教育内容与手段、评价上进行深入思考与研究，以提升体育对培养女生意志品质的促进作用。

6.3 从体育对培养大学生意志品质中四个内在要素的影响水平来分析，如今的体育对大学生艰苦奋斗精神的培养却相对较弱，需要从体育教育理念上来重新思考与梳理，是否我们的体育被休闲化、娱乐化、快乐化了？为什么在机械化、自动化程度日益提高、互联网十分发达的当今社会，作为唯一一门需要付出一定体能的课程却在艰苦奋斗精神的培养上并没有得到更多同学的认可，值得深刻反思与研究，尤其是在倡导劳动光荣传统的时代背景下，培养大学生的艰苦奋斗精神显得更加具有时代意义和价值，尽管体育不能替代劳动，但在生理负荷、技能掌握上有着一定的相通性。思考一：培养目标上体育不仅是锻炼身体还要铸就积极向上的意志品质，如何做到生理与心理、身体与精神的统一；思考二：教育理念上以学生为主体是不是大多数同学认为轻松、舒服的体育课就是好课，如何开展真正体现教师主导、学生主体的体育课，尤其是教育主管部门和教师应立场明确，坚持正确的教育理念，如何真正找回体现"野蛮其体魄，文明其精神"[9]的真义体育？思考三：教学评价的内容与主体。首先，在评价内容上，在重视学生有形成绩进步的同时，如何关注学生精神品质的成长、发展与进步，并纳入成绩评价的体系中来，真正使体育教育成为大学生精神成长的有效载体；其次，教学评价的主体，除了教师主导以外，学生作为一个参与学习的主体，也应参与到同学之间的相互评价中来，体现其能动性，也体现教学评价的全面性。

6.4 课程思政建设必将成为提高各课程育人质量的重要手段，体育作为育人的重要一育，其中蕴含着丰富的思想教育资源，如项目本身要求的团结合作、持之以恒，遵纪守规，体育竞技要求人的顽强拼搏、超越自我、坚持公平等，作为体育工作者，尤其是体育教师必须站在育人铸魂的高度来从事体育教学和教育，要把社会主义核心价值观、中国优秀传统文化、法治教育、心理健康教育等内容，融入体育教学实践中，使体育教学真正成为立德树人的重要手段与载体，发挥以"体"育人的优势。

参考文献：

[1] 把思想政治工作贯穿教育教学全过程 开创我国高等教育事业发展新局面 [N]. 人民日报，2016-12-09.

[2] 何国民 . 应用统计学案例教程：以 SPSS 为计算工具 [M]. 华中科技出版社，2011.

[3][4] 杜玫，詹丽峰主编 . 心理学 [M]. 湖北科技出版社，2013（8）：177.

[5] 周西宽 . 体育基本原理教程 [M]. 北京：人民体育出版社，2004：35.

[6] 金元浦 . 大学奥林匹克文化教程 [M]. 高等教育出版社，2006：12.

[7] 王坤庆 . 精神与教育——一种教育哲学视角的当代教育反思与构建 [M]. 华中师范大学出版社，2009.

[8] 黄莉 . 中华体育精神研究 [M]. 北京体育大学出版社，2007.

[9] 何劲鹏，姜立嘉著 . 体育课程生命化探究 [M]. 东北师范大学出版社，2009.

第七章　体育促进大学生精神素质的现状调查

本章主要通过问卷调查、数理统计等研究方法与手段，对体育促进大学生精神素质的现状进行调查分析，以深入了解体育对大学生精神提升中的实然作用，主要从大学生"公平公正"精神、"团队合作"精神和"超越"精神的培养进行研究。

1．研究对象和方法

1.1 研究对象

共有两份调查问卷，一份采取随机抽样的方法，以浙江省在校高校大学生 550 人为研究样本，共发放问卷 550 份，回收 524 份，回收率为 95.27%，其中有效问卷为 502 份，有效率为 95.80%。另一份问卷在杭州下沙高教园区所属高职院校中采用随机小样本抽样的调查方法，进行为期一周的跟踪调查，共发问卷 60 份，回收 55 份，回收率为 91.67%，有效问卷 50 份，有效率为 90.90%。回收率和问卷有效率均满足统计学的要求。

1.2 研究方法

1) 问卷调查法。对大学生养成公平公正体育精神的影响调查采用 5 级量表法：非常大、比较大、说不准、基本没有、完全没有。

问卷的结构效度和内容效度：问卷的测验项目是在对体育精神相关文献研

究综述的基础上，通过咨询多学科专家并结合大学体育精神的特点和大学生的实际情况，构建而成的调查问卷，各项指标经过多名专家的论证并经实践的检验，具有较高的效度。

问卷的信度：本研究采用"重测法"，在 1 个月内对 50 名高职大学生进行重测，得出相关系数 R ＝ 0.898，P ＜ 0.01，说明具有很高的可信度。

2）数理统计与分析方法 (所有数据处理均由 spass19.0[3] 软件完成)。

3）专家咨询法。

4）文献资料法。

5）访谈法。

第一节　体育培养大学生"公平公正"精神的现状调查

为深入了解体育课程对大学生思想品德的影响，通过文献资料法、逻辑归纳法等研究方法，分析"公平公正"精神的基本内涵，规则意识是"公平公正"精神的法理要求；自由民主意识是真正体现"公平公正"精神主观表达上的基本诉求；开放参与意识是塑造"公平公正"精神的重要监督武器。以问卷调查法、数理统计法、比较研究等方法对体育培养大学生"公平公正"精神的现状进行了调查分析与研究，为高校体育课程开展思政教育提供基本参考。

引言

大学生精神成人是高等教育的公共命题，也是高等教育育人的重要目标之一，更是每门学科所应承担的育人使命。大学时期是大学生灵魂发育与精神成长的黄金时期，加强大学生的精神教育和培养是国家、社会对大学生的客观要求，也是大学生自身发展的内在需要，更是人之为人的根本要求。如果一个受过高等教育的大学生没有在精神方面得到长促的发展与进步，这不仅是个人成长的不幸，更是高等教育的失败[1]，因此，注重大学生的思政教育与培养是每门课程所应承担的教育责任。体育作为高等教育的有机组成部分，以其自身的学科特点影响着大学生精神的成长与发展，公平公正精神作为人类生存与发展的基本准则，是每个人所应遵循的，也是每个合格公民所必备的内在品质。体育作为一种人类改造自我的手段与方式，崇尚"公平、公正"的精神，体育的意义不仅在于能锻炼身体、塑造发达有力的肌肉，更能给人以一种精神教育，使人懂得人之为人的基本准则[2]。

在注重高校体育对大学生体质、生理机能产生积极作用的今天，论文旨在通过调查来研究分析体育对大学生养成"公平公正"精神的促进作用，解析体育对大学生精神层面的积极影响，以更好地拓展体育课程对提升大学生思想政治教育的重要价值。

1. 公平公正精神的文化内涵

1.1 对公平公正的基本释义

公平概念[5]的基本内涵主要有两个方面，其一，是指以相同的态度对待同样的事和人，即人们所讲的"一视同仁"；其二，是指人们在开展相同的社会活动时，严格按照同样的规则和程序，没有任何的特殊和例外。

公正概念的基本内涵是主要有三个方面，其一，是按照实事求是的原则；其二，是按照一定的制度、规则和道理办事说话；其三，是以公去私。公正主要强调的是人们处事行为的立场与态度。

1.2 公平公正体育精神的基本内涵

公平公正体育精神的基本内涵是指以严格的规则、相同的要求对待和处理所有从事体育活动的人，按法规、制度来管理、规范体育人的言行，促进体育活动的有序和谐，具体包括规则意识、诚信意识、自由民主意识和开放参与意识。

1.2.1 规则意识

规则，一般指由群众共同制定、公认或由代表人统一制定并通过的，由群体里的所有成员一起遵守的制度和章程[6]，没有规矩不成方圆。规则意识，指是发自内心的、以规则为自己行动准绳的意识。为了保证每个参与体育活动的人都站在同一起跑线上，不管哪个体育活动，尤其是体育比赛必须有相应的规则），且大家都按照规则开展活动，才能使一切不合规则的行为得以约束、摈弃，才能保证体育活动的公平公正性，所以每个参与体育运动者只有具备一定的规则意识并遵守一定的规则才能确保体育活动的公平公正性，这是公平公正精神的制度保障。

1.2.2 自由民主意识

从一般意义讲，自由指由宪法或根本法所保障的一种权利或自由权，能够确保人民免于遭受某一专制政权的奴役、监禁、控制，或是确保人民能获得解放，在这里我们认为自由是人在自己所拥有的领域自主追求自己设定目标的权利；民主是指在一定的阶级范围内，按照平等和少数服从多数原则来共同管理国家事务的国家制度，民主是保护人类自由的一系列原则和行为方式；它是自由的体制化表现。民主是以多数决定、同时尊重个人与少数人的权利为原则。体育活动尤其是体育比赛都有一定的组织与程序，每个参与者都有选择自己所喜爱运动项目的权利，可以充分表达对活动组织、规则、程序意见的民主自由，在规则允许的范围内参与者可最大限度地表现自己的观点与诉求，也可对比赛或活动中的判决提出申辩等，因此，自由民主意识是公平公正精神在主体主观思想的充分表达和需求。

1.2.3 开放参与意识

开放意指解除限制、封锁、禁令等，允许进入。体育的公平公正精神需要有开放参与意识，以此来保证人们进行体育活动并达到公平的交流，一个封闭的环境与系统根本不可能确保活动的公平公正，只有在公开阳光开放的情况下，才能有接受公开的监督与交流，才能真正消除不平等与歧视，从而保证活动的公平与公正。

基于以上对体育"公平公正"精神的分析，我们就体育培养大学生"公平公正"精神影响的具体情况进行了调查分析与研究。

2 体育培养大学生养成"公平公正"精神的调查研究

2.1 体育培养不同类别大学生养成"公平公正"精神的现状调查

表 7-1　体育培养不同类别大学生对养成"公平公正"精神的调查统计

类别		影响水平											卡方检验值	
		非常大		比较大		说不准		基本没有		完全没有		合计	Chi-Square	P 值
		人数	%	人数	%	人数	%	人数	%	人数	%	人数		
性别	男	80	54.05	52	35.14	12	8.11	2	1.35	2	1.35	148	18.80	000<0.001
	女	120	33.90	158	44.63	60	16.95	12	3.39	4	1.13	354		
	小计	200	39.84	210	41.83	72	14.34	14	2.79	6	1.20	502		
年级	一年级	86	45.26	74	37.37	26	13.68	2	1.05	2	1.05	190	4.064	0.044<0.05
	二年级	114	36.54	136	43.59	46	14.74	12	3.85	4	1.28	312		
	小计	200	39.84	210	41.83	72	14.34	14	2.79	6	1.20	502		
生源地	农村	132	40.0	140	42.42	44	13.33	12	3.64	2	0.61	330	0.534[1,2] 1.101[2,3] 0.500[1,3] 注	0.465 0.294 0.479
	城镇	48	36.92	56	43.08	20	15.38	2	1.54	4	3.08	130		
	城市	20	47.62	14	33.33	8	19.05	0	0	0	0	42		
	小计	200	39.84	210	41.83	72	14.34	14	2.79	6	1.20	502		
学科	理科	86	40.57	88	41.51	32	15.09	4	1.89	2	0.94	212	0.134	0.714
	文科	114	39.31	122	42.07	40	13.79	10	3.45	4	1.38	290		
	小计	200	39.84	210	41.83	72	14.34	14	2.79	6	1.20	502		
是否独生子女	独生子女	84	46.67	70	38.89	18	10.00	6	3.33	2	1.11	180	5.759	0.016<0.05
	非独生子	116	36.02	140	43.48	54	16.77	8	2.48	4	1.24	322		
	小计	200	39.84	210	41.83	72	14.34	14	2.79	6	1.20	502		

注：1 代表农村，2 代表城镇，3 代表城市，以下同

统计表 7-1 的数据表明，体育对大学生公平公正精神养成的影响率为（以"非常大"和"比较大"两个量级的和作为影响率）81.67%，有 3.99% 的学生认为体育对公平公正精神的培养没有作用，14.34% 的同学无法判断体育对大学生公平公正精神养成的影响。男生认为体育对大学生公平公正精神的养成影响率为最大 89.19%，而女生为最低 78.53%。进一步的卡方分析得出，体育对

男女大学生、不同年级大学生、独生与非独生子女之间公平公正精神养成的影响存在非常显著性差异 (P<0.01) 和显著性差异 (P<0.05)，对男生、一年级学生、独生子女公平公正精神的养成要比女生、二年级学生和非独生子女的影响要大，尽管总体的影响率并不相差很大，但"非常大"和"比较大"的影响级别上存在着较大的差异。而不同学科与不同生源地学生对公平公正精神养成的影响均不存在统计学意义上的差异。在统计分析体育对大学生公平公正精神养成的总体影响后，我们对体育培养大学生公平公正精神所包含的上述四个内在精神意识或品质进行进一步的深入调查，以更深入、全面了解体育对培养大学生公平公正精神养成的内在因素。

2.2 体育培养不同类别大学生养成"公平公正"精神之规则意识的现状调查

表 7-2 体育培养不同类别大学生养成"公平公正"精神之规则意识的调查统计

类别		影响水平											卡方检验值	
		很大		比较大		说不准		基本没有		完全没有		合计	Chi-Square	P 值
		人数	%	人数	%	人数	%	人数	%	人数	%	人数		
性别	男	97	65.54	35	23.65	11	7.43	4	2.70	1	0.68	148	14.50	000<0.001
	女	164	46.33	124	35.03	46	12.99	18	5.08	1	0.28	354		
	小计	261	51.99	159	31.67	57	11.35	22	4.38	2	0.40	502		
年级	一年级	98	51.58	59	31.58	22	11.58	9	4.74	1	0.53	190	0.042	0.837
	二年级	163	52.24	100	32.05	35	11.22	13	4.17	1	0.53	312		
	小计	261	51.99	159	31.67	57	11.35	22	4.38	2	0.40	502		
生源地	农村	162	49.09	112	33.94	40	12.12	13	3.94	2	0.40	330	1.337[1,2] 0.281[2,3] 2.659[1,3]	0.248 0.596 0.265
	城镇	74	56.92	35	26.92	12	9.23	9	6.92	0	0	130		
	城市	25	59.52	12	28.57	5	11.90	0	0	0	0	42		
	小计	261	51.99	159	31.67	57	11.35	22	4.38	2	0.40	502		
学科	理科	113	53.30	69	32.55	23	10.85	6	2.83	1	0.47	212	0.26	0.441
	文科	148	51.03	90	31.03	34	11.72	16	5.52	1	0.34	290		
	小计	261	51.99	159	31.67	57	11.35	22	4.38	2	0.40	502		
是否独生子女	独生子女	100	55.55	55	30.56	18	10.00	6	3.33	0	0	180	2.135	0.144
	非独生子	161	50.00	104	32.30	39	12.11	16	4.97	2	0.62	322		
	小计	261	51.99	159	31.67	57	11.35	22	4.38	2	0.40	502		

　　表 7-2 的统计数据显示，体育对大学生养成公平公正精神之规则意识的影响率为 83.66%，有 4.78% 的学生认为体育对规则意识的培养基本没有或完全没有作用，11.35% 的同学无法判断体育对大学生规则意识养成的影响。男生认为体育对大学生规则意识的养成影响率为最大 89.19%，而女生为最低81.36%。进一步的卡方分析得出，体育对男女大学生之间规则意识养成的影响存在非常显著性差异 (P<0.01)，对男生规则意识的养成比女生影响要大。而其他不同类别的学生对规则意识养成的影响均并不存在统计学意义上的差异。每个体育活动或任何体育比赛都有一定的规则，规则是保证每个人站在同一起跑线上开展公平竞争的基本准则。体育规则是建立在法治意识上的[7]，包括有构成性规则、技术性规则和惩罚性规则，只有树立规则意识，才能使体育活动或体育竞赛保持有序、合理、公正、平等地进行，经常性地开展体育锻炼或接受体育教育，其本质是在运动过程中既增强大学生体质，更是在接受体育规则的过程中，促进大学生精神意识的成长与发展。俗话说：无规不成方圆，养成良好的规则意识，既是社会对一个合格公民的客观需要，更是高等教育对大学生精神成人的基本诉求，也是体育课程本身教育所蕴含的价值之所在。调查数据表明，体育对大学生规则意识的养成有着良好的教育与塑造作用。

　　2.3 体育培养不同类别大学生养成"公平公正"精神之自由民主意识的现状调查

表 7-3　体育培养不同类别大学生养成"公平公正"精神之自由民主意识的调查统计

类别		影响水平										卡方检验值	
		很大		比较大		说不准		基本没有		完全没有		合计	Chi-Square	P 值
		人数	%	人数	%	人数	%	人数	%	人数	%	人数		
性别	男	42	28.38	66	44.60	30	20.27	4	2.70	6	4.05	148	18.18	000<0.001
	女	48	13.56	138	38.98	126	35.59	28	7.91	14	3.95	354		
	小计	90	17.93	204	40.64	156	31.08	32	6.37	20	3.98	502		
年级	一年级	40	21.05	60	31.58	68	35.79	10	5.26	12	6.32	190	1.287	0.257
	二年级	50	16.03	144	46.15	88	28.21	22	7.05	8	2.56	312		
	小计	90	17.93	204	40.64	156	31.08	32	6.37	20	3.98	502		

（续表）

生源地	农村	58	17.58	126	38.18	116	35.15	18	5.45	12	3.64	330	0.091[1,2]　0.763
	城镇	20	15.38	62	47.69	34	26.15	8	6.15	6	4.62	130	2.742[2,3]　0.100
	城市	12	28.57	16	38.10	6	14.29	6	14.29	2	4.76	42	1.232[1,3]　0.267
	小计	90	17.93	204	40.64	156	31.08	32	6.37	20	3.98	502	
学科	理科	36	16.98	88	41.51	68	32.08	10	4.72	10	4.72	212	0.26　0.871
	文科	54	18.62	116	40.00	88	30.34	22	7.59	10	3.45	290	
	小计	90	17.93	204	40.64	156	31.08	32	6.37	20	3.98	502	
是否独生子女	独生子女	36	20.00	80	44.44	50	27.78	8	4.44	6	3.33	180	3.666　0.056
	非独生子	54	16.77	124	38.51	106	32.92	24	7.45	14	4.35	322	
	小计	90	17.93	204	40.64	156	31.08	32	6.37	20	3.98	502	

　　表 7-3 的统计数据显示，体育对大学生养成公平公正精神之自由民主意识的影响率为 58.57%，有 10.35% 的学生认为体育对自由民主意识的培养基本没有或完全没有作用，31.08% 的同学无法判断体育对大学生自由民主意识养成的影响。男生认为体育对大学生自由民主意识的养成影响率为最大 72.98%，而女生为最低 52.54%。进一步的卡方分析得出，体育对男女大学生之间自由民主意识养成的影响存在非常显著性差异 (P<0.01)，对男生自由民主意识的养成比女生影响要大。而其他不同类别的大学生体育对他们自由民主意识养成的影响均不存在数理统计学意义上的差异。体育是每个大学生的基本人权，有选择的自由，参与体育活动过程中所有的评判是在规则的基本前提下于展的，是民主的。调查结果表明对大学生对体育培养自我的自由民主意识影响率并不高。在与学生的座谈中，我们发现造成这一现象的主要原因是，一方面与传统的体育教学方式有关，首先在教育理念上我国教育强调以集体为重，个人服从集体，强调统一集中；其次在教学方法上主要是老师教，学生只管被动地学习；第三，在体育教学组织形式上缺乏更多团队式教育环境的营造，导致学生缺少自由民主意识表达的平台与载体；第四，在体育教学的评价上，缺少大学生自己的话语权，最终成绩均由体育老师评定，作为学习的主体大学生参与性差。另一方面，大学生在主观思想上对体育课或体育活动的认识不到位，以为体育就是玩玩、休闲消遣而已，注重对身体生理的影响，对体育培养自我精神的成长缺乏正确和深刻的认识，并没有做进一步深入的思考与反省。

2.4 体育培养不同类别大学生养成"公平公正"精神之开放参与意识的现状调查

表 7-4　体育培养不同类别大学生"公平公正"精神之开放参与意识养成的调查统计

类别		影响水平												卡方检验值	
		很大		比较大		说不准		基本没有		完全没有		合计		Chi-Square	P 值
		人数	%	人数	%	人数	%	人数	%	人数	%	人数			
性别	男	52	35.14	70	47.30	20	13.51	6	4.05	0	0	148		17.89	000<0.001
	女	74	20.90	156	44.07	100	28.25	22	6.21	2	0.56	354			
	小计	126	25.10	226	45.02	120	23.90	28	5.58	2	0.39	502			
年级	一年级	62	32.63	66	34.74	50	26.32	10	5.26	2	1.05	190		2.066	0.151
	二年级	64	20.51	160	51.28	70	22.44	18	9.47	0	0	312			
	小计	126	25.10	226	45.02	120	23.90	28	5.58	2	0.39	502			
生源地	农村	78	23.64	158	47.88	76	23.03	16	4.85	2	0.61	330		6.06[1,2] 5.69[2,3] 1.41[1,3]	0.014<0.05 0.018<0.05 0.235
	城镇	36	27.69	46	35.38	38	29.23	10	7.69	0	0	130			
	城市	12	28.57	22	52.38	6	14.29	2	4.76	0	0	42			
	小计	126	25.10	226	45.02	120	23.90	28	5.58	2	0.39	502			
学科	理科	60	28.30	92	43.40	50	23.58	10	4.72	0	0	212		0.594	0.441
	文科	66	22.76	134	46.21	70	24.14	18	6.21	2	0.69	290			
	小计	126	25.10	226	45.02	120	23.90	28	5.58	2	0.39	502			
是否独生子女	独生子女	48	26.67	86	47.78	36	20.00	10	5.56	0	0	180		1.715	0.191
	非独生子	78	24.22	140	43.48	84	26.09	18	5.59	2	0.62	322			
	小计	126	25.10	226	45.02	120	23.90	28	5.58	2	0.39	502			

表 7-4 的统计数据显示，体育对大学生养成公平公正精神之开放参与意识的影响率为 70.12%，有 5.97% 的学生认为体育对开放参与意识的培养基本没有或完全没有作用，23.90% 的同学无法判断体育对大学生开放参与意识养成的影响。男生认为体育对大学生开放参与意识的养成影响率为最大 82.44%，而女生为最低 64.97%。进一步的卡方分析得出，体育对男女大学生开放参与意识养成的影响存在非常显著性差异 ($P<0.01$)，对男生开放参与意识的养成比女生影响要大。而农村与城镇所在地的学生及城市与城镇所在地的学生之间，

体育对农村、城市所在地学生开放参与意识的培养要比城镇所在地的学生更积极和深刻，存在数理统计意义上的显著性差异（P<0.05），而其他不同类别的学生对开放参与意识养成的影响均不存在统计学意义上的差异。体育以其特有的方式——即在公开的情境下进行体育教学、活动、交流、竞赛及裁判等，在完全透明公开的情形下开展的，既接受大家的公开监督，同时也以直观、直接的形式展示公平公正，对培养人的开放意识有着潜移默化的作用。

3. 结论

3.1 体育的"公平公正"精神具有规则意识、诚信意识、自由民主意识和开放意识四个基本的内在要素。

3.2 有 81.67% 的大学生认为体育对养成"公平公正"精神有积极的正面影响，且体育对男女大学生、不同年级大学生、独生与非独生子女之间公平公正精神养成的影响存在非常显著和显著性差异，正影响率前三位的是男生 89.19%、独生子女大学生 85.56%、一年级大学生 82.63%。

3.3 有 68.93% 的大学生认为体育对养成诚信意识有积极的正面影响，且体育对男女大学生之间诚信意识养成的影响存在非常显著性差异，正影响率前三位的是男生 81.06%、城市大学生为 76.19%、独生子女大学生为 73.33%。

3.4 有 83.66% 的大学生认为体育养成规则意识有积极的正面影响，且体育对男女大学生之间规则意识养成的影响存在非常显著性差异，正影响率前三位的是男生 89.19%、城市大学生为 88.09%、独生子女大学生为 86.11%。

3.5 有 58.57% 的大学生认为体育对养成自由民主意识有积极的正面影响，且体育对男女大学生之间自由民主意识养成的影响存在非常显著性差异，正影响率前三位的是男生 72.98%、城市大学生为 66.67%、独生子女大学生为 64.44%。

3.6 有 70.12% 的大学生认为体育对养成开放参与意识有积极的正面影响，且体育对男女大学生、农村与城镇城市大学生之间开放参与意识养成的影响存在非常显著和显著性差异，正影响率前三位的是男生 82.44%、城市大学生为 80.95%、独生子女大学生为 74.45%。

3.7 数理统计分析表明，体育对男女大学生养成公平公正精神的影响率以及公平公正精神四个内在要素的影响率上均存在统计学意义上的非常显著性差异，表现为对男生的正影响率均高于女生；研究结果还表明体育在对大学生培养诚信意识、规则意识、开放参与意识的群体上趋于一致性，前三均为男生、城市大学生和独生子女大学生。

3.8 其余不同类别大学生之间虽有少数类别的大学生之间在公平公正体育精神个别内在因素的影响率上存在显著性差异，但不存在数理统计上的相关性。

4．建议

4.1 体育"公平公正"精神所蕴含的丰富内涵，需要做进一步的深化教育与引导，大学生对其的认识并不全面和深入，在体育教学中除了传授"三基"外，还需要加强体育人文精神的教育与培养。

4.2 体育作为一门以身体练习为主要特征的学科，应能更好地体现学习个体以行为表达自我的思想与主观诉求，但调查结果表明体育对大学生自由民主意识的影响率并不理想。我们在教育理念上坚持以集体为先、服从统一、团结奉献等优良传统的同时，也应允许大学生有个性化的创新观念、想法，鼓励大学生敢于自我表达思想的行为，营造良好的自由民主氛围，不唯师长、不唯传统、不唯经验，以培养大学生的自由民主意识。

4.3 作为知行合一的体育学科，只有68.93%的大学生认为体育对诚信意识有积极的正面影响，反映了体育教学中可能存在的一些问题。首先，教师做到言行一致，树立诚信的榜样；其次，加强日常教学管理，针对教学中不诚信的现象要及时发现、制止并要采取严格的管理措施，第三、对社会体育中出现的一些不诚信现象要及时剖析，要与大学生进行交流讨论，努力消除对大学生的不良影响，使大学生们成为一个明辨是非、具有诚信可靠品质、充满正能量的合格人才。

4.4 体育教师作为课堂教学的主导者，要加强体育人文精神的研究，提升自身理论水平，不同的体育运动项目，有各自的特点和要求，教师要紧密结合课程开展"公平公正"精神的教育者做好体育课程思政的关键所在，以真正起到价值引领和道德教育的作用，更好地提高体育课程思政教学的理论水准和实践效果，真正使学生在体育教育中获得生理上的健康与思想道德上的双丰收。

参考文献：

[1][4] 王坤庆．精神与教育——一种教育哲学视角的当代教育反思与构建 [M]．华中师范大学出版社，2009．

[2] 钱利安，黄喆．高校体育与大学生"公平、公正、公开"精神的培养 [J]．中国学校体育（高等教育），2016（8）：6-9．

[3] 何国民．应用统计学案例教程：以 SPSS 为计算工具 [M]．华中科技出版社，2011．

[4] 夏中义．大学人文教程 [M]．广西师范大学出版社，2003．

[5] 刘晓靖．公平、公正、正义、平等辨析 [J]．郑州大学学报 (哲学社会科学版)，2009（1）．

[6] 张建国主编．新编现代汉语词典 [M]．吉林教育出版社，2010．

[7] 于涛．体育哲学研究 [M]．北京体育大学出版社，2009．

第二节　体育培养大学生"团队合作"精神的现状调查

本节通过文献资料法、逻辑归纳法等研究方法，分析"团队合作"精神的基本内涵，认为追求卓越是团队合作精神的动力源，互帮互助精神是"团队合作"精神的基本内涵；责任意识是养成"团队合作"精神的基本要求；无私奉献精神是培养"团队合作"精神的核心保障；关爱精神是培养"团队合作"精神的催化剂；宽容精神是养成"团队合作"精神的保护器。以问卷调查法、数理统计法、比较研究等方法对体育培养大学生"团队合作"精神的现状进行了现状调查与分析研究，为高校体育课程思政提供建议。

引言

在知识经济迅猛发展、科技日益发达的社会背景下，行业的划分越来越细、专业化程度越来越高，社会团体之间、人与人之间的相互依赖性越来越强。团队合作已成为现代人的一种生存方式，团队合作精神则已经成为一个国家、民族、企业及个人发展的必备素养。作为当代大学生，要想真正担当起建设中国特色社会主义小康社会的历史重任，没有团队合作精神、没有团队意识将无法很好地融入社会、奉献社会，充分实现个人的社会价值。

高校作为培养大学生知识成人、技能成人，尤其是思想品德教育的重要领地，塑造大学生的良好精神品质责无旁贷。在全面实施课程思政的时代背景下，体育作为大学教育的重要内容，在培养大学生的团队合作精神方面有着其独特的学科优势。高校体育的运动性、竞技性、技艺性、实践性等特点，给大学生培养团队合作精神提供了显性、直观、易接受的良好平台，无论是在体育运动项目本身的客观要求（如集体项目篮球、排球、足球等，在运动技术或者技能、战术方面需要大学生精诚的合作与配合），还是体育教学的基本要求，需要以小组、团队的形式开展身体练习、游戏和技术、技能的学习，尤其是运动竞赛的规则要求，更需要每个团队的各个成员积极配合、认真参与、全力以赴，发挥团队的最大优势以取得最佳的成绩。

大学生作为多年来接受体育教育的群体，体育对他们思想道德素质的影响如何，值得我们深入研究，论文在理性分析团队合作精神概念及其内涵的基础上，旨在调查体育对大学生团队合作精神养成的影响。

1. 团队合作精神的内涵

1.1 团队合作精神的概念

"团队"是指具有某种性质的集体；"合作"是指二人或多人共同完成某一任务；"团队合作"是指具有一定性质的集体通过每个成员的努力来共同完成某项任务[2]。

"团队合作精神"一词，已于近年来成为人们的热词，但由于视角不同，研究者对其的定义也各有侧重，如学者唐晓燕和聂文龙认为：所谓"团队精神"，就是大局意识、协作精神和服务精神的集中体现。尊重个人的兴趣是团队精神的基础，协同合作是其核心，充分发挥全体成员的向心力、凝聚力，反映的是个体利益和整体利益的统一[3]。学者王晓红则认为：团队合作精神表现为团队成员对团队强烈的归属感与一体感，是团队成员为了实现共同利益和目标，团结协作，全力以赴，以保证团队的高效运转，促进成员的共同发展[4]等。团队精神 (Team Spirit) 在英文中，本来是指一个团体 (Team) 为了实现某一特定的目标，通过主动调节团体内部成员的矛盾和行为，而呈现出通力合作、一致对外的精神面貌 (Spirit)[5]。

根据以上的研究表述，我们认为"团队合作精神"是团队所有成员在理想目标的指引下，通过协作、组合的方式，为发挥出团队整体最佳能力而展现出来的崇高思想、良好意识及积极的心理品质等。团队合作主要体现的是团队的力量，彰显的是互帮互助精神，而追求卓越的目标是团队奋斗的精神动力。毫无疑问，团队合作精神其基本体现的是协作互助精神，但如何真正发扬协作互助精神，根据日常教学与工作体验及团队理论的研究，我们认为要真正的团队合作精神培养其还蕴含着其他必要的思想、心理、意识等精神品质。

1.2 团队合作精神的基本内涵

团队的建设需要合理目标的指引与各种技巧，论文主要就如何发挥团队合作的优势，对每个团队成员需要具备哪些精神方面的品质进行研究，其他均不作为研究的内容，如需要一定的沟通技巧、管理制度等。毫无疑问，团队合作精神从字面上更多地体现出互帮互助的含义，但真正要达到互帮互助的良好效果，根据对团队合作精神的理解与团队建设的需要，我们认为团队合作精神主要还应有以下几个方面的精神内涵：

1.2.1 责任意识：所谓责任是指应做的事，应当承担的任务[2]。从精神层面上讲责任也是每个个体对自己所负的使命忠诚和信守，也是忘我的坚守。团队成员若没有责任意识，缺少担当精神，连自己的基本任务都没有做好，整个团队的任务怎么可能完成得出色，何来有团队合作。团队的合作是建立在一个个有责任的个体之上的，信守责任是对自己团队的忠诚，任何一个团队的成员，都有义务信守责任，完成好本该完成的任务。因此，责任意识是发扬团队合作精神的基本前提，没有这个责任意识，团队合作精神只会徒有虚名。

1.2.2 奉献精神：奉献："奉"，即"捧"，意思是"给、献给"；"献"，原意为"献祭"，指把实物或意见等恭敬庄严地送给集体或尊敬的人。两个字合起来，奉献，就是"恭敬的交付，呈献"[2]。"奉献"指满怀感情地为他人服务，做出贡献，是不计回报的无偿服务。著名科学家爱因斯坦对团队合作中的奉献精神做了很好的阐释：一天中有很多时候，我都意识到，我的工作和思考，是建立在同伴劳动的基础上，无论他们是活着，还是已经不在了，我必须竭尽全力释放能量，才能回报他们。没有奉献精神，不可能造就强大的团队，奉献精神是团队合作的核心关键[6]。

1.2.3 关爱精神：从字面来理解[2]"关爱"表示关心与爱护，是指对团队成员所处的境况与发展表示重视、关注，并给予保护、爱惜，甚至对于可能存在的问题或发展不利的地方提供合理性建议，以使整个团队向着正确的方向共同迈进，以真正体现团队成员的集体智慧与力量，从而在心理上使团队成员贴得更近，情感上增进团队成员之间的凝聚力与向心力，在思想达到高度默契，在精神上达到相互激励，关爱精神是团队合作精神的催化剂。

1.2.4 宽容精神：宽容[2]是指宽恕，谅解、理解。宽容是一种高贵的内在品质，也是人精神成熟的表现。宽容是对别人的释怀，也是对自己的善待；宽容是打造强大团队的一种智慧和艺术，是洞悉了人类社会的发展过程后所获得的那份自信和超然；她的可贵之处不仅在于对同类的认同，更在于对团队成员的尊重，体现了团队融为一体的精神境界。团队合作中每个成员各有各的任务和目标，且每个成员能力与水平均不一样，在执行任务的过程中，尽管大家均非常努力，付出艰辛的劳动，但会出现不可预测的因素或者因部分成员自身的原因而导致任务执行过程中的曲折、失败，甚至影响到团队目标的完成，这时需要团队成员的宽容精神，给同伴予以理解与劝慰，以保护团队的凝聚力，并在这基础上再来解决遇到的问题与困难，会使团队产生更加强大的能量，而不至于因碰到困难、挫折而相互责怪来影响团队集体的团结及战斗力。因此，宽容是团队合作精神的保护器。

我们认为要真正培养团队合作精神，必须从以上四个方面进行逐个培养并努力促进其发展，且每个精神品质是这一个团队合作精神系统的有机组成，缺少哪个精神品质都会对团队合作精神的培养起到阻碍作用。反过来，对团队合作精神的培养，必然对以上四个精神品质起到相应的促进作用，这也是论文开展调查研究的逻辑起点。

2. 体育培养大学生团队合作精神的调查与分析

2.1 体育培养大学生团队合作精神的现状调查

表 7-5　体育培养大学生团队合作精神的调查统计

类别		影响水平											卡方检验值	
		非常大		比较大		说不准		基本没有		完全没有		合计	Chi-Square	P 值
		人数	%	人数	%	人数	%	人数	%	人数	%	人数		
性别	男	102	68.92	42	28.38	2	1.35	2	1.35	0	0	148	10.920	0.001<0.01
	女	194	54.80	162	45.76	34	9.60	4	1.13	2	0.56	354		
	小计	296	58.96	162	32.27	36	7.17	6	1.20	2	0.40	502		
年级	一年级	128	67.37	50	26.32	10	5.26	2	1.05	0	0	190	9.073	0.003<0.01
	二年级	168	53.85	112	35.90	26	8.33	4	1.28	2	0.64	312		
	小计	296	58.96	162	32.27	36	7.17	6	1.20	2	0.40	502		
生源地	农村	194	58.79	110	33.33	24	7.27	2	0.61	0	0	330	$1.25^{1,2}$ $4.961^{2,3}$ $1.820^{1,3}$ 注	0.263 0.026<0.05 0.069
	城镇	72	55.38	40	30.77	12	9.23	4	3.08	2	1.54	130		
	城市	30	71.43	12	28.57	0	0	0	0	0	0	42		
	小计	296	58.96	162	32.27	36	7.17	6	1.20	2	0.40	502		
学科	理科	134	63.21	58	27.36	16	7.55	4	1.88	0	0	212	1.860	0.173
	文科	162	55.86	104	35.86	20	6.90	2	0.69	2	0.69	290		
	小计	296	58.96	162	32.27	36	7.17	6	1.20	2	0.40	502		
是否独生子女	独生子女	106	58.89	58	32.22	12	6.67	2	1.11	2	1.11	180	0.004	0.952
	非独生子	190	59.01	104	32.30	24	7.45	4	1.24	0	0	322		
	小计	296	58.96	162	32.27	36	7.17	6	1.20	2	0.40	502		

注：1代表农村，2代表城镇，3代表城市，以下同

表 7-5 的调查数据表明，体育对大学生培养团队合作精神的正影响率为（以非常大和比较大的和称作正影响率）91.23%，有 1.6% 的学生不太认可或不认可体育对团队合作精神的培养，调查统计表明，大学生认为体育对培养他们的团队合作精神有着积极作用，其中对城市学生的影响率为最高达 100%，而对城镇大学生的影响率最低为 86.15%，而从不同类别大学生的影响现状深入分析，则在男女大学生之间，不同年级、城镇与城市间的大学生之间存在统计学意义上的非常显著性差异 (P<0.01) 和显著性差异 (P<0.05)，对城市生源学生的积极影响远高于城镇的学生、对男生高于女生，一年级的大学生在"非常大"的影响级别上远高于二年级大学生，其余均类别的大学生之间不存在统计学意义上的差异。体育对城市大学生、男大学生、一年级大学生、农村大学生及文科类大学生和非独生子女大学生的团队合作精神影响水平均高于平均水平。城市大学生作为在人口密集地方生长的人，更易理解人的群居性，更懂得集体、团队的重要性；而男生从个性上来讲要比女生更加外向、主动、活泼，且从生理上讲更有力量故愿意参加体育活动，从情感上更讲究义气，所以对体育培养大学生团队合作精神的认可度为最高；而作为一年级大学生需要适应新的环境，通过体育来达到同学之间相互熟悉、相互了解的过程，既自然又直接，这与体育课程的实践性、直观性密切相关；农村地区相对比较闭塞、落后，因此，农村学生进入大学后，性格比较内向，情绪也不稳定 [7]，以体育为媒介来促进同学之间的团队合作与相互了解，增进同学彼此间的友谊，找到集体的归属感，应是农村大学生对体育培养团队合作精神高度认的合理性解释，这是由人的生长环境影响造成的。

在调查了体育对大学生团队合作精神的总体影响后，我们对体育培养大学生团队合作精神所包含的上述四个具体内在精神因子展开了进一步的深入调查与分析，以更加深入全面地了解体育对大学生团队合作精神的影响。

2.2 体育培养大学生团队合作之责任意识的现状调查

表 7-6　体育培养大学生团队合作之责任意识的调查统计

类别		影响水平											卡方检验值	
		非常大		比较大		说不准		基本没有		完全没有		合计	Chi-Square	P 值
		人数	%	人数	%	人数	%	人数	%	人数	%	人数		
性别	男	86	58.11	34	22.97	24	16.22	4	2.70	0	0	148	15.60	0.000<0.01
	女	118	33.33	162	45.76	66	18.64	4	1.13	4	1.13	354		
	小计	204	40.64	196	39.04	90	17.93	8	1.59	4	0.80	502		
年级	一年级	90	47.37	62	32.63	32	16.84	4	2.11	2	1.05	190	3.064	0.080
	二年级	114	36.54	134	42.95	58	18.60	4	3.21	2	0.64	312		
	小计	204	40.64	196	39.04	90	17.93	8	1.59	4	0.80	502		
生源地	农村	126	38.18	140	42.42	58	17.58	2	0.61	4	1.21	330	1.003[1,2] 0.385[2,3] 1.065[1,3]	0.316 0.535 0.587
	城镇	60	46.15	44	33.85	20	15.38	6	4.62	0	0	130		
	城市	18	42.86	12	28.57	12	28.57	0	0	0	0	42		
	小计	204	40.64	196	39.04	90	17.93	8	1.59	4	0.80	502		
学科	理科	94	44.34	66	31.13	44	20.75	6	2.83	2	0.94	212	0.10	0.921
	文科	110	37.93	130	44.83	46	15.86	2	0.69	2	0.69	290		
	小计	204	40.64	196	39.04	90	17.93	8	1.59	4	0.80	502		
是否独生子女	独生子女	80	44.44	62	34.44	28	15.56	6	3.33	4	2.22	180	0.361	0.548
	非独生子	124	38.50	134	41.61	62	19.25	2	0.62	0	0	322		
	小计	204	40.64	196	39.04	90	17.93	8	1.59	4	0.80	502		

　　表 7-6 的统计数据表明，体育对大学生培养责任意识的正影响率为79.68%，有 2.39% 的学生不太认可或不认可体育对责任意识的培养，有17.93% 的大学生说不准体育对培养他们的责任意识的作用，而从不同类别大学生的影响现状深入分析，则在男女大学生之间存在统计学意义上的非常显著性差异 (P<0.01)，对男生的影响远高于女生，其余均类别的大学生之间不存在统计学意义上的差异，主要体现在"非常大"级别上男生远高于女生，而在"比较大"级别上则女生的比例较大。从统计数据来看，体育对男子大学生、文科大学生及农村大学生责任意识的培养影响排在前列，而对城镇大学生、理科类大学生及独生子女大学生的影响水平则相对较弱。

　　责任心是人之为人的基本精神品质。从社会角色期望来分析，男人作为有担当、有责任的个体，一直被社会寄予厚望，体育课堂作为培养大学生社会化过程的一个有效环节，同样也深深地打上社会对人要求的烙印。男大学生对体育培养责任意识的高度认可，既体现了社会对他们的期望，同样也是男大学生自己对社会角色期望的认可，这是值得被我们鼓励和肯定的认知，也只有这样的大学生才能肩负起建设当今有中国特色社会主义小康社会的光荣使命。

2.3 体育培养大学生团队合作之奉献精神的现状调查

表 7-7　体育培养大学生团队合作之奉献精神的调查统计

类别		影响水平											卡方检验值	
		非常大		比较大		说不准		基本没有		完全没有		合计		
		人数	%	人数	%	人数	%	人数	%	人数	%	人数	Chi-Square	P 值
性别	男	56	37.84	62	41.89	22	14.86	6	4.05	2	1.35	148	22.42	0.000<0.01
	女	62	17.51	170	48.02	90	25.42	18	5.08	14	3.95	354		
	小计	118	23.51	232	46.22	112	22.31	24	4.78	16	3.19	502		
年级	一年级	44	23.68	84	44.21	44	23.16	10	5.26	8	4.21	190	0.574	0.449
	二年级	74	23.72	148	47.44	68	21.79	14	4.47	8	2.56	312		
	小计	118	23.51	232	47.44	112	22.31	24	4.78	16	3.19	502		
生源地	农村	76	23.03	160	48.48	74	22.42	10	3.03	10	3.03	330	0.605[1,2]	0.437
	城镇	32	24.62	54	41.54	28	21.54	10	7.69	6	4.62	130	0.014[2,3]	0.904
	城市	10	23.81	18	42.86	10	23.81	4	9.52	0	0	42	0.679[,3]	0.712
	小计	118	23.51	232	46.22	112	22.31	24	4.78	16	3.19	502		
学科	理科	62	29.25	92	43.40	42	19.81	14	6.60	2	0.94	212	4.965	0.026<0.05
	文科	56	19.31	140	48.28	70	24.14	10	3.45	14	4.83	290		
	小计	118	23.51	232	46.22	112	22.31	24	4.78	16	3.19	502		
是否独生子女	独生子女	54	30.00	84	46.67	30	16.67	6	3.33	6	3.33	180	8.880	0.003<0.01
	非独生子	64	19.88	148	45.96	82	25.47	18	5.59	10	3.11	322		
	小计	118	23.51	232	46.22	112	22.31	24	4.78	16	3.19	502		

表 7-7 的统计数据表明，体育对大学生培养奉献精神的正影响率为 69.73%，有 7.97% 的学生不太认可或不认可体育对奉献精神的培养，有 22.31% 的大学生说不准体育对培养他们的奉献精神有多么大的作用，而从不同类别大学生的影响现状深入分析，则在男女大学生之间、独生子女与非独生

子女及不同学科大学生之间存在统计学意义上的非常显著性差异 (P<0.01) 和
显著性差异 (P<0.05)，对男生的影响远高于女生，对独生子女的影响高于非独
生子、对理科生的影响高于文科生，其余均类别的大学生之间不存在统计学意
义上的差异。从具体的统计数值看，体育对男大学生、独生子女大学生和理科
大学生培养奉献精神的影响程度较大，而对女大学生、城镇、城市大学生的影
响程度则相对较低。

奉献精神是一个社会进步和发展十分需要的崇高精神力量，人类正是在奉
献的过程中改变自然、改变社会、改变自我的，人类辉煌的历史和精美的文化
也正是由人们的无私奉献造就的。高校体育作为大学生相互学习、相互帮助的
一个重要载体，离不开每个同学的积极奉献，这不仅是掌握运动技术、技能的
需要，更是体育竞技的内在要求，理应对大学生奉献精神的培养有较大的作
用，然而现状调查表明，大学生对体育培养奉献精神的情况并不十分理想，有
近三成的学生并不认可体育对培养奉献精神的作用，这值得我们对高校体育教
学的现状进行反思。

2.4 体育培养大学生团队合作之关爱精神的现状调查

表 7-8　体育培养大学生团队合作之关爱精神的调查统计

类别		影响水平										卡方检验值	
		非常大		比较大		说不准		基本没有		完全没有		合计	Chi-quare	P 值
		人数	%	人数	%	人数	%	人数	%	人数	%	人数		
性别	男	58	39.19	60	40.54	28	18.92	0	0	2	1.35	148		
	女	104	29.38	148	41.81	84	23.73	16	4.52	2	1.13	354	2.974	0.019<0.05
	小计	162	32.27	208	41.43	112	22.31	16	3.19	4	0.80	502		
年级	一年级	68	35.79	72	37.89	42	22.11	6	3.16	2	1.05	190		
	二年级	92	29.49	136	43.59	70	22.44	10	3.21	2	1.28	312	0.586	0.673
	小计	162	32.27	208	41.43	112	22.31	16	3.19	4	0.80	502		
生源地	农村	114	34.55	136	41.21	72	21.82	8	2.42	0	0	330	7.003[1,2]	0.008<0.01
	城镇	32	24.62	54	41.54	32	24.62	8	6.15	4	3.08	130	5.058[2,3]	0.025
	城市	16	38.10	18	42.86	8	19.05	0	0	0	0	42	0.631[1,3]	<0.05 0.427
	小计	162	32.27	208	41.43	112	22.31	16	3.19	4	0.80	502		

（续表）

学科	理科	70	33.02	90	42.45	48	22.64	2	0.94	2	0.94	212	1.521	0.195
	文科	92	31.72	118	40.69	64	22.07	14	4.83	2	0.69	290		
	小计	162	32.27	208	41.43	112	22.31	16	3.19	4	0.80	502		
是否独生子女	独生子女	60	30.00	76	42.22	34	10.00	6	3.33	4	1.11	180	2.214	0.066
	非独生子	100	32.00	134	42.95	78	16.77	10	2.48	0	1.24	322		
	小计	162	32.27	208	41.43	112	22.31	16	3.19	4	0.80	502		

表 7-8 的统计数据表明，体育对大学生培养关爱精神的正影响率为73.6%，有 22.31% 的大学生对体育培养关爱精神的认知并不十分清楚，有3.99% 的学生不太认可或不认可体育对关爱精神的培养，调查统计表明，大学生认为体育对培养他们的关爱精神有一定的积极作用，而从不同类别大学生的影响现状深入分析，则在农村与城镇、男女大学生、城镇与城市的大学生之间存在统计学意义上的非常显著性差异 (P<0.01) 和显著性差异 (P<0.05)，对男生的影响远高于女生，城市、农村大学生在"非常大"的影响级别上远高于城镇大学生，其余类别的大学生之间均不存在统计学意义上的差异。

关爱精神是人的一种胸怀，也是人的一种风度，更是人难能可贵的精神品质。作为任何一个团队的成员既需要得到大家的关爱，同样也要对自己的同伴给予更多的关爱，这样的团队才会有凝聚力、战斗力。从人的社会化倾向要求，男性被要求给予社会更多的关爱。社会化程度高的人能更多地感受到在实践活动中关爱与友好协作的重要性。农村大学生一般因较早地接触社会懂得关爱的必要，而城市大学生则视野开阔，交际广泛，情商相对较高，知晓关爱对人际交往的重要性。从这三个群体对体育培养大学生关爱精神的认可度来反观，提升大学生的认知非常重要和必要。在体育教学中营造好能促进大学生关爱精神的环境和氛围十分重要，同样采取什么样的教学内容、方式、方法，则更为重要。

2.5 体育培养大学生团队合作之宽容精神的现状调查

表 7-9 体育培养大学生团队合作之宽容精神的调查统计

类别		影响水平											合计	卡方检验值	
		非常大		比较大		说不准		基本没有		完全没有				Chi-Square	P 值
		人数	%	人数	%	人数	%	人数	%	人数	%		人数		
性别	男	68	45.95	42	28.38	28	18.92	6	4.05	4	2.70		148	13.47	0.000<0.01
	女	76	21.47	174	49.15	86	24.29	10	2.82	8	2.26		354		
	小计	144	28.69	216	43.03	114	22.71	16	3.19	12	2.39		502		
年级	一年级	66	34.74	76	40.00	34	17.89	8	4.21	6	3.16		190	3.504	0.061
	二年级	78	25.00	140	44.87	80	25.64	8	2.56	6	2.56		312		
	小计	144	28.69	216	43.03	114	22.71	16	3.19	12	2.39		502		
生源地	农村	94	28.48	142	43.03	78	23.64	8	2.42	8	2.42		330	0.116[1,2]	0.734
	城镇	34	26.15	60	46.15	26	20.00	6	4.62	4	3.07		130	0.867[2,3]	0.352
	城市	16	38.10	14	33.33	10	23.81	2	4.76	0	0		42	0.856[1,3]	0.652
	小计	144	28.69	216	43.03	114	22.71	16	3.19	12	2.39		502		
学科	理科	82	38.68	68	32.08	52	24.53	8	3.77	2	0.94		212	5.810	0.016<0.05
	文科	62	21.38	148	51.03	62	21.38	8	2.76	10	3.45		290		
	小计	144	28.69	216	43.03	114	22.71	16	3.19	12	2.39		502		
是否独生子女	独生子女	56	31.11	80	44.44	32	17.78	6	3.33	6	3.33		180	1.467	0.226
	非独生子女	88	27.33	136	42.24	82	25.47	6	3.11	6	1.86		322		
	小计	144	28.69	216	43.03	114	22.71	16	3.19	12	2.39		502		

表 7-9 的统计数据表明，体育对大学生培养宽容精神的正影响率为 71.72%，有 22.31% 的大学生对体育培养宽容精神的作用并不十分清楚，有 2.39% 的学生不太认可或不认可体育对宽容精神的培养，调查统计表明，有超过七成的大学生认可体育对培养他们宽容精神的作用，而从不同类别大学生的影响现状深入分析，则在男女大学生之间，不同学科的大学生之间存在统计学意义上的非常显著性差异 (P<0.01) 和显著性差异 (P<0.05)，对男生的影响远高于女生，对文科大学生的影响要高于理科大学生，其余均类别的大学生之间不存在统计学意义上的差异。从数值占比上来看，体育对独生子女大学生、一年级大学生及男生培养关爱精神相对要好些，而对非独生子女大学生、二年级大

学生及理科大学生则相对较弱些。

宽容[8]是一种人生态度，是一种人格魄力，更是团结集体的一种智慧。身处一个集体，每个人都有自己的长处和不足，在执行任务的过程中难免会有不预想的因素来影响、制约你，面对不顺利、困难甚至挫折、失败，应以宽容的心态对待同伴，这是一种人之为人的境界。体育作为以身体练习为主要特征的课程，且带有较强的竞争性，常遇到失败与挫折，在一定程度上考验着大学生的心理品质与精神状况，从中学会宽容、理性地看待问题和分析挫折是当代大学生应有的态度。从调查情况看，体育对培养大学生的关爱精神尚有较大的提升空间。懂得宽容是当代大学生与人相处的基本道理，应有的人格素质，更是造就一个和谐团队的基本要求。

3. 结论

3.1 要培养团队合作精神，除了基本的协作互助精神外，还培养人的责任意识、奉献精神、关爱精神和宽容精神。

3.2 有91.23%的大学生认为，体育对培养团队合作精神有非常大和比较大的作用，对城市大学生、男大学生和一年级大学生的正影响率列前三位，城市与城镇所在地的大学生、男女大学生及一、二年级大学生之间存在统计学意义上的差异性。

3.3 有79.68%的大学生认为，体育对培养责任意识有非常大和比较大的作用，17.93%的大学生对体育培养他们的责任意识认知模糊，体育对男子大学生、文科大学生及农村大学生责任意识的培养正影响排在前三。

3.4 有69.73%的大学生认为，体育对培养奉献精神有非常大和比较大的作用，有22.31%的大学生对体育培养奉献精神认知不清，有7.97%的学生不太认可或不认可体育对奉献精神的培养；男女大学生之间、独生子女与非独生子女及不同学科大学生之间存在统计学意义上的非常显著性或显著性差异，对男生的影响远高于女生，对独生子女的影响高于非独生子女、对理科生的影响高于文科生，体育对男大学生、独生子女大学生和理科大学生培养奉献精神的正影响程度较大。

3.5 有 73.6% 的大学生认为，体育对培关爱养精神有非常大和比较大的作用，有 22.31% 的大学生对体育培养关爱精神的认知并不十分清楚；农村与城镇、男女大学生、城镇与城市的大学生之间存在统计学意义上的非常显著或显著性差异，对男生、农村大学生、理科大学生的正影响率排在前三位。

3.6 有 71.72% 的大学生认为，体育能培养宽容精神且有非常大和比较大的作用，而 22.31% 的大学生对体育能否培养宽容精神并不太明白；男女大学生之间，不同学科的大学生之间存在统计学意义上的非常显著性或显著性差异，对独生子女、一年级大学生和男生的正影响率较高。

3.7 体育培养大学生团队合作精神中各因子正影响的排序分别为责任意识、关爱精神、宽容精神和奉献精神，从数值上看均低于培养团队合作精神总的正影响水平。

3.8 数理分析结果表明，体育对培养男女大学生团队合作精神的各个因子上均存在数理统计上的差异性，对男生的积极影响要好于女生，其余类别的大学生不存在规律性的差异。

4．建议

4.1 高校体育作为学校体育的最高级阶段，在重视技术、技能教学的基础上，应加强对大学生思想道德的教育，体现出高校加强精神教育的应有属性，团队合作精神作为现代人应具有的一种心理品质，易被人们所熟识，但团队合作精神的真正发扬，同样需要培养其中的责任意识、奉献精神、关爱精神、宽容精神等，在教学及日常的体育精神宣传教育中，还要做进一步的加强与引导，努力使大学生真正认识体育精神的内涵以便更好地通过践行而内化。

高校体育教学的内容与项目可以有很多，技术、技能也十分丰富多样，但如何以一定的运动项目为载体，培养大学生拥有的思想道德品质，才是高校体育教育的最终目的，也是所有项目最终要获得的育人效果。体育本身不仅要培养这种精神，同样这种精神品质可以迁移至大学生今后人生中所有的工作事务中，团队协作精神是人之为人的一种重要精神品质。

4.2 团队合作精神的培养需要创造团队合作的教学环境与氛围，更需要以培养团队的教学组织形式，从高校体育教学的现状看，除了部分教师、部分项目采用以小组形式（团队形式）开展教学或比赛外，多数教师会采取松散型的小组练习与教学，并未真正体现团队合作教学的模式。大学生从总体认同体育对团队合作精神的培养，但真正在对体育培养他们的责任意识、奉献精神、关爱精神及宽容精神层面上看，他们的认可度尚有待提高，这可能与以下两方面有一定关系：其一，大学生们是否真正参与到团队建设中去完成共同的目标与任务有较大的关系，只有团队成员共同经历一起努力的实践过程，融入一定的场景中去才会有刻骨铭心的感受，才能真正体验到责任意识、奉献精神、关爱精神、宽容精神的重要性和必要的；其二，与社会发展形势有关。随着我国社会主义市场经济的建立，人们更加注重有形、物质的指标，而曾经被人们推崇、热衷的无私奉献，关爱、宽容别人等优秀的传统美德已逐渐被人们所淡化、弱化，这些消极的社会环境必然会影响大学生着的思想与精神面貌，这需要体育教师一方面加强教学情境的设置及团队的构建，加强这些基本精神因子的说教与引导，另一方面要以身作则发扬优秀传统的同时，积极引导大学生传承优良的精神品质，努力做到使大学生既健身又健心，实现身心和谐发展。

4.3 不同类别的大学生肯定存在个性、认知、情感、体质的差异，需要我们对不同类别大学生的心理、个性、思想状况进行研究和关注，也只有在研究学生的基础上，指导好学生团队的组建及指导，如果说中小学体育是加强学生"三基"教育的话，高等学校的体育应体现出技术与精神双重教育的高等性来。高校作为大学生走向社会的最后教育阶段，我们有责任与使命努力让大学生的社会化程度更高。作为群居的人，互相合作是作为社会人的基本属性，尤其是现代社会随着社会分工的精细化，团队合作精神更是现代人必须拥有的精神品性。从这个视角看，高校体育教的不仅是体育技术与技能，更是人之为人的道理，培养的是人类的精神。加强大学生体育精神教育对教师的要求远要比单纯地教授体育技术与技能高很多，需要教师不断加强自身思政理论的修养与学习，更要提升思政教育的实际能力。

参考文献：

[1] 何国民 . 应用统计学案例教程：以 SPSS 为计算工具 [M]. 华中科技出版社，2011.

[2] 张建国主编 . 新编现代汉语词典 [M]. 吉林教育出版社，2010.

[3] 唐晓燕，聂文龙 . 大学生团队精神培养刍议 [J]. 长江大学学报 (社会科学版)，2013(12).

[4] 王晓红 . 大学生创新创业教育模式探词以团队精神培养为视角 [J]. 湖北社会科学，2013(10).

[5] 成惜今，张锡庆，卢球亮 . 论培养和强化球队团队精神 [J]. 广州体育学院学报，1999(3).

[6] 杨立军 . 打造伟大的团队精神 [M]. 上海：学林出版社，2007.

[7] 杨雪花，戴梅竞 . 大学生个性特征及其与心理健康状况关系的研究 [J]. 中国校医，2001(2).

[8] 马银文 . 当下的修行 要学会宽容 [M]. 北京：中国纺织出版社，2013.

第三节 体育培养大学生"超越"精神的现状调查

本节以文献资料法、逻辑归纳法分析了超越和超越精神的文化内涵，体育中的超越精神，需具备以下几个核心的内在品质：需要持之以恒的毅力、勤学苦练的作风、开拓创新的意识、坚持科学的理性、顽强拼搏的勇气，以问卷调查、数理统计和比较研究等方法，对体育培养大学生超越精神的现状进行了调查分析，为全面深入地推进体育课程对大学生精神品质的铸造提供参考。

引言

教育不仅使人成为人，懂得人之为人的基本道理，同样还传承着文化、创造文化并且不断超越原有的文化。从哲学意义上讲，人不仅是自然存在物，还是一个社会存在体，更是一个有价值和意义追求的精神个体，人具有能动性，总是在实然的基础上追求应然的理想状态[1]，也正是人类不断地改变自己，改造世界，才形成了一部不断进化的人类发展史，历史的进步其实是人主观能动性的积极体现。人类社会的快速发展和历史的不断进步，一方面是人们在不同的历史阶段传承优秀文化且持续创新超越前人的结果，也是不断超越人类自我的结果。时代的变迁，同样需要高等教育因时而进，因势而新，各门课程也须顺应社会的要求与人的发展需要，不断超越时空的变迁发挥学科应有的育人作用。

1. 高校体育与大学生超越精神

体育是高等教育的重要组成部分，对大学生的精神发展有着其他学科无法替代的积极作用。体育精神作为体育文化的核心与精髓，对大学生的精神成长与发展是重要的，也是必要的。体育在促进大学生身心健康的同时，也以其丰富的精神内涵广泛而又深刻地影响着大学生的精神成长。论文就体育对培养大学生超越精神的影响水平进行调查研究与分析。超越是体育精神中核心的精神品质。从理论上分析，高校体育具有其自身的独特优势来培养大学生的超越精神，超越精神是个人自信的表现，更是对困难与挑战的无所畏惧。超越精神是人主观能动性的强烈表现，是对人自身理想的不懈追求和积极进取，超越精神是民族、国家进步的不竭动力。

大学是大学生灵魂发育的重要时期，更是大学生接受精神教育的黄金阶段。在高等教育阶段，不同的学科在注重大学生专业成长的同时，更要关注大学生内在层面的精神成人。从小学到大学的体育课程一直陪伴着同学们共同成长，体育因其身体练习为主要特征，且其强身健体的功能一贯被人们所熟知，大部分人对体育的功能认识也基于此，但随着社会的发展，健康的概念有了进一步的发展，人不仅要生理健康，还要心理健康，更需要精神健康。十多年来，体育对于增进大学生健康的作用无须赘述，但其对大学生精神成长的效果如何，值得我们在新的时代下进行聚焦、审视与研究。超越精神作为人之为人的精神品质，对大学生的成长与发展有着重要的育人价值和意义，本节着重就体育对培养大学生的超越精神现状进行调查研究与分析。

2. 超越精神的文化内涵

2.1 辞典对"超越"的释义

汉语词典的释义[2]，超是指超过、超出、跨过，在某些范围以外；越是指跨过，不按一般的次序；两字合并成"超越"其内涵更强调事物在原来的基础上得到了拓展、进步和发展，其程度、水平、等级比以前更高、更好。超越在形式上有超越他人和超越自我两种，在内容上有超越有形的和超越无形的两种。

2.2 超越精神的内涵

超越精神是人在不满于实然的状态下而主动追求应然的理想境界，体现人永不止步、努力争取更好的心理、意识和思维活动，是人主观能动性的表现，超越精神是人类前进的不竭动力。

3.2 体育视阈下超越精神的内在品质

高校体育是以身体练习为基本手段促进大学生身心和提高大学生体育素养为目标的课程，是高等学校体育的中心环节，是开展素质教育和培养全面发展人才的重要途径。体育课程与其他课程相比有自身的特点，即，技艺性、生理负荷性、竞争性、情感性等。结合上述对超越精神的分析，我们以为体育中的超越精神主要是人在运动中不断地挑战自我、挑战纪录、挑战困难过程中表现出来的积极心理、意识和思维活动。按照体育课程的特点，我们认为实现体育中的超越精神，须具备以下几个核心的内在品质：需要持之以恒的毅力、勤学苦练的作风、开拓创新的意识、坚持科学的理性、顽强拼搏的勇气。

3.2.1 实现体育的超越精神需要持之以恒的毅力

体育是体现知行合一最好的载体与手段，有良好的体育意识非常有必要，但必须付诸体育实践才能真正起到体育育人和锻炼的真实效果，体育运动以基本技术、技能、体能为支撑的，而技术、技能、体能的维持离不开持之以恒的锻炼，所谓熟能生巧也是体育技艺性特点的体现，没有长期的坚持和积极的参与，要实现超越只能是痴人说梦，这是实现超越的基本条件，从哲学角度讲这是实现超越的基本数量的积累。

3.2.2 实现体育的超越精神需要勤学苦练的作风

体育除了持之以恒的坚持锻炼外，还需要有勤学苦练的好作风，无论是技术、技能及体能的掌握，保持在一定水平上是基础，但要想实现超越还得勤学苦练，促使体能的不断提高，技术、技能的更进一步，如果说持之以恒是量的积累，那么，勤学苦练则是在质量上的提升，是积跬步至千里的做法，是达到质变的关键所在，没有勤学苦练所达到的质变，实现体育中的超越只能是空中楼阁。

3.2.3 实现体育的超越精神需要开拓创新的意识

体育作为以身体练习为手段掌握技术、技能和提高体能为基本的育人课目，坚持一心一意、脚踏实地的专注锻炼与学习是不可缺少的，但随着科学技术发展和体育运动科研水平的不断提高，新材料、新理念、新方法在体育界的广泛运用已是一种常态的社会背景下，在坚持持之以恒、勤学苦练的基础上，要有开拓创新意识，要及时吸收最新的研究成果、最新型的器材为我所用，武装自己，在体育实践中不断探索适合自身的练习方法和方式，提升自己，这是实现体育超越精神的思想保障。

3.2.4 实现体育的超越精神需要坚持专业科学的理性指导

体育锻炼需要遵循人的生理机能发展规律和运动技术技能形成规律[3]，在体育锻炼与学习过程中不要急于求成，而不能为了达到超越的理想目标而蛮干，缺乏科学理性的指导。在体能的训练中要遵循超量恢复的原理，在技术的学习中要遵循动作泛化、分化、巩固提高和自动化等四个阶段的规律，要掌握好每个阶段的特点，循序渐进，加强对运动损伤的预防等。同时还要注重运用心理知识对体育锻炼的合理干预，调动体育锻炼的积极性、主动性。体育中的超越若没有科学理性的指导，操之过急，会适得其反，要有哲学的逻辑思维，事物的前进是迂回曲折的。开拓创新意识是人自我意识的唤醒，是完善自我思想的主动体现，这是实现体育中超越精神的认知保障。

3.2.5 实现体育的超越精神需要顽强拼搏的勇气

尽管我们也崇尚在日常的体育锻炼与学习中实现不断地超越，但体育的超越往往表现在各种正式的比赛和竞技中，在与别人的竞争中体现自身的能力与水平，实现超越而得到大家的认同与赞扬。涉及竞争，就会有各种的较量，不仅包括技术、技能、体能，更有心理与意志品质的比拼，在这种激烈的竞争氛围中，如果缺少面对困难而去顽强拼搏的勇气，缺乏面对挑战敢于亮剑的胆魄，是非常难发挥好自己水准的，也很难实现超越的良好局面。所谓两强相遇勇者胜，就是对顽强拼搏的最好诠释。当然，发挥失常现象在某种意义上讲正是缺少了这种勇气。顽强拼搏精神是实现超越的关键环节。

超越是一种行为，超越更是一个过程，也是一个自我不断拓展的表现，要实现超越必须要有平时的积累与沉淀，要有与时俱进的创新意识，要有科学精神的理性指导，要有在关键时候顽强拼搏的胆魄，以上五个内在的品质和意识是表现超越精神的重要因子，互相关联，互相促进。

鉴于上述的分析与讨论，论文对不同类别大学生对超越精神及上述五个精神因子进行抽象调查，以深入了解体育培养大学生超越精神的基本现状与影响。

4. 体育培养大学生超越精神的调查与分析

4.1 体育培养大学生超越精神的现状调查

表 7-10　体育培养大学生超越精神的调查统计[4]

类别		影响水平										卡方检验值	
		非常大		比较大		一般		不太大		完全没有		合计	Chi-Square	P 值
		人数	%	人数	%	人数	%	人数	%	人数	%	人数		
性别	男	92	62.16	42	29.38	8	5.41	4	2.70	2	1.35	148	19.86	000
	女	138	38.98	160	45.20	44	12.43	8	2.26	4	1.13	354		
	小计	230	45.80	202	40.24	52	10.36	12	2.39	6	1.20	502		
年级	一年级	98	51.58	60	31.58	22	11.58	6	3.16	4	2.11	190	1.15	0.28
	二年级	132	41.31	142	45.51	30	9.58	6	1.92	2	0.64	312		
	小计	230	45.80	202	40.24	52	10.36	12	2.39	6	1.20	502		

（续表）

生源地	农村	160	48.48	128	38.79	36	10.91	2	0.61	4	1.21	330	$7.61^{1,2}$ $6.61^{2,3}$ $10.19^{1,3}$ 注	0.006 0.010 0.006
	城镇	46	35.38	60	46.15	12	9.23	10	7.69	2	1.54	130		
	城市	24	57.14	14	33.33	4	9.52	0	0	0	0	42		
	小计	230	45.80	202	40.24	52	10.36	12	2.39	6	1.20	502		
学科	理科	110	51.89	72	33.96	22	10.38	8	3.77	0	0	212	3.463	0.063
	文科	120	41.38	130	44.83	30	10.34	4	1.38	6	2.07	290		
	小计	230	45.80	202	40.24	52	10.36	12	2.39	6	1.20	502		
是否独生子女	独生子女	82	45.56	76	42.22	16	8.89	4	2.22	2	1.11	180	0.047	0.829
	非独生子	148	45.96	126	39.13	36	11.80	8	2.48	4	1.24	322		
	小计	230	45.80	202	40.24	52	10.36	12	2.39	6	1.20	502		

注：1 代表农村，2 代表城镇，3 代表城市，以下同

表 7-10 的统计数据表明，体育培养大学生超越精神的正影响率为（以非常大和比较大的和称作正影响率）86.04%，有 3.59% 的学生不太认可或完全不认可体育对超越精神的培养，调查统计表明，大学生认为体育对培养他们的超越精神有着积极作用，其中对男生的影响率为最高达 92.54%，而对城镇大学生的影响率最低为 81.53%，而从不同类别大学生的影响现状深入分析，则在男女大学生之间，农村与城镇、农村与城市、城镇与城市之间的大学生之间存在统计学意义上的非常显著性差异 (P<0.01) 和显著性差异 (P<0.05)。从男女大学生的情况来看，体育对培养男生超越精神的影响远超于女生，一方面男生在生理上强悍更优于女生参与体育活动，另一方面社会对男生的角色期望高于女生，男生要承担更多的社会责任 [5]，因此，通过体育来磨炼自己，他们表现得更愿意突破自我、超越自己；体育对不同年级学生超越精神培养的影响，是二年级学生好于一年级学生，主要在于一年级学生在心理上更多的是去适应新环境，适应新的学习，主观思想上比二年级同学相对缺少主动性和开拓性；对不同生源的学生，体育对培养城市学生的超越精神达到最佳，且不同生源的学生之间均存在差异，城市大学生生长在人口密集、现代化程度高的地方，视野更开阔，更懂竞争，因此，体育活动非常适合城市环境中长大的他们，而来自农村的同学，尽管他们相对在沟通、交际方面差一些，但大部分同学有一定的自知之明，有较强的自尊心，有一股不甘落后的劲，所以他们也在体育中不断磨炼自己，而作为城镇生源的同学，他们在心理上就处于中间位置，少数同学

会在思想上易出现中庸的观念；体育对文理大学生、独生子女与非独生子女超越精神的影响基本处于总体水平，没有大的差异性。

体育对大学生超越精神的总体影响调查后，我们对体育中超越精神所包含的五个内在品质或者说核心因素的影响也进行了深入的调查与分析，以更加深入全面地了解体育对大学生超越精神的积极影响。

4.2 体育培养大学生超越精神之持之以恒毅力的现状调查

表 7-11　体育培养大学生超越精神之持之以恒毅力的调查统计

类别		影响水平										合计	卡方检验值	
		非常大		比较大		一般		不太大		完全没有			Chi-Square	P 值
		人数	%	人数	%	人数	%	人数	%	人数	%	人数		
性别	男	84	56.76	50	33.78	12	8.11	0	0	2	1.35	148	17.55	000<0.01
	女	128	36.16	166	46.89	56	15.82	4	1.13	0	0	354		
	小计	212	42.23	216	43.03	68	13.55	4	0.80	2	0.40	502		
年级	一年级	96	50.53	72	37.89	20	10.53	0	0	2	1.05	190	8.555	0.03<0.05
	二年级	116	37.18	144	46.15	48	15.38	4	1.28	0	0	312		
	小计	212	42.23	216	43.03	68	13.55	4	0.80	2	0.40	502		
生源地	农村	140	42.42	144	43.64	44	13.33	2	0.61	0	0	330	0.074[1,2] 0.54[2,3] 0.517[1,3]	0.79 0.82 0.472
	城镇	56	43.08	52	40.00	18	13.85	2	1.54	2	1.54	130		
	城市	16	39.10	20	47.62	6	14.29	0	0	0	0	42		
	小计	212	42.23	216	43.03	68	13.55	4	0.80	2	0.40	502		
学科	理科	98	46.23	92	43.40	18	8.49	2	0.94	2	0.94	212	4.34	0.037<0.05
	文科	114	39.31	124	42.76	50	17.24	2	0.69	0	0	290		
	小计	212	42.23	216	43.03	68	13.55	4	0.80	2	0.40	502		
是否独生子女	独生子女	88	48.89	72	40.00	16	8.89	2	1.11	2	1.11	180	5.721	0.017<0.05
	非独生子	124	38.51	144	44.72	52	16.15	2	0.62	0	0	322		
	小计	212	42.23	216	43.03	68	13.55	4	0.80	2	0.40	502		

"只要功夫深，铁杵磨成针"的故事，告诉人们一个浅显的道理，那就是做事要学会持之以恒，才会达到成功的目标。从人的成长角度来看，学会坚持也是人走向成熟的标志，表示其懂得了自律、自主、自为，懂得自己开启了追求理想之门的第一步。体育作为一门技艺性课程，没有深奥的理论，但有技

术、技能和体能的要求，想取得优异的成绩，学会持之以恒必不可少。理想的体育应对培养大学生持之以恒的毅力有着积极影响。表 7-12 是调查统计体育对培养大学生持之以恒毅力品质的影响状况，产生的正影响率为 85.26%，不同类别大学生中，男生、理科大学生和独生子女的正影响率位居前三，分别是 90.54%、89.63%、88.89%，而对文科生的正影响率最低为 82.07%；卡方分析告诉我们，男女生、不同年级学生、文理科大学生及独生子女与非独生子女学生之间对体育培养持之以恒的内在品质存在统计学意义上的非常显著性差异 (P<0.01) 和显著性差异 (P<0.05)，而其他不同生源地的大学生之间则不存在数理统计上的差异。

4.3 体育培养大学生超越精神之勤学苦练作风的现状调查

表 7-12　体育培养大学生超越精神之勤学苦练作风的调查统计

类别		影响水平										合计	卡方检验值	
		非常大		比较大		一般		不太大		完全没有				
		人数	%	人数	%	人数	%	人数	%	人数	%	人数	Chi-Square	P 值
性别	男	66	44.59	60	40.54	12	8.11	6	4.05	4	2.70	148	24.98	000<0.01
	女	80	22.60	164	46.33	86	24.29	20	5.65	4	1.13	354		
	小计	146	29.08	224	44.62	98	19.52	26	5.18	8	1.59	502		
年级	一年级	58	30.53	78	41.05	40	21.05	10	5.26	4	2.11	190	0.024	0.876
	二年级	88	28.21	146	46.79	58	18.59	16	5.13	4	1.28	312		
	小计	146	29.08	224	44.62	98	19.52	26	5.18	8	1.59	502		
生源地	农村	84	25.45	164	49.70	66	20.00	12	3.64	4	1.21	330	0.163[1,2]	0.686
	城镇	42	32.31	46	35.38	24	18.46	14	10.77	4	3.08	130	5.061[2,3]	0.024
	城市	20	47.62	14	33.33	8	19.05	0	0	0	0	42	6.44[1,3]	0.040
	小计	146	29.08	224	44.62	98	19.52	26	5.18	8	1.59	502		
学科	文科	78	26.90	130	44.83	58	20.00	18	6.21	6	2.07	290	2.526	0.112
	理科	68	32.07	94	44.34	40	18.87	8	3.77	2	0.94	212		
	小计	146	29.08	224	44.62	98	19.52	26	5.18	8	1.59	502		
是否独生子女	独生子女	58	32.22	82	45.56	30	16.67	8	4.44	2	1.11	180	2.644	0.104
	非独生子女	88	27.33	142	44.10	68	21.12	18	5.59	6	1.86	322		
	小计	146	29.08	224	44.62	98	19.52	26	5.18	8	1.59	502		

勤学苦练是学生应有的本分，也是大学生应该继承的良好求学作风，勤学

苦练适用于所有的课程，但对体育课程来讲，主要体现在身体上的练习，更多的是承受运动负荷对生理机能的刺激，带来生理上的疲惫感，只有在生理上经受得住考验的人，才能面对其他困难时无所畏惧，才能为不断地突破自我而创造良好的身体和心理条件，这是高校体育培养大学生超越精神的一个重要方面。表 7-12 是对体育培养大学生勤学苦练品质的数据分析，正影响率均值为 73.7%，不同类别大学生所受影响的前三位分别是男生、城市大学生、独生子女大学生，比率为 85.13%、80.95%、77.28%，而后三位分别是城镇大学生、女生、一年级学生，比率为 67.69%、68.93%、71.58%。卡方分析数据表明，男女生之间存在非常显著性差异，一年级与二年级大学生，城市大学生与城镇、农村大学生之间存在显著差异性。除男生外，城市大学生和独生子女比其他类别大学生更认可体育对培养他们勤学苦练的品质，与他们的生存环境与家族教育有一定的关系，城市大学生和独生子女大学生进行体力活动的时间相对于其他大学生会更少，体育对他们的心理体验就是非常直接的，真正领会什么叫勤学苦练的味道。

4.4 体育培养大学生超越精神之开拓创新意识的现状调查

表 7-13　体育培养大学生超越精神之开拓创新意识的调查统计

类别		影响水平										卡方检验值	
		非常大		比较大		一般		不太大		完全没有		合计	Chi-Square	P 值
		人数	%	人数	%	人数	%	人数	%	人数	%	人数		
性别	男	64	43.24	56	37.84	20	13.51	4	2.70	4	2.70	148	20.75	000<0.01
	女	80	22.60	154	43.50	102	28.81	14	3.95	4	1.13	354		
	小计	144	28.69	210	41.83	122	24.30	18	3.59	8	1.59	502		
年级	一年级	46	24.21	92	48.42	44	23.16	2	1.05	6	3.16	190	0.253	0.615
	二年级	98	31.41	118	37.82	78	25.00	16	5.13	2	0.64	312		
	小计	144	28.69	210	41.83	122	24.30	18	3.59	8	1.59	502		
生源地	农村	92	27.88	138	41.82	88	26.67	4	1.21	4	1.21	330	0.1444[1、2] 2.760[2、3] 3.051[1、3]	0.704 0.097 0.217
	城镇	36	27.69	54	41.54	28	21.54	8	6.15	4	3.08	130		
	城市	16	38.10	18	42.86	6	14.29	2	4.76	0	0	42		
	小计	144	28.69	210	41.83	122	24.30	18	3.59	8	1.59	502		

（续表）

		非常大 人数	非常大 %	比较大 人数	比较大 %	一般 人数	一般 %	不太大 人数	不太大 %	完全没有 人数	完全没有 %	合计 人数	Chi-Square	P值
学科	理科	60	28.30	98	46.23	46	21.70	6	2.83	2	0.94	212	0.974	0.324
	文科	84	28.97	112	38.62	76	26.21	12	4.14	6	2.07	290		
	小计	144	28.69	210	41.83	122	24.30	18	3.59	8	1.59	502		
是否独生子女	独生子女	58	32.22	80	44.44	34	18.89	4	2.22	4	2.22	180	4.286	0.038
	非独生子	86	26.71	130	40.37	88	27.33	14	4.35	4	1.24	322		
	小计	144	28.69	210	41.83	122	24.30	18	3.59	8	1.59	502		

开拓创新意识是人不断克服困难、接受挑战的主观能动性的体现，是人对自我意识的唤醒，也是人对应然状态的主动追求，这也是推动人类社会不断发展的精神动力。从理论层面讲，体育追求"更快、更高、更强"的精神会激励、引导大学生不断地开拓进取。表7-13对体育培养大学生开拓创新意识进行了统计分析，正影响率均值为70.52%，不同类别大学生所受影响的前三位分别是男生、独生子女大学生、理科大学生，比率为81.08%、76.66%、74.53%，而后三位分别是女生、非独生子女大学生、文科大学生，比率为66.10%、67.08%、67.59%。进一步的卡方分析表明，男女生之间存在非常显著性差异，独生子女与非独生子女大学生之间存在显著差异性。其余类别大学生均不存在统计学意义上的差异。

4.5 体育培养大学生超越精神之科学意识的现状调查

表7-14　体育培养大学生超越精神之科学意识的调查统计

类别		影响水平											卡方检验值	
		非常大		比较大		一般		不太大		完全没有		合计	Chi-Square	P值
		人数	%	人数	%	人数	%	人数	%	人数	%	人数		
性别	男	46	31.08	44	29.73	46	31.08	10	6.76	2	1.35	148	18.96	0.00
	女	50	14.12	110	31.07	134	37.85	36	10.17	24	6.78	354		
	小计	96	19.12	154	30.68	180	35.86	46	9.16	26	5.18	502		
年级	一年级	36	18.95	64	33.68	54	28.42	26	13.68	10	5.26	190	0.008	0.927
	二年级	60	19.23	90	28.85	126	40.38	20	6.41	16	5.13	312		
	小计	96	19.12	154	30.68	180	35.86	46	9.16	26	5.18	502		

（续表）

生源地	农村	64	19.39	102	30.91	116	35.15	34	10.30	14	4.24	330	0.440[1,2] 0.057
	城镇	20	15.38	40	30.77	54	41.54	10	7.69	6	4.62	130	0.940[2,3] 0.332
	城市	12	28.57	12	28.57	10	23.81	2	4.76	6	14.29	42	1.009[1,3] 0.604
	小计	96	19.12	154	30.68	180	35.86	46	9.16	26	5.18	502	
学科	理科	44	20.75	52	24.53	82	38.68	20	9.43	14	6.60	212	1.197 0.274
	文科	52	17.93	102	35.17	98	33.79	26	8.97	12	4.14	290	
	小计	96	19.12	154	30.68	180	35.86	46	9.16	26	5.18	502	
是否独生子女	独生子女	36	20.00	80	44.44	48	26.67	8	4.44	8	4.44	180	14.869 0.000
	非独生子女	60	18.63	74	22.98	132	40.99	38	11.80	18	5.59	322	
	小计	96	19.12	154	30.68	180	35.86	46	9.16	26	5.18	502	

　　体育作为一门文理综合性的运用性实践课程，在体育学习过程中需要有理科类知识的支撑，包括物理学、生理学、解剖学、生物化学、运动损伤等，在教学层面上，老师需要对学生进行传授，指导学生要用专业的科学理性来指导体育实践，并通过教学实践和自我锻炼体验来深化对身体锻炼机理的认识和效能。表 7-14 统计了体育对培养大学生科学意识的影响数据，正影响率均值为 49.8%，不同类别大学生所受影响的前三位分别是独生子女大学生、男生、城市大学生，比率为 64.44%、60.81%、57.14%，而后三位分别是非独生子女大学生、女生、理科大学生，比率为 41.61%、44.19%、45.28%。进一步的卡方分析表明，男女生、独生子女与非独生子女大学生之间存在非常显著性差异。其余类别大学生均不存在统计学意义上的差异。从调查数据看，大学生对体育能够培养他们的科学意识并不太认同，均值并未超过一半，这可能与大学生受社会传统对体育的偏见有关，常有人说，搞体育者四肢发达，头脑简单，体育无非是一种游戏，最多是一种休闲的手段而已，影响他们对体育的认识，似乎体育运动并不需要太多的科学理性做指导。

4.6 体育培养大学生顽强拼搏精神的现状调查

表 7-15　体育培养大学生顽强拼搏精神的调查统计

类别		影响水平										卡方检验值	
		非常大		比较大		一般		不太大		完全没有		合计	Chi-Square	P 值
		人数	%	人数	%	人数	%	人数	%	人数	%	人数		
性别	男	90	60.81	44	29.73	10	6.76	4	2.70	0	0	148	18.56	000
	女	130	36.72	188	53.11	28	7.91	8	2.26	0	0	354		
	小计	220	43.83	232	46.22	38	17.57	12	2.39	0	0	502		
年级	一年级	90	47.37	76	40.00	20	10.53	4	2.11	0	0	190	0.36	0.551
	二年级	130	41.67	156	50.00	18	5.77	8	2.56	0	0	312		
	小计	220	43.83	232	46.22	38	17.57	12	2.39	0	0	502		
生源地	农村	154	46.67	144	43.64	22	6.67	10	3.03	0	0	330	$5.00^{1,2}$ $4.47^{2,3}$ $0.502^{1,3}$ 注	0.025 0.035 0.479
	城镇	46	35.38	68	52.31	14	10.77	2	1.54	0	0	130		
	城市	20	47.62	20	47.62	2	4.76	0	0	0	0	42		
	小计	220	43.83	232	46.22	38	17.57	12	2.39	0	0	502		
学科	理科	88	41.51	106	50.00	14	6.60	4	1.89	0	0	212	0.21	0.65
	文科	132	45.52	126	43.45	24	8.28	8	2.76	0	0	290		
	小计	220	43.83	232	46.22	38	17.57	12	2.39	0	0	502		
是否独生子女	独生子女	84	46.67	80	44.44	12	6.67	4	2.22	0	0	180	1.022	0.312
	非独生子	136	42.24	152	47.20	26	8.08	8	2.48	0	0	322		
	小计	220	43.83	232	46.22	38	17.57	12	2.39	0	0	502		

体育的竞争性在一定程度上迎合了大学生们争强好胜的心理，无论是体育教学中的各种比赛，还是学校举行的传统社团比赛、校级联赛及校际的各项比赛中，都会看到同学们积极争取胜利、赢得比赛或者超越自我而进行顽强拼搏的身影，这应是体育活的文化，锻造自身，也影响其他同学。表7-15统计的数据表明，体育对培养大学生顽强拼搏精神的正影响率为90.05%，2.39%的大学生不太认可体育对顽强拼搏精神的培养，而没有一个大学生完全否定体育对培养大学生顽强拼搏精神的作用，这应该是同学们对体育学科的最大认同与肯定，也是体育课程在育人中显现的成效。进一步统计分析显示，大学生认可体育对培养他们的顽强拼搏精神有着积极作用，前三位分别是城市大学生、二年级大学生、理科大学生，正影响率为95.24%、91.67%、91.51%，而从不同

类别大学生的影响现状解析，则在男女大学生之间，农村与城镇、城镇与城市间的大学生之间存在统计学意义上的非常显著性差异 (P<0.01) 和显著性差异 (P<0.05)，男生的正影响率高于女生，农村和城市的大学生在"非常大"的级别上远高于城镇大学生，其余均类别的大学生之间不存在统计学意义上的差异。

5 结论

5.1 研究认为实现体育中的超越精神，需具有核心的内在品质，即需要持之以恒的毅力、勤学苦练的作风、开拓创新的意识、坚持科学的理性、顽强拼搏的勇气。

5.2 体育培养大学生超越精神及内在品质影响的数据

表 7-16　高校体育培养大学生超越精神及内在因素提升的统计数据〔前三位〕

类别	超越精神及内在因素											
	持之以恒		勤学苦练		开拓创新		科学意识		顽强拼搏		超越精神	
正影响率排序	类别	%	类别	%	类别	%	类别	%	类别	%	类别	%
1	男大学生	90.54	男大学生	85.13	男大学生	81.08	独生子女	64.44	城市大学生	95.24	男大学生	92.54
2	理科大学生	89.63	城市大学生	80.95	独生子女	76.66	男大学生	60.81	二年级大学生	91.67	城市学生	90.47
3	独生子女	88.89	独生子女	77.28	理科大学生	74.53	城市大学生	57.14	理科生	91.51	独生子女	87.78
均值	85.06		73.70		70.52		49.80		90.05		86.04	
差异状况	男女大学生（**）、不同年级大学生、文理科大学生及独生子女与非独生子女学生（*）		男女大学生（**）、不同年级大学生、城市大学生与城镇、农村大学生（*）		男女大学生（**）、独生子女与非独生子女大学生（*）		男女大学生（**）、独生子女与非独生子女大学生（*）		男女大学生（**）、农村与城镇、城镇与城市大学生（*）		男女生（**）、农村与城镇、农村与城市、城镇与城市大学生（*）	

注：差异状况：** 表示非常显著性差异，* 显著性差异

6. 建议

6.1 多项统计数据表明，体育对男女生精神素质的影响存在着差异性。随着现代社会的进步和信息技术的迅猛发展，自动化、机械化、信息化程度的日益提高，人们参加体力劳动的机会日益减少，按照用进废退的进化原则，体育应成为人类保持自然生命的重要手段，体育对女大学生的精神养成明显差于男生，需要有针对性地做好女大学生体育工作，尤其是精神方面的教育。

6.2 体育运动中需要有专业科学的理性指导，作为高校体育需要教师在教学上对学生进行专业知识的进一步深化，确保体育技术技能学习的科学、技战术安排的合理性，并在促进人身心健康的基础上，避免运动损伤的发生。教育在于改变人的观念，高校体育有责任使大学生对体育一个全面科学的认识。

6.3 体育的强身健体作用已深入人心，但体育作为育人的内容与手段，尤其是高校体育不能局限于此，应在大学生参与体育实践的过程中培养他们的体育精神，并积极引导他们把体育精神迁移到学习、工作、生活等领域，努力使他们在体育中养成走向人生成功的精神品质、积累攀越事业巅峰的内在动力。

参考文献：

[1] 冯建军．人的超越性及其教育意蕴 [J]．教育研究与实验，2005（1）：17-21.

[2] 张建国主编．新编现代汉语词典 [M]．吉林教育出版社，2010.

[3] 潘绍伟，于可红．学校体育学 [M]．北京：高等教育出版社，2005（7）：67-68.

[4] 何国民．应用统计学案例教程：以 SPSS 为计算工具 [M]．华中科技出版社，2011.

[5] 李斌．社会学 [M]．武汉．武汉大学出版社，2009.

第八章　羽毛球实施课程思政的研究

本章以羽毛球项目为载体开展课程思政研究，阐述了当前高校羽毛球教学模式的基本现状，以问卷调查的形式统计、分析了羽毛球课程对男女大学生道德思想素质的养成状况，并对当前羽毛球课程思政教学模式的满意度进行了调查与分析，为其他体育项目开展课程思政提供借鉴与参考。

第一节　高校羽毛球教学模式研究综述

通过文献资料法、比较法，对高校羽毛球教学模式进行了归纳、比较与分析，为羽毛球课程实施课程思政提供基本教学教育信息，以提高羽毛球教学水平、课程育人质量提供一定参考与借鉴。

引言

随着高校体育课程改革的实施，使得大学体育课程变得更加多样化，各种体育课程的开设满足了不同兴趣爱好的学生们进行体育运动的需求，羽毛球项目容易上手、趣味性强、运动量可控且受场地器材等影响小，迅速地得到了广大学生们的喜爱，羽毛球课程成了大学生们选择体育课的热门课程，学习、参加羽毛球项目的学生日益增多，形成了良好的羽毛球运动氛围，如何更好地开展羽毛球教学也成了许多高校羽毛球老师所思考的问题，也在各自的教学岗位上进行了不同的尝试与改革，也积累了一些教学经验，其中对高校羽毛球教学模式的探究就是一个热门话题。

1. 高校羽毛球教学模式研究综述

1.1 体育教学模式的概念

由于事物本身的复杂性及人们认识事物的视角不同，出现了对教学模式的各种界定。美国的乔伊斯和威尔认为："教学模式是构成课程和课业、教材选择、提示教师活动的一种计划或模型。"苏联巴班斯基把教学模式称为教学方法和形式的不同结合，认为不同教学方法和形式的相互结合形成了各种独具特色的教学模式[1]。我国顾明远主编的《教育大辞典》(1990) 中认为"教学模式是反映特定教学理论逻辑轮廓的、为保持完成某种教学任务相对稳定的教学活动结构"；刘绍曾、曲宗湖等人所著的《现代教学论与体育教学》[3](1993) 认为"教学模式就是在一定的教学思想指导下，围绕着教学活动中的某一主题，形成相对稳定的、系统化和理论化的教学范型"；吴也显主编的《教学论新编》[4]中认为"所谓教学模式是指客观的教学规律在特定条件下特定的表现形式，是教学论真理在某一具体教学过程中的一种体现、一个特例，是特定的教育环境下教学系统结构和功能的有机统一。"通过以上对教学模式不同界定的分析，在把握各种界定共同特点的基础上，我们认为教学模式是教学的一种范型，是在一定的教学思想或教学理论指导下建立的，与教学目标、教学内容、教学程序、教学方法互相联系的、综合的、相对稳定的策略体系。那么，体育教学模式定义为：体育教学模式是体育教学的一种范型，是在一定的体育教学思想或体育教学理论指导下，建立的与体育教学目标、体育教学内容、体育教学程序、体育教学方法相联系的、综合的、相对稳定的教学策略体系。

1.2 对目前高校羽毛球选项课教学模式的评述

在高校羽毛球运动是一项深受现代大学生喜爱的体育项目，随着羽毛球课程开设的不断广泛与深入，高校的羽毛球老师们在面对大学生们不同的羽毛球兴趣、技术水平与不同的身体素质及不同的个性时，在羽毛球教学模式，各自分别用实践经验结合理论研究，提出多种羽毛球教学模式。截至 2019 年 6 月，从知网搜索文章来看，有关"高校羽毛球教学"篇名的论文共计 325 篇，涉及高校羽毛球教学模式的相关论文共 209 篇，通过分类、归纳，高校羽毛球教学模式主要有以下几种。

1.2 高校羽毛球教学模式的类别

1.2.1 注重大学生运动能力、比赛能力的教学模式

较有代表性的有丁仙子[5]，其认为课内联赛这种教学模式是把动作教育模式、运动教育模式和小群体教学法与组合技术教学策略相结合而成的一种新的体育课形式。它给学生提供了在实践中运用所学技能的机会，对于学生羽毛球技术的提高具有很大作用、能强化学生在赛场上的能力，提高应对困难的能力，但它也存在很多问题，比如课堂分配给学生练习技术的时间非常有限；黄丽[6]认为：运动教育模式是一种以游戏教育为指导思想的新型教学模式，其以比赛、游戏为主线，主张让每位学生都参与课堂活动，不同运动水平的学生都能够获得运动体验，让学生在运动中感受运动文化和人文关怀，增强学生的运动信心，激发学生体育运动的热情。

1.2.2 注重学生主体性发挥教学模式

注重学生主体性发挥的羽毛球教学模式是教育理论主体性教育在体育教学中的运用。代表性的有巩祥祥[7]的抛锚式教学模式在羽毛球教学中的运用。抛锚式教学模式是建构主义理论中的一种重要的教学模式。所谓"锚"是指在真实的情境中创设与学习内容有关的问题所依据的教学情节，这些故事情节有助于教师和学生进行探索。抛锚式教学模式能够很大的带动学生学习的积极性，使学生可以作为学习的主体自由发挥，在解决问题时不断提高个人能力。而传授——接受式教学模式即是教师直接传输给学生知识，学生被动的直接接受，缺乏自己主动性的思考。抛锚式教学模式更有利于提高学生的身体素质、提高学生的羽毛球技术及学生的羽毛球兴趣、提高自主合作能力和人际交往能力；李仲彩[8]则对探究式教学模式在羽毛球教学中进行了研究，探究式教学模式是指教学活动以问题为中心，学生在教师指导下通过思考、分析、提出解决问题的方法。体育教学也应从过去以教师为中心、以教材为线索去传授机械

性、模仿性、重复性的知识，转向以学生为中心，以问题为线索，教会学生学习，提高学生的羽毛球运动技能水平和学生的创新意识与能力；提高学生羽毛球学习的兴趣，转变学习态度；增强学生的合作意识和能力；增强学生学习的自信心；形成良好的师生关系。

1.2.3 注重学生个体差异的分层教学模式

羽毛球作为选项课，学生的技术层次是参差不齐的，分层次教学体现了因材施教的教育原理，从技术学习上讲是合理的、也是科学的，其中代表性的有丁庆龙[9]、刘丹妮[10]，教学实践和研究证明：分层教学模式有助于各层次学生羽毛球技术水平的提高、羽毛球专项素质能力、羽毛球的综合运动能力、有利于发挥大学生的个性和能力，激发他们的学习兴趣。

1.2.4 注重学生合作学习的羽毛球教学模式

合作式教学模式注重现代人的合作能力培养，是注重大学生综合素质提升的教育理念的体现。代表性的研究探索成果有李鑫星[11]、刘正之[12]，他们的基本观点认为合作教学模式能提高大学生对羽毛球学习动机水平、技术水平，提高大学生分层次合作教学和自主——合作教学模式，研究认为在羽毛球教学中渗透合作教学理念，能提高大学生的合作意识和能力水平，形成融洽的师生、生生关系和轻松愉快的教学环境。但如何进行合作，需要教师做更多的理论研究、规划和教学安排，而且学生要做出相应的配合，达到教与学的相长与统一。

1.2.5 注重学生体能的羽毛球教学模式

羽毛球作为一项隔网项目，随着技术水平的提升，要想取得好成绩，对体能的要求会越来越高，有不少学者对此进行了实践与研究，研究生邓勇做了较为深入的论文分析与阐述[13]，教学实践表明"体能优先发展"教学模式在羽毛球专项课中的运用能提高学生羽毛球技能学习效果，提升学生实战水平，提高学生学习兴趣和学习主动性，有利于学生养成主动学习羽毛球的好习惯，以兴趣来激发学生对羽毛球运动的喜爱，激发大学生的练习积极性，在练习中增进体能、提高技术，达到良好循环。

1.2.6 注重羽毛球技术教学的模式

教师黄东教[14]把"结构—定向"理论引入羽毛球教学，作者认为体育教学的定向化教学实质上是指学生了解动作技术结构，在头脑中建立起相应的动作技术的认知结构的过程，需要认知结构和情感在学习中的导向作月，并在理论上进行了研究，通过创设学习情境、小组协作学习、"反馈——纠正"、强化练习设计，并通过诊断性主评价、形成性评价和终结性评价，达到掌握羽毛球技术的教学目标和要求，"结构—定向"教学模式注重技术的完整性和学习的系统性，为提升羽毛球技术教学质量提供一定的参考。

1.2.7 注重思想教育的羽毛球教学模式

近年随着"课程思政"理念的提出，使得各门课程结合自身的实际开始了全面的探索，体育课程也有一些具体课程进行了尝试性改革，而有关羽毛球"课程思政"教育的从文献资料来看并不多见，朱秀清老师[15]做了相应的探索，作者主要结合自身的教学工作，在教学生羽毛球技术、技能的过程中，认为应该融入体育精神的教育与培养，其中主要内容是把遵守规则、尊重对手、团结协作、奋勇拼搏、积极进取、顽强拼搏、友谊与团结、和平与公平、关爱与尊重等。作者在课程规划、教学设计、课堂管理、教学内容与手段及教学评价等方面进行了改进，进行了有益的尝试，但在羽毛球项目的思政教育内涵的挖掘上可以进一步明确细化，情境教育、合作教育、朋辈教育等方面可以进行更深入的研究与拓展，以期有分析得更加透彻和细致。应该说有着羽毛球课程思政教育的研究处于起步阶段。

2. 结语

羽毛球作为体育教学的一个受大学生欢迎的、较有代表性的传统项目，随着教学的不断深入，其育人的效果和成效，日益受到师生们的高度重视，从不同的教学理念和视角来开展羽毛球教学是一种进步，各有各侧重与优点，如何因材施教既是老生常谈的问题，也是与时俱进的课题。

当前，课程思政的教育理念正在全面、深入"全课程"教学中，以期取得更加优秀的育人效果，体育作为高校育人的重要组成内容，加强育人责无旁贷，所有体育教学项目作为育人的具体载体必须深入研究课程思政理念在具体教学中的落地，真正体现在育人中的独特作用与效果。

参考文献：

[1] 曲宗湖 . 体育教学模式问答 [M]. 北京：人民体育出版社，2003.

[2] 顾明远主编 . 教育大辞典 [M]. 上海教育出版社，1990.

[3] 王宗平 . 大学体育课程教学改革实践与走向 [J]. 体育科学，1999(3)：64- 65.

[4] 毛振明、赖天德 . 论"传统体育教学方法"与"现代体育教学方法"的关系 [J]. 中国学校体育，2005(2)：54-55.

[5] 丁仙子 . 课内联赛教学模式在普通高校羽毛球选项裸中的实验研究 [D]. 辽宁师范大学，2015.

[6] 黄丽 . 运动教育模式运用于高校羽毛球教学探究 [J]. 当代体育科技，2017(10).

[7] 巩祥祥 ."抛锚式"教学模式在羽毛球普修课教学中应用效果的研究 [J]. 西安体育学院，2017.

[8] 李仲彩 . 探究式教学模式在羽毛球技术教学中的实验研究 [J]. 云南师范大学，2013(6).

[9] 丁庆龙 . 分层次教学在高校羽毛球教学中的应用 [J]. 鞍山师范学院学报，2018(8).

[10] 刘丹妮 . 动态分层教学模式在高校公共体育羽毛球选项课中的应用效果研究 [J]. 云南师范大学，2016(5).

[11] 李鑫星 . 分层次合作教学法在羽毛球教学中的实验研究 [D]. 首都体育学院，2014.

[12] 刘正之 . 自主—合作教学法对大学体育羽毛球选项课教学效果的影响研究 [D]. 云南师范大学，2014.

[13] 邓勇 . 体能优先发展教学模式在羽毛球专项课教学中的实验研究 [D]. 广州体育学院，2017.

[14] 黄东教.“结构—定向”羽毛球教学模式的构建 [J]. 钦州学院学报，2011（6）：79-82.

[15] 朱秀清. 高职体育课程思政元素的挖掘与融合——以浙江工贸职业技术学院羽毛球选项课为例 [J]. 运动 .2018.

第二节　羽毛球教学促进男女大学生思想道德养成的现状调查

此节以羽毛球选项课大学生为研究对象，运用体育学、思想政治教育学、教育学、心理学等理论，用文献资料、问卷调查、数理统计、比较分析等研究方法，对高校羽毛球促进大学生思想道德素质的现状进行了调查，研究表明高校羽毛球对促进大学生思想道德素质，影响力排名依次为顽强拼搏精神 91.68%，团结协作意识 90.48%，健康娱乐精神 86.51%，积极参与精神 85.71%，公平竞争意识 80.95%。

引言

《全国普通高等学校体育课程教学指导纲要》（以下简称《纲要》）[1] 中阐述了高校体育课程的性质，明确了体育课程是寓身心和谐发展、思想品德教育、文化科学教育、生活与体育技能教育于身体活动并有机结合的教育过程；是实施素质教育和培养全面发展的人才的重要途径和手段。其对大学生心理、精神发展的目标是“自觉通过体育活动改善心理状态、克服心理障碍，养成积极乐观的生活态度；运用适宜的方法调节自己的情绪；在运动中体验运动的乐趣和成功的感觉”“表现出良好的体育道德和合作精神，正确处理竞争与合作的关系”“在具有挑战性的运动环境中表现出勇敢顽强的意志品质”“形成良好的行为习惯，主动关心、积极参加社区体育事务”。《纲要》十分明确地阐述了体育对大学生思想、道德、心理、精神等内在品质的积极影响，体育课程也要承担起提升大学生思想道德素质的重要使命，自从 2004 年上海市开始探索"课程思政"改革以来，近年来，各门课程均开启了注重课程育人的教学教育改革，尤其是 2016 年 12 月 7、8 日召开了全国思想政治工作会议以后，更是掀起了开展"课程思政"教育改革的热潮。体育作为高校教育的重要组成部分，加强体育育人责无旁贷，体育运动中表现出来的健康娱乐精神、积极参与意识、顽强拼搏精神、公平公正精神和团结协作意识，都是大学生必须具备的思想道德素质。大学生经过十多年的体育教育，究竟体育对大学生思想道德的养成影响如何，至今并未有人进行具体的调查研究，本课题尝试在这方面进行探索。

1. 研究对象和方法

1.1 研究对象

共有两份问卷，一份采取随机抽样的方法，把羽毛球选项大学生 140 人作为研究样本，共发放问卷 140 份，回收 131 份，回收率为 93.57%，其中有效问卷为 126 份，有效率为 96.18%；另一份问卷在杭州下沙高教园区所属高校中采用随机小样本抽样的调查方法，进行为期一周的跟踪调查，共发问卷 30 份，回收 27 份，回收率为 90.00%，有效问卷 25 份，有效率为 92.59%。回收率和问卷有效率均满足统计学的要求。

1.2 研究方法

1）问卷调查法。对思想道德的认知调查采用 5 梯度量表法：非常大（5 分）、比较大（4 分）、说不准（3 分）、不太大（2 分）、完全没有（1 分）。

2）数理统计与分析方法 (所有数据处理均由 spass17.0[2] 软件完成)。

3）专家咨询法。

4）文献资料法。

5）访谈法。

2 体育教学与大学生思想道德

2.1 体育、体育教学的内涵

体育 (亦称体育运动) 是指以身体练习为基本手段，以增强人的体质、促进人的全面发展、丰富社会文化生活和促进精神文明为目的的一种有意识、有组织的社会活动，它是社会总文化的一部分，其发展受一定社会的政治和经济的制约，并为一定社会的政治和经济服务。从狭义角度来看，体育（亦称体育教育）是一个发展身体，增强体质，传授锻炼身体的知识、技能，培养道德和意志品质的教育过程。作为教育的重要组成部分，体育不仅是对人进行培育和塑造的过程，更是培养全面发展的人的一个重要方面[3]。体育作为育人的重要内容，不仅是强身健体的手段，更是培养人思虑道德和意志品质的重要载体，在育人中有着自身独特的作用。体育教学[4]是一种以体育教材为中介，学生在体育教师的指导下掌握体育知识、技术和技能，养成良好体育锻炼习惯，促进学生身体、心理和社会适应能力健康发展的教育活动。体育教学中蕴含着丰富的育人内容，既是一个强身健体的手段又是一个育人的过程。

2.2 大学生思想道德养成与体育

道德[5]是指调整人们相互关系的行为原则和规范的总和，大学生思想道德养成是大学生在道德实践中培养良好的道德习惯和道德品质的赛程，大学生思想道德的养成并不是一蹴而就的，而需要一个长期积累的过程。而大学生思想道德的主要内容是社会主义核心价值观，2012年11月，中共十八大报告明确提出"三个倡导"，即"倡导富强、民主、文明、和谐，倡导自由、平等、公正、法治，倡导爱国、敬业、诚信、友善，积极培育社会主义核心价值观"，这是对社会主义核心价值观的最新概括。尤其是"爱国、敬业、诚信、友善"，是大学生的基本道德规范，是从个人行为层面对社会主义核心价值观基本理念的凝练。它覆盖社会道德生活的各个领域，也是大学生必须恪守的基本道德准则，也是评价公民道德行为选择的基本价值标准。爱国是基于个人对自己祖国依赖关系的深厚情感，也是调节个人与祖国关系的行为准则[6]。

从体育的内涵与体育教学的定义来看，体育从文化意义上其育人的本质应是，从有形的强健身体走向培养无形的心理、道德和精神健康。按照社会主义核心价值观的具体内涵，体育中蕴含着培养大学生参与精神、公平公正公开精神、顽强拼搏精神、团队合作精神及健康娱乐精神的教育因子和要素[7]，对促进大学生思想道德素质有着天然的作用，体育作为一门必修课程，从小学一直持续到大学，从时间跨度上对于教育、培养大学生的思想道德养成十分契合。

卢梭说："如果你想培养你的学生的智慧，就应当先培养他的智慧所支配的体力，不断地锻炼他的身体，使他健壮起来，以便他长得既聪慧又有理性。""健康的身体是优良品德的基础，一切邪恶都是由衰弱的身体而产生的。儿童因为娇弱才会令人讨厌，如果设法使他健壮，他就会变好的。"因此，他说："教育最大的秘诀是使身体锻炼和思想锻炼互相调剂"[8]。

当前全课程育人理念正被教育界所广泛接受，各门学科要积极行动起来加强育人，体育是高校育人的重要内容，需要认真做好强身健体和育人的工作。

鉴于上述分析，我们认为体育对促进大学生参与精神、公平公正公开精神、顽强拼搏精神、团队合作精神及健康娱乐精神等的思想道德养成具有较为直接的影响，并以此为内容对羽毛球课程的学生开展问卷调查与分析。

3. 高校羽毛球促进大学生思想道德养成的现状调查与分析

表 8-1　高校羽毛球促进大学生思想道德养成的现状调查统计表

类别		影响水平										合计	卡方检验值	
		非常大		比较大		说不准		不太大		完全没有			Chi-Square	P 值
		人数	%	人数	%	人数	%	人数	%	人数	%	人数		
健康娱乐精神	男	18	48.65	16	43.24	2	5.41	1	2.70	0	0	37	14.86**	P<0.01
	女	54	31.07	21	49.72	6	13.56	3	2.82	5	2.82	89		
	小计	72	57.14	37	29.37	8	6.35	4	3.17	5	3.97	126		
积极参与精神	男	21	56.76	13	35.14	2	5.41	0	0	1	1.35	37	16.85**	P<0.01
	女	32	35.96	42	47.19	14	15.73	1	1.12	0	0	89		
	小计	53	42.06	55	43.65	16	12.70	1	0.79	1	0.79	126		
顽强拼搏精神	男	23	62.16	11	29.73	2	5.41	1	2.70	0	0	37	19.53**	P<0.01
	女	32	35.96	47	52.81	7	7.87	3	3.37	0	0	89		
	小计	55	43.65	58	46.03	9	7.58	4	2.39	0	0	126		
公平公正精神	男	20	54.05	13	35.14	3	8.11	1	1.35	0	0	37	11.58**	P<0.01
	女	30	33.71	39	43.82	15	16.85	4	4.49	1	1.12	89		
	小计	50	39.68	52	41.27	18	14.29	5	3.97	1	0.79	126		
团队协作意识	男	26	70.27	11	29.73	0	0	0	0	0	0	37	12.86**	P<0.01
	女	48	53.93	29	32.58	9	10.11	2	2.25	1	1.12	89		
	小计	74	58.73	40	31.75	9	7.14	2	1.59	1	0.79	126		

表 8-1 统计分析表明，羽毛球对促进男女大学生健康娱乐精神的影响率（我们把非常大与比较大的占比称为影响率，下同）为 86.51%，表中数据的进一步分析告诉我们，体育对男女大学生健康娱乐精神的影响率是存在非常显著性差异（$X^2=14.86$，$P<0.01$），对男大学生的影响率为 91.89%，而对女大学生的影响率为 80.79%，虽然两者均认可体育对培养健康娱乐精神的作用，但对男大学生的影响率明显要高于女生，尤其是在"非常大"影响的级别上男生高出女生 26%。

高校体育对男女大学生培养积极参与精神的影响率为 85.71%，对男大学生的影响率为 91.9%，而对女大学生的影响率为 83.15%，进一步进行卡方分析得出（$X^2=16.85$，$P<0.01$），两者之间存在非常显著性差异，主要体现在"非常大"的影响级别上，男大学生远高于女大学生约 20%，而在"比较大"的影响级别上女大学生相反比男大学生高出约 12%。

高校体育对男女大学生培养顽强拼搏精神的影响率达到了惊人的 91.68%，而且从总体的认知情况男女生之间似乎没有差异，但卡方分析告诉我们同样存在非常显著性差异的（$X^2=19.53$，$P<0.01$），进一步观察数据不难看出，在"非常大""比较大"两个的级别上，两者是有着十分明显的差异，男生要比女生更认可体育对培养大学生顽强拼搏精神的作用。

统计数据表明，高校体育对男女大学生培养公平竞争精神的影响率为 80.95%，其中男生的影响率为 89.19%，女生的影响率为 77.53%，两者在"非常大"与"比较大"的层级上，存在数理统计意义上的非常显著性差异（$X^2=11.58$，$P<0.01$），尽管体育竞赛中要求人人做到公平竞争，而且体育是作为人类社会中最透明、公开的象征，但调查数据表明，男女大学生认为对体育培养公平竞争精神养成的影响程度却在五个不同类别的体育道德精神中为最低。

体育对人团队精神的培养一直以来为大家所提倡和认同，表中的数据真实而又非常有力地证实了这一看法，大学生们认为体育能培养团结协作精神的影响率达到了 90.48%，男生的影响率达到了 100%，女生为 86.51%，数理分析告诉我们，男生之间的影响率也存在统计学意义的显著性差异（$X^2=12.86$，$P=0.01$），同样表现为男生更认可体育对团结协作精神的培养和作用。

以上统计结果表明，高校体育对男女大学生精神的养成存在统计学意义上的非常显著性差异，我们认为这与男女大学生参与体育锻炼的生理、心理特点有关[9]，总体上男大学生在身体素质上表现得更加强悍、有力，心理上积极主动，勇于展示自我，而女大学生则相对好静，心理上又害羞，不善于在大庭广众之下表演自我；从社会学层面来分析，传统的社会角色是男性拥有"阳刚之气"，展示力量和强大，而女性则展示温柔贤惠，更多地体现出女性的柔美，这在一定程度上影响了男女大学生参与体育锻炼的情况，男生比女生更愿意参加体育运动，从而也影响了体育对他（她）们思想道德养成的教育。

4. 结论

4.1 调查数据表明体育对男女大学生思想道德的影响总体是非常积极的，对大学生养成不同类别的道德素质的影响率均超过80%，其中对团队协作精神和顽强拼搏精神的影响率超过了90%以上。

4.2 高校体育对在杭男女大学生精神成长的影响率，从高到低的排序依次为顽强拼搏精神91.68%，团队协作精神90.48%，健康娱乐精神86.51%，积极参与精神85.71%，公平竞争精神80.95%。

4.3 从数理统计意义来看，体育对男女大学生思想道德素质的养成与培养存在着非常显著性差异的，对男大学生的思想道德素质的养成与作用远高于女大学生。

5. 建议

5.1 体育男女大学生对思想道德养成的差异表明，需要我们在体育教学中做到因材施教，区别对待，如何更好提升体育对女大学生思想道德养成的发展水平，需要不同的运动项目在教育过程中进一步探索与深入研究。

5.2 高校体育对大学生思想道德养成的五个因子中，公平竞争的影响水平相对较低，需要我们在体育教学的实践中进一步调查与考察，为什么代表"公平、正义"的体育为何不能更好地影响大学生们？到底有哪些不良的体育现象影响了同学们对体育公平竞争的认知？体育教学中是否也存在着功利化及投机取巧的现象，而影响大学生对体育中应有公平公正的肯定与认可呢？！值得高校体育教育工作者深入思考。

参考文献：

[1] 全国普通高等学校体育课程教学指导纲要 [Z]. 教体艺〔2002〕13 号，2002.

[2] 何国民 . 应用统计学案例教程：以 SPSS 为计算工具 [M]. 华中科技出版社，2011.

[3] 邓树勋 . 陈小蓉 . 现代大学体育理论与实践 [M]. 广东高等教育出版社，2010(8).

[4] 姚蕾 . 体育教学论学程 [M]. 北京体育出版社，2005（1）：2.

[5] 王金华 . 大学生思想道德养成教育研究 [D]. 武汉：华中师范大学，2008.

[6] 坚定不移沿着中国特色社会主义道路前进 为全面建成小康社会而奋斗 [R].2012 年 11 月 8 日胡锦涛在中国共产党第十八次全国代表大会上的报告 .2014（6）-10.

[7] 钱利安，黄 喆 . 精神教育视阈下：体育促进大学生精神成人的研究 [M]. 杭州：浙江工商大学出版社，2018，11.

[8] 卢梭著，李平泽 . 爱弥尔 [M]. 北京：商务印书馆，1983: 139.

[9] 钱利安著 . 休闲体育的理论研究与实践 [M]. 杭州：浙江大学出版社，2008.

第三节　大学生对羽毛球课程思政教学模式满意度的调查研究

本节通过问卷调查法、数理统计法、比较法、文献资料法等方法，研究羽毛球选项学生对体育教学中开展有关思政教育满意度情况的调查，主要就教学手段方面、方法、内容、教学评价、教师敬业与素质等与思想道德教育相关的方面进行深入调查与分析，供大家交流与参考。

引言

随着 2004 年上海市教育系统开展了课程思政教育改革以来，取得了课程思政教育丰硕的改革成果，为全面开展课程思想教育提供了经验与借鉴，也为思政教育改革打开了一个新的视角，另辟了思想教育的新路径，进一步为教书与育人真正融合提供了理论成果。2016 年 12 月全国思想政治教育工作会议召开，大会再次把育人提到了极其重要的位置，习近平总书记强调教育强则国家强，教育兴则国家兴，高校要坚持"立德树人，以生为本"育人理念，教育要为人民服务，为中国共产党治国理政服务，为巩固和发展中国特色社会主义制度服务，为改革开放和中国社会主义现代化建设服务，牢固树立培养中国特色社会主义的可靠接班人和合格建设者的目标，每门课程都有育人的职责与功能，都要守好一段渠，管好自己的责任田，在课程教学中真正把价值引领与知识传授紧密结合起来。高校体育作为育人的重要内容，对大学生的影响是独特的、从时间上讲是持久的，作为一门课程，同样承担着育人的职责和使命，羽毛球作为体育教学中的一项较受学生喜爱的运动，开展思想道德教育较有代表性，同样也具有可操作性，但羽毛球中教学思想道德的教育不是显性的教育，而是隐含在教学手段、内容、组织形式、方法、评价机制等教学措施中，在潜移默化中给予学生思想道德的培养与养成。

1. 研究的措施、目的和意义

为进一步加强羽毛球教学中大学生思想道德教育，我们一方面加强教师自身师德修养，提高自身专业技术、技能，同时通过采取一系列教学措施，为提升大学生思想道德提供载体与平台，在组织形式上，小组合作的形式开展教学和教学竞赛、加强体育课堂常规和纪律的执行力度、加强发挥榜样作用、注重过程评价教学、体育经典故事的激励及注重同学的朋辈教育等，以期对大学生的思想道德养成产生积极的影响。

通过大学生对羽毛球教学满意度的调查研究，以深入了解学生对羽毛球教学中有关开展课程思政措施的认可度，以更好地开展羽毛球教学对大学生思想道德教育，使羽毛球教学在增强大学生体魄的同时提升大学生思想道德素质，真正做到"育体"与"育心"同步。

2．调查对象与研究方法

2.1 调查对象：按照本研究的目的与要求，在 2018 年 11 月对 140 名在校羽毛球课程大学生进行随机抽样调查。

2.2 研究方法：

2.2.1 文献资料法：查阅近十年来国内外有关文献资料，进行分析、研读，并以此作为本研究的理论基础。

2.2.2 访谈法：访谈法是本研究调查在校羽毛球大学生对体育教学满意度的辅助方法。主要是通过与学生的谈话交流来以获取本研究所需的资料。

2.2.3 问卷调查法：参考中国群众体育调查组的问卷内容和样式[1]。随机抽取不同专业在校学生共 140 份，回收 131 份，回收率为 93.57%，其中有效问卷为 126 份，有效率为 96.18%；

2.2.4 数理统计与分析方法（本研究所有数据用 SPSS19.0[2] 统计软件进行统计分析）。

2.2.5 专家咨询法

3．调查结果分析

3.1 学生对羽毛球教学总体满意度的调查分析

表 8-2　学生对羽毛球体育教学总体满意度的统计情况

满意程度	非常满意	较满意	基本满意	不太满意	不满意	合计
人数	49	60	13	2	2	126
比例 (%)	38.89	47.62	10.32	1.59	1.59	100

从调查数据来看，大学生对羽毛球教学的满意率为 86.51%，基本满意率达到 96.83%，总体呈现出大学生对羽毛球教学的认可，但如何使大学生对羽毛球教学的满意度达到更高，应还有不少工作需要完善，尤其是要对不满意同学进行个别座谈，要深入了解及其他们的需要及他们需要做好的一些配合，提

高他们对体育教学的满意度，有许多工作要做。

3.2 大学生对羽毛球教师敬业和以身作则的满意度调查分析

表 8-3　大学生对羽毛球教师敬业和以身作则的满意度调查情况

满意程度	非常满意	较满意	基本满意	不太满意	不满意	合计
人数	54	59	11	2	0	126
比例 (%)	42.86	46.83	8.73	1.59	0	100

调查数据显示，学生对羽毛球教师的敬业态度及以身作则的师德是满意的，对羽毛球教师的满意率为 89.69%，基本满意率达到 98.39%，师资队伍建设是关键，教好书是育人的前提，桃李不言下自成蹊，教师对学生的影响是潜移默化的，也是深远的，作为高校体育教师立德树人，不仅体现在语言上，更体现在教学专业技术、技能上，要获得学生的满意，过硬的技术、技能、对工作的敬业态度，更有说服力，体育教学中学生一看就知道教师的专业水平与德行，这是体育课程的特点所决定的。

3.3 大学生对羽毛球教学中采用"竞赛教学"法的满意度调查分析

表 8-4　大学生对羽毛球教学中采用"竞赛教学"法的满意度调查情况

满意程度	非常满意	较满意	基本满意	不太满意	不满意	合计
人数	45	55	13	8	5	126
比例 (%)	35.71	43.65	10.32	5.56	3.47	100

竞赛教学法是体育教学中较独特的方法，也是体育教学中常用的教学方法，较符合大学生争胜好强、敢于展示自我的心理，调查数据表明大学生对竞赛教学法的满意率达 79.36%，基本满意率达 89.68%，整体讲竞赛教学法，是非常受大学生欢迎的，但在日常教学中要注意以强欺弱、投机取巧的不良风气和现象，同时要加强学生裁判员的培训与教育。否则会造成不良的影响，造成学生对竞赛教学的不满。

3.4 大学生对羽毛球教学中采用"执行课堂常规和纪律"的满意度调查分析

表 8-5　大学生对羽毛球教学中采用"执行课堂常规和纪律"的满意度调查情况

满意程度	非常满意	较满意	基本满意	不太满意	不满意	合计
人数	48	54	16	5	3	126
比例 (%)	38.09	42.86	12.70	3.97	2.38	100

习惯的养成在于日常的积累和培养，体育课堂常规和纪律是根据体育教学需要而制定的，包括对体育服装的要求、请假制度、爱护体育器材及体育器材的发放和回收值日都是培养大学生诚信、规范、爱惜财物及培养劳动意识的良好载体。调查数据表明，大学生对体育课堂常规和纪律的满意度为 80.95%，基本满意率为 93.65%，课堂常规和纪律的执行在于长期性和严肃性，要保持一贯性，尤其要加强诚信请假的教育、体育服装的规范及对公共财物的爱惜。加强课堂常规和纪律的严格执行也是保证课堂教学秩序的重要措施。

3.5 大学生对羽毛球教学中采用"榜样示范教学"法的满意度调查分析

表 8-6　大学生对羽毛球教学中采用"榜样示范教学"法的满意度调查情况

满意程度	非常满意	较满意	基本满意	不太满意	不满意	合计
人数	41	56	13	9	7	126
比例 (%)	32.54	44.44	10.32	7.14	5.56	100

榜样示范教学法也是思政教育的一种典型常用方法，在于激发同学们向先进学习的信心和积极性，体育教学由于其实践性这种示范效应更加直观、明显，因此，榜样示范法在体育教学中更加好运用，同时也会激励榜样者更加努力做到精益求精，形成良性循环。统计数据显示，大学生对榜样示范教学的满意度为 76.98%，基本满意度为 87.30%，榜样示范是一种传统的激励教育法，但有少数同学对体育尖子生或榜样有不同的看法，认为他们以前的基础好，有一定的先发优势，有的做得好是为博得教师的欢心，同学的认可，谈不上榜样，这也是现代大学生自我意识过强的体现，缺少一定的宽容与大度及包容。

3.6 大学生对羽毛球教学中采用"注重过程评价激励"的满意度调查分析

表 8-7　大学生对羽毛球教学中采用"注重过程评价激励"的满意度调查情况

满意程度	非常满意	较满意	基本满意	不太满意	不满意	合计
人数	52	55	16	2	1	126
比例 (%)	41.27	43.65	12.70	1.59	0.80	100

体育评价对大学生学习具有指导性和指向性，合理的体育评价会激发同学的学习兴趣和自觉性，传统的体育评价注重结果的评价，这就忽略了学生努力的过程，由于大学生体育基础、能力等均不同，仅有的结果评价往往会打击过程学习刻苦的同学，体育需要好的技术、技能，但对人的意志品质的磨炼同样值得我们重视，过程评价往往让我们看到同学们的努力奋斗与拼搏。大学生对过程性评价的满意率为 84.92%，基本满意率为 97.62%。

3.7 大学生对羽毛球教学中采用"小组合作教学"形式的满意度调查分析

表 8-8　大学生对羽毛球教学中采用"小组合作教学"形式的满意度调查情况

满意程度	非常满意	较满意	基本满意	不太满意	不满意	合计
人数	42	47	20	10	7	126
比例 (%)	33.33	37.30	15.87	7.94	5.56	100

合作是现代人不可缺少的一种待人处事的能力，开展小组合作教学形式，旨在促进同学之间相互合作的能力，包括沟通的能力、同学之间的协调能力，同时也培养大学生高度的主人翁意识，培养同学的宽容意识、奉献精神，学会关心集体。大学生对小组合作教学形式的满意率为 67.63%，基本满意率为 83.5%，实践教学中小组合作形式中有极个别同学对小组集体表现得不够关心，开展一些活动时较被动，影响到其他队员的情绪，这中间小组长的协调作用非常重要，需要教师经常进行指导，同时对其他同学要积极引导。

3.8 大学生对羽毛球教学中讲述"体育经典故事激励"的满意度调查分析

表 8-9　大学生对羽毛球教学中讲述"体育经典故事"的满意度调查情况

满意程度	非常满意	较满意	基本满意	不太满意	不满意	合计
人数	44	49	30	2	1	126
比例 (%)	34.92	38.89	23.81	1.59	0.80	100

体育经典故事是指与教学的运动项目或课程紧密相关的具有影响力的体育先进人物和事迹，主要在于激励人们追求更快、更高、更强的体育精神，通过讲述经典故事，在于培养同学们的拼搏精神、吃苦耐劳的品质或者敢于担当、积极参与的思想道德品质。中华人民共和国成立以来，我们从站起来到富起来再到现在的强起来，体育事业也是这样发展的，这其中有许多非常让人振奋的体育经典事例，包括女排的五连冠、第一块奥运金牌、乒乓外交等，值得让人铭记，更值得让人传承体育前辈的精神。作为教学内容对影响大学生养成良好的思想道德品质，具有十分重要的价值。大学生对羽毛球教学中体育经典故事的满意率为73.81%，基本满意率为97.62%，应该说新时代大学生对正能量的教育内容是欢迎的。

4．结论

4.1 大学生对羽毛球教学的满意率为86.51%，基本满意率达到96.83%；

4.2 羽毛球教师的满意率为89.69%，基本满意率达到98.39%；

4.3 大学生对竞赛教学法的满意率达79.36%，基本满意率达89.68%；

4.4 大学生对体育课堂常规和纪律的满意度为80.95%，基本满意率为93.65%；

4.5 大学生对榜样示范教学的满意度为76.98%，基本满意度为87.3%；

4.6 大学生对过程性评价的满意率为83.66%，基本满意率为96.53%；

4.7 大学生对小组合作教学形式的满意率为67.63%，基本满意率为83.5%；

4.8 大学生对羽毛球教学中体育经典故事的满意率为73.81%，基本满意率为97.62%。

5．建议

5.1 体育教学中确实有着丰富的提升大学生思想道德品质的因子，开展"课程思政"教育是可行的；

5.2 要在体育教学中尤其是不同的运动项目中加强大学生思想道德教育需

要合理的设计与载体及方法、手段，需要学生们的积极配合。

5.3 要挖掘不同体育运动项目中的育人因素和经典故事，提高体育教学供给侧改革，完善体育教学的育人措施，真正发挥体育育人的作用，需要教师不断地根据学生情况做出相应的调整和改进。

参考文献：

[1] 中国群众体育调查组编写 . 中国群众体育现状调查与研究 [D]. 北京体育大学出版社 ,1998（12）：7-8.

[2] 何国民 . 应用统计学案例教程：以 SPSS 为计算工具 [M]. 华中科技出版社，2011.

第九章　高校体育实施课程思政的基本策略研究

本章主要围绕实施高校体育课程思政的基本策略进行分析与论述，并结合思政教育的基本要求与内涵深入分析体育课程所蕴含的思政资源，就加强高校体育教师思政教育能力进行阐述，为高校体育实施课程思政提供基本理论参考。

第一节　高校体育实施课程思政的基本策略研究

本节以文献资料法、逻辑归纳法、比较法，对高校体育实施课程思政的基本策略进行研究，认为首先要加强师资培训，提高教师思政教育能力；其次，要充分挖掘体育课程思政资源，使体育课程具有思政味；第三，要探索体育课程思政的教育特点，发挥体育课程思政教育的优势；第四，要系统地思考推进体育课程思政教育的路径，确保体育课程思政合力育人效果。还阐述了保障体育课程思政基本策略实施的措施。

引言

课程思政作为一种教育理念，旨在落实立德树人，实现"三全"育人和价值引领的教育目标。高校体育课程思政是以体育课程为载体在对大学生进行体育知识传授、技能教学的过程中，融入思政教育元素，以促进大学生思想政治素质。实施高校体育课程思政，既要按照体育教学的规律进行，也要融入思政教育的要求，最终达到以"体"育人的教学目标。按照体育课程的特点和思政的教育、教学要求，科学地研究体育课程思政的策略具有非常重要的实践意义。从以下四个基本策略入手，以更好地实施体育课程思政。

1. 加强师资培训，提高思想认识，转变教育理念，提升思政教育能力

体育教师是实施体育课程思政的关键因素，教师是课程的设计者、组织者、指导者和执行者，他们的思想认识是否到位、思政教育的知识体系是否完备、思政教育能力是否过硬，直接决定了体育课程思政开展的质量与效果。

1.1 加强自我学习意识，提升思政基本理论水平

课程思政理念的提出不仅是一种纯粹的课程理论、思政教育的途径拓展，更是每一门课程在教学、教育要遵循的思想和实践操作的准绳，体育教师作为体育课程的主导者、组织者、执行者，对课程思政的基本理念要有一个正确的认识，必须加强自我学习意识及对思政理论的学习，正确理解习近平总书记有关所有课程都有育人功能的讲话精神，提高自我的思政基本理论知识，并积极调整自我的教学思想、思路，做到思想上认同，观念上与时俱进，确保用正确的思想观念来指导课程思政的教学、教育实践。

1.2 组织开展思政理论集中培训，提升思政理论专业认知

作为以身体练习为主要特征的体育课程，传统的体育课堂中教师往往注重基本知识、技术、技能的教学与传授，而对于在体育课程中进行思政教育、价值引导及精神引领常常流于浅显的认知和泛泛的理论知识，缺乏专业系统的理论知识结构体系支撑，为真正达到以"体"育人的良好局面，体育教师需要接受思政专业知识的专门培训，掌握系统的思政教育知识，以提升体育教师的思政教育能力。只有在知识结构上有系统的思政理论体系做支撑，才能确保体育课程思政的实施不走样、不偏离方向，真正使思政教育融入体育课程、课堂。

1.3 开展体育课程思政实践观摩，提升课程思政实践教学能力

体育课程以实践为主要形式呈现，如何合理、科学地开展课程思政，需要

不断地进行理念与实践的融合与积极探索。教学实践需要教育理论指导，但理论也需要实践检验。不同的体育课程项目、不同体育教师对思政教育有着各自实践操作方式及措施，体育课程思政的合理性、有效性更多地需要通过实践来检验是否获得成效。对于同学反响良好、受欢迎的体育课堂，要以观摩课的形式来呈现体育课程思政教育成果，通过教师们共同的观赏、分析、建议与研究来进一步完善体育课程思政的有效举措与合理手段，为其他体育课堂开展思政教育提供基本范式和参考，不断提高体育教师们的思政教育能力。

1.4 加强体育课程思政科学研究，提升课程思政研究能力，共同推进体育课程思政常态化、科学化

体育课程思政作为体育教学、教育的新课题，一方面需要体育教学实践的不断推进与摸索，另一方面也需要以理论研究的形式不断总结与深化，理性认识体育课程思政改革中存在的问题、难点等，以形成科学化、系统化可供普遍采考的体育课程思政基本模式、实践手段及教学方式、评价体系、环境文化等，同时还要深入了解对大学生的影响效果，通过研究的形式来形成结果，共同分享体育课程思政理论成果与实践成效，以广泛推进体育课程思政教育常态化、规范化。

1.5 加强体育教师自身思想品德素质，为体育课程思政教育提供榜样力量

教师不仅需要丰富的理论知识和专业能力，同时还需要自身良好的职业素养。自古以来，社会对教师都有着十分让人尊敬的称谓，教师是人类灵魂的工程师、教师被称为"人梯""春雨""园丁""蜡烛""春蚕"等，师者传道授业，"身正为范，学高为师"等，这些都是对教师自身思想品德素质的基本要求，具有高尚品德和职业操守也是为人师所应具备的素养和品质。教师，其本身就是一个值得学生们学习的榜样，是体育课程思政教育的一个重要资源。

教师是实施课程思政最活跃、最关键的要素，课程思政实施的真正效果如何取决于教师群体的育人意识和育人能力，加强体育教师自身思政教育基本素养与能力的培养是开展体育课程思政的基础，体育教师不仅要做传授知识、技术、技能的"经"师，更要成为健心、立德、铸魄的"人"师，成为塑造大学生良好品行、品位、品格的"大"先生。

2. 挖掘体育课程运动项目中的思政资源，强化体育课程思政教育的涵纳度

课程思政是建立在课程基础上的思想政治教育，充分挖掘每门课程中的思政教育资源是开展课程思政的先决条件。体育课程有着自身的特点，其所蕴含的思政教育资源、表现形式等有别于其他课程，剖析不同体育课程项目的思政教育资源，是实施体育课程思政教育的核心所在。

2.1 剖析不同体育项目的思政教育资源，强化体育项目的育人特色

体育作为高校的重要一育，是大学生成长成才的重要育人资源，体育以其实践性的特点和优势，在育人上符合思想道德养成的实践性规律，有利于促进大学生思想道德的知行合一，尤其是体育精神一直被世人所推崇，让人懂得积极参与、学会坚持、团队合作、顽强拼搏的重要性，坚守公平公正的规则意识等，这些都是思政教育的资源，但不同的项目其所侧重的育人内容会有不同，如集体项目篮球、排球、足球等更多地培养人的合作团结精神，如个人项目长距离跑等则更多地培养人的自律坚持意识，难度大的项目如跨栏等培养人的拼搏无畏精神等，而且每个运动项目的经典故事也不尽相同，讲好各自运动项目的好故事，也是开展体育课程思政教育的重要资源。精准分析体育课程每个运动项目的育人资源是实施体育课程思政的核心，体育课程作为思政教育的隐性教育手段，能否让学生在课中体会到思政味，完全取决于其内容是否蕴含思政教学资源。

2.2 挖掘体育课堂本身的思政资源，强化体育课程思政教育的具象性

体育运动项目自身所蕴含的思政教育资源，需要每个教师精准把握，体育的实践性使得教育呈现具象性、直观性，体育的育人作用是显性的，通过行动直接能使同学们感受到。体育课堂本身具有丰富的育人资源，要善于发现，好好利用。如严守课堂教学常规，能培养大学生的规矩意识；积极参与融入学生团队的各种练习、比赛中，能培养他们的协作精神；在练习中乐于帮助别人，能培养她们的奉献精神；在日常体育教学倡导爱护体育器材，能培养她们热爱集体财产的良好品质；遇难而上，能培养大学生的拼搏精神；坚持让大学生做好体育器材领收等值日工作，能培养她们的劳动意识与服务习惯等。

2.3 科学设计把握体育课程思政资源融入的合理时机，强化体育课程思政教育的潜隐性、合理性

课程思政并不是把每一门课都上成思政课，而是在不同课程中结合自身的思政教育资源进行隐性的教育。挖掘每门课程所蕴含的思政资源是开展课程思政教育的核心，但以何种方法、在什么时候开展隐性的思政教育，需要教师在教案中科学、巧妙的设计，并在课堂中结合实际情况进行合理地把握，既不让学生感到生搬硬套，又能在完成专项知识传授的同时起到价值引领的教育效果，真正与思政教育保持同向同行，达到润物无声的育人目标。这是体育课程思政实施的操作环节，是十分重要和必要的。

2.4 加强体育教材建设，强化体育课程思政教育的话语体系

体育教材是"体育课程思政"的基础环节，是培养德智体美全面发展人才的重要依托。建设什么样的体育教材体系，尤其是不同体育课程运动项目中教学内容的选择，在很大程度上决定了体育课程思政教育的价值导向和育人成效。教材建设是国家意志的体现，要深入研究"教什么""怎么教"等关键问题，要组织强大的师资力量，统筹优势资源，深入剖析不同运动项目所蕴含的思政教育价值、经典故事、文化历史等，使思政教育内容进体育教材，只有高质量的体育教材，才能确保体育课程思政的教学基础，为思政教育进入课堂提供基本遵循。

要让体育课程中有机融入思政教育，必须要在体育教材建设中有"料"，在教学大纲和教案的设计中有"形"，体育课堂中有"声"。

3. 探索符合体育课程思政的教学模式、育人方式，强化体育课程思政教育的情景性、有效性

课程思政作为一种课程观，与传统的课程观相比，她更注重课程对育人的作用，因此，课程思政要借鉴融入思政教育的思维来对待课程的教学模式、育人方式及育人评价方式，真正收到课程思政教育的良好效果，需要体育教师进行实践探索与研究。

3.1 探索体育教学的组织形式，强化体育课程思政教育的潜隐性

以实践形式呈现的体育课，其教学、教育组织形式在一定程度会在潜移默化中影响教学的育人效果，如以小组的形式、组对的形式进行教学或练习，结合体育技术、技能教学的要求和规范，无形中会在客观上会培养学生的团队意识、合作意识、互帮互助意识等，这符合体育课程思政教育的潜隐性，使思政教育融合在大学生体育教学的组织过程中、实践练习中。

3.2 探索体育课程思政教育的方式，强化体育课程思政教育的独特性

体育有着自身独特的育人方式，如体育竞赛，非常能激发大学生的拼搏精神、团队合作精神，增强自信心、培养规则意识等，实践已证明，在体育教学中融入竞赛的情景教育环节，以比赛为手段，在加强教师指导的前提下，积极引导学生开展朋辈互助方式，是能够促进团队同学之间的沟通、交流、信任，能够产生以赛育人的独特效果。其次，加强身边同学的榜样示范作用，如有的大学生非常自律，养成了积极参与体育锻炼的良好习惯，有的大学生敢于拼搏，不断地追求卓越，超越自我，都值得作为课程思政教育倡导的育人内容；第三，以团队的形式开展体育教学与活动，有利于促进学生朋辈间的互帮互助，培养学生的合作意识、互助精神等。

3.3 探索体育课程思政教育的评价方式，强化体育课程思政育人的激励作用

探索体育课程思政教育，必须要有与之相匹配的教育、教学评价方式，以科学、合理地推进体育课程思政，2002 年 8 月教育部颁布的《全国普通高等学校体育课程教学指导纲要》（下称《纲要》）[1] 中也提到了加强对大学生体育学习的评价，主要包括体能与运动技能、认知、学习态度与行为、交往与合作精神、情意表现等，以学生自评、互评和教师评定等方式进行。《纲要》进一步强调评价中应淡化甄别、选拔功能，强化激励、发展功能，把学生的进步幅度纳入评价内容。按照体育课程思政的要求，必须改变传统体育成绩评价只注重体育有形测试成绩的考核局面，要把学生的参与、进步、体育道德等方面综合考虑进行考核。

体育课程思政的实施，需要探索符合体育教学、思政教育的课程教学方

式、成绩评价方法等，需要更全面把控体育课程的视角与实操能力！

4. 加强体育课程思政建设的系统思维，形成合力育人的良好局面

课程[2]从广义上讲是学生在学校获得的全部经验，既包括学校的课程表所安排的正式课程，也包括学生的课外活动及对学生整个学校生活起潜移默化作用的校园文化。体育课程[3]是大学生以身体练习为主要手段，逆过合理的体育教育和科学的体育锻炼过程，达到增强体质、增进健康和提高体育素养为主要目标的公共必修课程，是寓身心和谐发展、思想品德教育、文化科学教育、生活与体育技能教育于身体活动并有机结合的教育过程；是实施素质教育和培养全面发展人才的重要途径。

4.1 坚持以体育课堂为思政教育主渠道，强化体育教师主导作用

体育课堂是体育课程体系中最重要的教育环节，是以"体"育人的主渠道，课堂教学是在教师结合体育教学项目进行精心设计的，有具体的教学组织形式、教学内容和教学情境，是师生、生生进行相互交流学习的道德实践途径，是教师通过体育实践指导、引导、教导、帮导、督导、疏导学生的最佳时机，尤其是对学生在体育实践中表现出来的道德行为进行实时的监督、及时的评判，是体育课程思政的最主要途径，主要体现教师的主导作用和体现体育教育的育人方向，在体育课程思政建设中起着引领作用。

4.2 坚持以体育课外锻炼为思政教育有效补充，强化学生自我教育作用

"健康第一"是体育课程的教育理念，根据"世界卫生组织"的解释：健康不仅指一个人没有疾病或虚弱现象，而是指一个人生理上、心理上和社会上的完好状态。健康是幸福的基础，按照体育学科自身规律和特点，无论是要获得良好的健康促进和技能掌握都需要坚持课内外持续的锻炼与反复练习，正因为如此，"每天锻炼一小时，健康工作五十年，幸福生活一辈子"的体育理念已被现代人所广泛认同，加强课外体育锻炼和学习，不仅需要培养学生参加体育的自觉性，还需要完善的课外体育锻炼制度，以更好地促进学生的自我教育和自我管理、自我服务，使学生变得更加自律、自主、自强，提升学生自我的参与意识、坚持意识、协作意识等。

4.3 坚持以体育竞赛为思政教育的重要契机，强化体育精神对大学生的熏陶作用

"竞争性"特点是体育课程最显著的一个方面，而大学生年轻气盛，好胜心强，开展体育竞赛育人是一个非常契合大学生参加的手段与内容。通过体育竞赛有利于培养大学生的规则意识和顽强拼搏、追求卓越的良好品质，因此，以各种体育竞赛为契机，加强体育精神对大学生的教育与引导，尤其是对一些在体育比赛中表现出良好体育道德风尚的集体和个人的表彰，都会对大学生体育道德的培养有一个非常大的促进作用和效应。

4.4 加强校园体育文化建设，强化以文"化"人的濡化作用

清华大学前校长梅贻琦先生说："学校犹水也，师生犹鱼也，其行动犹游泳也。大鱼前导，小鱼尾随，是从游也。从游既久，其濡染观摩之效，自不求而至，不为而成。"[3]，其认为隐性文化建设是培养学生高尚人格的有效方法。校园体育文化指的是一所学校体育所倡导的价值观念、理想信念、行为准则及其规章制度、行为方式、体育建筑和设施中所体现的特定的人文内涵。其侧重于环境文化对大学生的濡化，校园文化建设具有蕴涵性、隐含性特点，具有非强制性、潜在的、持久的作用，主要是利用环境对人的积极影响，给学生于思想品德和精神层面的正确引导和引领。苏霍姆林斯基也说过："努力使学校的墙壁也说话。"彰显了校园物质文化环境建设对育人的重要性。加强校园体育文化建设，不仅要有核心的精神文化、制度文化，同样需要加强对外显物质文化的建设，使每个体育建筑、体育雕塑要内含精神意蕴、注入文化因子，同时也要使一些激励人、感化人、振奋人的理念、思想成为环境文化的一部分。强化体育文化对人的导向、激励和感染作用。

4.5 积极发挥"互联网+"手段在体育课程思政建设中的作用，强化网络育人的效应

当今社会"互联网+"技术已高度发达，网络无处不在，智能化手机已成为当代大学生信息浏览、社交等的重要载体，积极发挥"互联网+"手段在体育课程思政建设中的作用，是社会发展的需要，也是体育育人与时俱进的体现。科学利用"互联网+"技术设置体育锻炼App平台，通过网络打卡等收

集学生进行课外体育锻炼的信息，是培养大学生诚信、自律等品质的新方法；通过网络微信、QQ 等形式和手段，积极宣传弘扬体育精神和体育道德的故事，是体育课程进行思政教育的重要补充和有效手段。

5. 实施体育课程思政策略的保障措施

体育课程思政策略的实施不仅需要一系列教育、教学的改进，也需要有组织领导及人、财、物的多种保障措施，以有序、有效地推进。

5.1 加强组织领导，提供体育课程思政教育改革的平台

由学校相关职能部门及体育部门共同成立领导小组，以统筹计划及安排体育课程思政改革，制定相关的制度，定期开展沟通交流会，聘请相关专家教师讲课等。

5.2 提供体育课程思政专项经费支持

为进一步真正推进体育课程思政教育，需要体育教师进行专题培训、专题调研、专项研究、专题交流等，更新教材编写等，以激发体育教师开展课程思政建设的积极性、能动性。

5.3 强化工作过程考核，深入推进各项体育课程思政教育改革

加强阶段性体育课程思政教育工作考核，以持续推进改革的深入和有序进行，奖励优质的体育课程思政教育项目，发挥考核激励机制。

6. 结语

通过体育课程思政策略的实施，建设一批优秀体育课程、编著一系列高质量体育教材、培养一支体育教学名师队伍、提炼一系列体育课程思政教育先进的经验做法、形成一套科学的考核评价机制，使体育课程成为大学生思政教育的重要手段与载体，为把新时代大学生培养成为德智体美劳全面发展的社会主义合格建设者和可靠接班人贡献体育的力量。

参考文献：

[1] 教育部 . 全国普通高等学校体育课程教学指导纲要 [Z]. 2002-8.

[2] 钱利安，黄喆 . 新时期高职体育课程建设的理念研究与实践调查 [M]. 中国原子能出版社，2012（5）：3.

[3] 王金华 . 大学生道德养成教育研究 [M]. 华中师范大学出版社，2008（8）：181-185.

第二节　高校体育课程中的思政资源探析

本节结合课程思政的内在要求和高校公共体育课程的特点，分析了体育课程所蕴含的思政资源，分为育心、立德、铸魂三个层面进行挖掘，心理上体育缓解大学生心理压力、磨炼大学生心理意志品质、培育大学生良好的情感；道德品质上培养大学生的爱国、诚信、友善品格；在精神素养上培育大学生"公平、公正"的规则精神、团队合作精神、顽强拼搏的超越精神。

引言

2016 年 12 月 7、8 日，全国高校思想政治工作会议在北京召开，习近平总书记在大会上强调指出 [1]："要坚持把立德树人作为中心环节，把思想政治工作贯穿教育教学全过程，实现全程育人、全方位育人，努力开创我国高等教育事业发展新局面""思想政治理论课要坚持在改进中加强，其他各门课都要守好一段渠、种好责任田，使各类课程与思想政治理论课同向同行，形成协同效应"。习近平总书记的讲话进一步明确了"课程思政"的重要性和迫切性，也进一步揭示中国特色社会主义教育的本质，即教育要坚持立德树人，要为人民服务、为中国共产党服务、为巩固和发展中国特色社会主义制度服务、为改革开放和社会主义现代化服务。"课程思政"教育理念的全面推广是新时代高校思想政治工作发展的迫切需要。

体育作为高等教育的有机组成部分，她有着自身的课程特点和要求，在培养德智体美劳全面发展的中国特色社会主义合格建设者和可靠接班人中有着其他学科无法替代的作用，深入剖析体育课程中蕴涵的丰富思政育人资源，是体育课程开展思政教育的先决条件，对提高以体"育"人的教育质量起着十分重要的关键作用。

1 高校体育课程的性质与特点

1.1 高校体育课程的性质

体育课程的性质是寓身心和谐发展、思想品德教育、文化科学教育、生活与体育技能教育于身体活动并有机结合的教育过程；是实施素质教育和培养全面发展人才的重要途径。体育作为一门以身体练习为主要手段的课程，其对大学生的全面发展不仅限于生理上体质的增强，同样在思想、心理、品德等方面具有其独特的作用和教育价值，这正是体育课程开展思政教育的基本要素所在。

1.2 高校体育课程育人的特点

体育是以身体练习为主要手段的技能类课程，她不同于一般的文化类课程，在育人过程中体现形式上的"技艺性"特点、生理上承受的"负荷性"特点、教学过程中的"组织性"特点、运动项目本身的"竞技性"特点、学习体验中的"情感性"特点、实践表现中的"知行合一性"特点、终极关怀上的"人文性"特点。

2 "课程思政"资源分析的重要性

"课程思政"是指将思想政治教育融入所有课程的一种教育观念、教育思想，具有一定的阶级性、政治性，既是一种课程观，更是一种教育观，强调课程教学中把育人放在首位，在传授知识和技能的同时彰显课程育人的特色，是隐性的思想政治教育活动。"课程思政"的价值主要体现为课程教学对学生成长成才中思想与精神的满足，课程作为教学的知识载体、价值客体，是否有充足丰富的育人资源来满足大学生的精神文化需要，是决定"课程思政"能否取得成功的先决条件。因此，认真分析挖掘每门课程中所蕴含的思政资源，是开展本门"课程思政"的必要条件和重要环节。

3. 高校体育课程蕴含"课程思政"资源的分析

高校体育中要开展"课程思政"教育，我们必须明确思想政治教育的基本概念及其基本所涉内容与范围，以更好地分析体育课程中所蕴含的思政资源，有针对性地开展思政教育。思想政治教育[2]，是指一定的阶级、政党、社会群体按照一定的思想观念、政治观念、道德规范，对其成员施加有目的、有计划、有组织的影响，使他们形成符合一定社会、一定阶级所需要的思想品德的社会实践活动。"上述概念明确了思想政治教育具有一定的阶级性和政治性，体现的是国家意志和阶级思想，具有时代性。思想政治教育的内容随着社会的发展变化和人才培养的需求而逐步扩展与丰富，进入新时代大学生思政政治教育的内容涵盖日趋广泛，具体包括政治教育、思想教育、道德教育、心理教育及法制教育等[3]，是促进大学生成为全面发展的人的必要教育课程和途径，事关高校培养什么人，为谁培养人的根本性问题，最根本的是解决学生的思想认知、价值观的形成、心理健康及法纪意识等。

课程思政主要是以课程为载体通过价值引领、思想引导、人文熏陶等方式提升人的思想品质和精神境界，但不同课程所蕴含的思政元素和教育价值存在客观差异。体育作为一门学生学习时间最长、活动内容最丰富、参与时间最多的课程，其对大学生身体健康带来的作用已被大家所认同和接受，体育锻炼不仅能促进人体的血液循环，提高心脏功能和肺的呼吸功能，增强肌肉和骨骼的抗压、抗挫能力，同时通过促进中枢神经系统和大脑皮层的兴奋，而改善神经系统的均衡性和灵活性；通过体育锻炼能提升人体各器官适应外部环境的能力，提升人适应环境的能力等。鉴于"课程思政"的育人需要，文章旨在分析体育课程中所蕴含的思政元素，结合思政政治教育的概念要旨、社会主义核心价值观和新时代公民道德建设纲要的内在要求，主要从培养大学生的心理品质、道德品质和精神品质进行分析与挖掘，为开展体育课程思政提供育人资源。

3.1 高校体育课程与大学生心理品质的培养

心理品质作为新时代思想政治教育的重要内容，在一定程度上影响着大学生的思想观念与价值理念的形成，高校体育中所蕴含的对大学生心理品质影响的要素主要体现在以下几个方面：

3.1.1 体育对大学生心理压力的缓解

随着我国高等教育的大众化，大学生面临着学业、就业的双重压力，同时，当前"00"后为主的大学生价值多元、追求自我个性等，也易造成同学交往及关系的紧张，这些无形会给部分大学生带来压抑、忧虑、烦恼等心理压力，而体育运动往往会使人的大脑处于较强的活动状态，人体温度也会随着运动的进行而升高，从而激发脑内啡肽的释放（能使人产生放松、愉悦的激素），为大学生缓解心理压力提供了生理基础；另外，体育活动的趣味性、实践性、互动性，使得人体通过肌肉运动得以放松，通过运动增进互相的交流，一方面满足自身的运动需求，另一方面使人转移不良的情绪，缓解心理压力，消除烦恼和焦虑等，这有利于大学生心理压力的消解。

3.1.2 体育对大学生意志品质的磨炼

良好的意志品质，有助于提高人们干成事取得成功的概率。体育作为一门技艺性课程，很多教学内容是多个运动技术环节构成的，而运动技术、技能的掌握需要不断的身体练习为前提，要熟练掌握体育的基本技术、技能，需要经过泛化、固化、内化等技能练习的不同阶段而达成，因此，没有顽强的意志品质，没有持之以恒的付出是不可能达到自动化掌握技术技能程度的；其次，体育锻炼不同其他文化课程，学习氛围的复杂性、自然环境的变化均需要每个人付出更多的努力，我们日常所说的"夏练三伏，冬练三九"，指的是同学们要克服恶劣的自然环境而坚持体育锻炼的场景；再次，体育最显著的特点就是竞争性，大学生争胜好强，不论是参加个人项目还是集体项目，在竞争中都需要竭尽全力去战胜对手获得优异成绩，竞争不仅需要扎实的基本技能、灵活的技战术和充沛的体能，更磨炼的是大学生斗智斗勇的意志品质；第四，体育运动项目本身要求大学生有坚强的意志品质，每学年都要进行每个同学都要参加的体质测试项目，如男女生中长距离跑如800米、1000米，比赛项目10000米、5000米跑，90分钟的足球比赛等，这些都需要同学们付出巨大的体能，当然更需要以顽强的意志品质来保证完成运动项目。

3.1.3 体育对大学生良好情感的培养

人的情感往往在实践活动中产生、培育与形成的，而体育课程作为以实践活动为主要内容的教学课程，她对培养大学生良好的情感有其独特的课程特点。首先，体育项目往往是集体性的，同学之间需要有很多的互动，使得大学生的情感和角色体现社会化，养成依靠集体、热爱集体、互帮互助的团队精神；其次，体育运动项目多样化、运动过程充满趣味性，而且运动场景往往比较复杂，使同学们能够体验到愉悦、放松、乐观、豁达、同情等良性情绪，养成大度、包容、开放的健康个性；再次，体育运动往往具有竞争性，且比赛结果的冠军只有一个，体育竞争的现实性、直观性，能够培养学生不怕困难、勇于奋斗、胜不骄、败不妥的乐观主义情感和同甘共苦的共情体验。

3.2 高校体育与大学生道德品质的培养

人无德不立，国无德不兴。道德是人与人交往过程中必须遵守的基本规范和准则，也是人之为人的基本特征，道德品质的培养是思想政治教育的一个十分重要的内容，高校体育所蕴含的对大学生道德品质的影响要素，主要体现在以下几个方面：

3.2.1 高校体育与大学生爱国品质的培养

爱国是社会主义核心价值观个人层面的首要品质，爱国是个人或集体对祖国积极支持的态度，是对民族自信和民族自尊的高度体现，愿为祖国奉献自我一切的良好心理品质。爱国对于振奋民族精神、凝聚全民族力量有着巨大的精神催化作用。体育对大学生爱国品质的培养，主要在于以下几个方面：首先，以辉煌的中国现代奥运发展史激发大学生的爱国真情，自 1984 年我国组团参加第 23 届奥运会以来取得了辉煌的成绩，成为体育大国，彰显了我国竞技体育的实力，成为奥运强国着实让国民振奋不已，爱国之情油然而生。其次，以伟大的中华体育精神激发大学生的爱国热情，中国的运动员、教练员、科研人员在长期的体育运动中，坚持刻苦训练、科学训练、潜心研究，团结合作，善于思考，善于学习，不断创新，不断总结，在漫长的体育工作中形成了伟大的中华体育精神，他们深厚的爱国情怀，敢于拼搏，勇于奉献，持之以恒，科学理性的精神将激励大学生的爱国热情；第三，用经典的体育赛事激发大学生的爱国激情。多少次紧张激烈的国际比赛，留下太多我国运动员顽强拼搏的精彩画面，为夺取比赛的胜利而不惜牺牲自我的精神，如 20 世纪 80 年代中国女排五连冠等的体育赛事，令多少人动容和感动！第四，完善的中国特色社会主义体育制度、先进的中国体育文化，会激发大学生的爱国豪情。截至目前我们不仅有完善的体育法律规章制度，更有先进的体育文化，确保了我国体育事业的快速发展和人人享有体育的权利。习近平总书记在 2019 年 9 月 30 日会见中国女排队员时指出 [4]："实现体育强国目标，要大力弘扬新时代的女排精神，把体育健身同人民健康结合起来，把弘扬中华体育精神同坚定文化自信结合起来，坚持举国体制和市场机制相结合"，习近平总书记的讲话道出了中国体育制度的先进性，从制度上我们既要坚持举国体制，坚持集中力量办大事，在荣誉和利益面前坚持集体至上。

3.2.2 高校体育与大学生诚信品质的培养

诚信是人之为人的基本道德规范，是我国社会主义核心价值观个人层面的重要内容。首先，体育作为实践性课程，具有道德实践性优势。体育注重大学生的道德实践，注重知行合一，以体育活动为载体培养大学生的诚信品质和塑造大学生的诚信行为；其次，体育作为必修课具有育人时间跨度上的优势，从小学到大学体育全程陪伴每一个学生在学校期间的成长与成才，对于培育大学生的诚信品质培养有着持续的引导和教育作用；第三，完善的高校体育教育与管理制度，有利于培养大学生的诚信品质。随着各高校对体育教育的日益重视，制定完善、科学的体育课程规章制度，是坚决杜绝大学生不诚信的课堂体育行为和课外体育锻炼行为的制度保障，体育课程的开放性，有利于公众监督大学生的体育行为，制约、规范大学生体育行为的诚信与诚实；第四，体育竞技文化有利于培养大学生的诚信品质。追求比赛公平的体育竞技文化是培育大学生诚信文化的内在动力因素，坚决杜绝体育竞赛中的一切做假行为和违反规则的不诚信丑恶现象，坚持规则面前人人平等；第五，体育技术技能形成规律和增强体质的超量恢复规律更是体育课程培育大学生诚信品质独特的规律优势，要掌握体育运动技术和技能、提升自我的体质，必须要通过诚信的练习和勤奋的锻炼，没有捷径。体育对培养大学生的诚信品质是一种独特的教育资源与途径。

3.2.3 高校体育与大学生友善品格的培养

友善是公民维系良好人际关系和社会关系的基本道德规范，是社会主义核心价值观个人层面重要品格的具体要求，体育对人的友善主要体现在以下几个方面：首先，体育教育实践对人友善的影响，体育是改造大学生身心健康的重要手段，增强人的健康与体质，师生以体育技术、技能、活动为载体共同学习体育技术文化并达到身心健康，在这一过程中相互学习、相互帮助，是加强情感交流、学习体验，增强体育带来的愉悦感，有利于大学生友善品格的养成；其次，从体育的竞技性特点对人友善品格的塑造，体育是和平与友谊的象征，德国学者佐勒[5]，在《体育、社会与政治》一书中认为："体育运动是随着人类文明的进步而发展起来的一种特殊的、礼仪化的战争。"雅典奥运会组委会主席扎斯卡拉基夫人在闭幕致辞上说："奥运会的比赛是紧张激烈的，但运动员建立的友谊是永恒的。"我国体育界也有一句名言："场上是对手，场下是朋友"。我们经常看到在比赛场上对手赛后的热烈拥抱、击掌致意，看到特别是有身体接触的球类项目比赛中对方队员摔倒时被搀扶并致歉意时，我们看到了比赛中真正存在于运动员之间高尚的友谊及运动员友善的一面；再次，体育礼仪对人友善品格的熏陶与培育，体育礼仪是指人们在体育活动交往中所应该具有的表示敬重、友善和友好的行为规范[6]；体育礼仪教导大学生以"仁爱"之心去帮助别人，从而可以使人与人之间的关系更和谐、更亲密，有利于教育同学们互助友爱、团结共进。体育礼仪表现出的相互尊重和相互平等的思想，必定会得到别人的尊重和理解；体育礼仪体现出的真诚相待、恪守信用的精神，以及周全的待人之道，必然会赢得人们的好感和信任，使人们心理上求得平衡，从而能理顺各种关系，消除人际障碍，免除各种矛盾[7]。

3.3 高校体育与大学生精神品质的培养

真正的教育是从人和社会的需要出发，既赋予人从事社会生活的综合能力，更要提升人的精神发展，使人性在合乎自然规律和社会规律的基本框架下，不断向更高层次和更加完满的境界攀升。一个新时代大学生除了良好的心理品质和道德品质外，还有具备崇高的精神素质和精神修养。体育以其自身的学科特点在以下几个方面铸就大学生精神品质，使新时代大学生真正成为一个积极倡导"公平、公正"规则精神，善于团队合作、顽强拼搏的超越精神的中国特色社会主义事业建设者和接班人。

3.3.1 高校体育与大学生"公平、公正"规则精神的培养

公平、公正是社会主义核心价值观社会层面的精神追求，公平、公正人类社会保持有序、规范、和谐发展的基石，也是现实生活中人们孜孜追求的理想精神。高校体育对大学生"公平、公正"规则精神的培养在于：首先，《体育法》《学校体育工作条例》的实施，强化了大学生"公平、公正"规则精神的养成，《体育法》《学校体育工作条例》都明确规定了大学生不论性别、不论年龄、不论身体素质的差异、不论地域的差异、不论技术、技能的高低等，每一个大学生都有机会平等地选择自己喜欢的运动项目，都有权利参加自己喜欢的课外体育锻炼活动，这些都有利大学生树立起公平的权利意识；其次，体育运动项目的规则，对大学生"公平、公正"规则精神的培养有着深刻的教化作用，所有体育运动项目都有公正的比赛规则，每个人必须严格遵守规则，以确保每个人都有在同一起跑线上公平竞争的权利。运动项目规则的权威性，能整治一切有意或无意的不良行为。所有运动项目的规则都对一切不公平的"非法"行为给予严肃的惩罚，这对于大学生形成"公平、公正"的规则精神有着良好的规约和熏陶作用；第三，裁判员的公正执法对大学生培养"公平、公正"规则精神起到了正面的示范作用；第四，学校体育道德风尚奖的评比对培养大学生"公平、公正"规则精神起到了积极的激励和引领作用，通过对体育道德风尚奖、优秀运动员、裁判员的评比会更加彰显效果。

3.3.2 高校体育与大学生团队合作精神的培养

学会融入团队、学会合作是现代人必备的心理品质，体育在培育大学生团队合作精神主要表现为：首先，体育项目本身会培养大学生的团队合作精神。许多体育运动项目要求队员要有团队合作意识，如篮球、排球、足球等项目，运动中不同角色、不同位置上的队员各有各的任务与职责，这就需要每个队员的共同参与、合作才能确保项目的开展；其次，体育技术、技能的学习和掌握能培养大学生的团队合作精神。日常技术技能的学习和掌握需要同学们的互帮

互助，需要相互配合共同切磋、取长补短，只有这样才能达到技术的全面和技能的娴熟；再次，体育竞争会培养大学生的团队合作精神。为发挥自身的最佳运动水平、争取最好的比赛名次，需要同学们精诚团结，全力以赴，积极主动发挥每位同学的能力，争取胜利，不管面对什么样的挫折与困难，要共同应对，携手向前，要相互鼓励；第四，团队建设会培养大学生的合作精神。建设一个体育团队，无论是日常的管理和锻炼，还是团队的文化建设，都需要每个团队成员的密切合作与高度认同，否则不可能建设成一个凝聚力和战斗力强的团队。

3.3.3 高校体育与大学生顽强拼搏超越精神的培养

顽强拼搏的超越精神是人类永恒追求上进、超越历史的精神品质，高校体育对培养大学生顽强拼搏的超越精神主要体现：首先，高校体育运动的负荷性特点使高校体育成为磨炼造就大学生顽强拼搏的超越精神重要途径与手段，古人云"天将降大任于斯人也，必先苦其心志，劳其筋骨，饿其体肤，空乏其身，行拂乱其所为，所以动心忍性，曾益其所不能"，体育为大学生顽强拼搏超越精神的培养提供生理基础和具象展示；其次，体育运动的竞争性，对大学生顽强拼搏的超越精神培养起到潜移默化的特效，对于争胜好强的大学生，体育的竞争性会培养大学生敢于拼搏、善于拼搏、坚持拼搏，为展现个人和团队的最佳水平而全力以赴，努力实现超越自我、超越对手、超越历史；第三，以"更快、更高、更强"的奥运格言培养和熏陶大学生顽强拼搏的超越精神。奥运文化是培育大学生顽强拼搏、超越精神的文化精粹，作为体育运动的盛会——奥运会，其格言是："更快、更高、更强"，它倡导的是人类不断地超越自我、超越纪录和历史。奥林匹克表彰运动优胜者，给成绩优异者予以奖励，正是人类对顽强拼搏超越精神的褒奖与鼓励。大学生无论在课堂上参与体育教学，还是在日常的体育锻炼及各级各类的体育比赛中，都会在与同学们相互学习、竞争中体验顽强拼搏超越精神的魄力，经过长期的坚持与反复的练习锻炼，逐渐养成大学生敢于超越、敢于战胜自我的精神。

4. 结语

体育课程思政的关键在于以体育课程为载体，认真发挥体育中的思政资源，以体育教学、日常锻炼、竞赛拓展、体育社团等途径给学生在心理、道德和精神层面上的积极影响，清晰地分析课程中的思政资源是开展课程思政的先决条件，理性科学地分析体育课程中的思政资源是开展体育课程思政育人的前提条件，发挥体育课程在强健学生体质作用的过程中，同时做好大学生的"育心立德铸魂"工作是体育课程思政的育人特色与优势所在。

参考文献：

[1] 习近平. 在全国高校思想政治工作会议上的讲话 [N]. 光明日报，2016-12-9.

[2] 张耀灿，郑永廷等. 现代思想政治教育学 [M]. 北京：人民出版社，2006：50.

[3] 陈海晓. 体育在大学生思想政治教育中的作用及其实现途径研究 [D]. 兰州交通大学硕士论文，2017.

[4] 习近平会见中国女排代表 [N]. 光明日报，2019-10-1.

[5] 熊斗寅. 解析"友谊第一、比赛第二"——兼论参与比获胜更重要 [J]. 体育文化导刊，2004（11）：64-65.

[6] 许之屏. 现代体育礼仪 [M]. 湖南师范大学出版社，2010.

[7] 童宪明. 体育礼仪初论 [J]. 福建体育科技，2010(1).

第三节　高校体育教师课程思政建设能力的思考

本节以文献资料法、比较法、归纳法，在阐述加强高校体育教师课程思政建设能力必要性的基础上，分析了高校体育课程思政建设存在的不足：部分体育教师对课程思政理论认知的偏差、思政知识储备的缺乏、体育课程思政资源分析的偏颇及课程思政建设的系统性缺少；通过加强学习习近平总书记关于教育的重要论述，以提高思想认知；加强思政知识的多样化培训，提高思政教学能力；加强体育课程思政资源的深入挖掘，把握好思政教育的关键；搭建体育教师课程思政建设的交流沟通平台，共享体育课程思政建设体验与经验；提升体育教师自身思想道德素质，以身作则，立德树人。

引言

教育部于 2020 年 5 月 28 日印发了《高等学校课程思政建设指导纲要》的通知 (以下简称《通知》)[1]，进一步明确了全面推进高校课程思政建设的重要性和必要性，并就课程思政建设的目标要求和内容重点科学设计课程思政教育体系，按专业特点分类开展课程思政建设，开展课程教学全过程及提升教师课程思政建设的意识和能力等提出了指导性建议，为各高校开展课程思政提供了基本遵循。

《通知》站在培养什么人、怎样培养人、为谁培养人的教育高度，明确了开展课程思政建设的重大意义，强调指出进行全面课程思政建设是落实立德树人的战略举措，事关决定接班人培养问题、事关决定国家长治久安、事关决定民族复兴和国家崛起，所有高校、所有教师、所有课程都必须承担起育人的重任，形成协同效应，构建"三全育人"大格局。

体育是高等教育的重要组成部分，2020 年 10 月 15 日，中共中央办公厅、国务院办公厅印发了《关于全面加强和改进新时代学校体育工作的意见》[2]，进一步明确了："学校体育是实现立德树人根本任务、提升学生综合素质的基础性工程，是加快推进教育现代化、建设教育强国和体育强国的重要工作，对于弘扬社会主义核心价值观，培养学生爱国主义、集体主义、社会主义精神和奋发向上、顽强拼搏的意志品质，实现以体育智、以体育心具有独特功能。"强调了体育课程思政教育的必要性和迫切性。全面开展课程思政建设，是中国特色社会主义教育进入新时代提升质量发展的重要举措，教师作为教学工作的主导者，教师课程思政建设能力的好差，直接关乎体育课程建设能否顺利进行及育人的质量。文章就当前体育课程思政建设中存在的问题及如何提高体育教师课程思政建设能力进行分析与思考。

1. 体育教师提升课程思政建设能力的必要性

教师作为课程的组织者、实施者、主导者，其本身的思政教育能力如何，直接影响课程思政建设的效果与育人质量。习近平总书记在 2018 年的全国教育大会上指出："教师是人类灵魂的工程师，是人类文明的传承者，承载着传播知识、传播思想、传播真理，塑造灵魂、塑造生命、塑造新人的时代重任"[3]；在 2019 年学校思想政治课教师座谈会上，习近平总书记强调："办好思想政治理论课关键在教师"[4]，为此，《通知》第七条也明确了要提升教师课程思政建设的意识和能力的主要举措。习总书记的重要讲话，强调了两个鲜明观点：其一，高校思想政治教育不仅是高校思想政治理论课的任务，也是其他各门课的任务，各门课程要同向同行，协同育人；其二，教师，包括思想政治理论课教师和其他专业课教师，既承载着传播知识、传播思想、传播真理的时代重任，也承载着塑造灵魂、塑造生命、塑造新人的时代重任。为深入推进课程思政教育理念，落实高校立德树人根本任务，作为教师提升课程思政建设能力是当务之急，也是提升课程育人质量之需要，更是学生优质成才之需要。

2. 体育实施"课程思政"中教师存在的主要问题

"课程思政"是指将思想政治教育融入所有课程的一种教育观念、教育思想，具有一定的阶级性、政治性，既是一种课程观，更是一种教育观，强调课程教学中把育人放在首位，在传授知识和技能的同时彰显课程育人的特色，是隐性的思想政治教育活动。课程思政理念的提出，从教学层面看则是对教师教学能力提出了更高的要求，体育教师不仅要熟练教好自己的体育专业知识、技术、技能，同时又要熟悉课程的思政元素，且要熟练运用思政教育方法进行适当有效的教育。这与单纯的知识、技术传授相比有更多的教学和教育要求，需要教师花费更多的时间、精力，尤其是需要更多的知识、理念来支撑课程思政教学，因而也就产生了体育课程思政教学中的实际问题，主要有以下几个方面：

2.1 体育教师对"课程思政"理念的认同具有差异性

课程思政理念的提出是新时代我国教育发展史上教育思想的又一次升华，课程思政理念是符合教育本质和学生成长需要的，更是高校培养人的客观需要，尽管这一理念得到了不少体育教师的积极响应，有许多体育老师也开始了有关体育课程思政的研究与探索，但长期以来，受传统教学思想的影响，存在着部分体育教师对课程思政理念上认识的偏差，认为体育课程主要在于解决学生的体质问题、传授运动"三基"，管理好学生课外体育锻炼，组织好学生体育赛事等就完成了体育课程的任务，至于思想政治教育则主要是思政课老师、辅导员、班主任及其他行政管理工作者的责任，于是导致体育课程思政的开展各个运动项目、不同的教师执行的情况也千差万别，目前尚未达到同向同行、相互协同、共同育人的良好局面。

2.2 体育教师对思政教学的知识储备有待加强

体育课程思政教学与传统的体育教学最大的区别是加强思想政治教育，这就需要丰富的思政教育的知识积累与储备，没有相关的专业知识要开展思政教育只是一句空话。作为体育专业的教师按照高校专业人才培养的要求，虽每个教师作为学生时都在大学期间学习过相关的基本课程，如高校开设的《马克思主义基本原理概论》《思想品德修养与法律基础》《毛泽东思想和中国特色社会主义概论》《中国近现代史纲要》以及《体育教育学》等课程，但随着时间的推移，不少学过的知识已日渐淡忘；其次，有关《大学生思想政治教育学原理》《大学生道德养成教育原理》等与大学生思政教育、教学更加密切课程的知识和最新理念并没有进行统一的教学与培训，需要进行有计划地巩固与拓展，以顺利开展课程思政教育、教学。

2.3 体育教师对课程中所蕴含的思政教育元素分析不到位、教育方式缺乏经验

体育作为高等教育重要的一育，其在育人的作用具有独特性，共同性，如积极参与、顽强拼搏、持之以恒、团结合作、追求超越等，但体育有许多运动项目，不同的运动类群所蕴含的思政教育元素各有侧重，如何诠释体育育人的价值，需要结合我国体育制度与文化的优势，需要结合运动项目的历史与经典

故事，需要结合学校体育的优势与文化，需要结合日常的教学规范和基本礼仪，需要结合日常教学中同学们的朋辈帮助等来彰显，由于传统体育过于侧重体育"三基"教学，目前，存在不少教师对运动项目中所蕴含的思政元素分析不够全面、到位的现象；其次，思政教育的方式、方法上有待积累，尤其是年轻教师，如何利用好体育课程中出现的一些特殊情形开展思想教育，如对所教学运动项目经典故事的解读要深刻，体现爱国主义、集体主义精神等；对于无故旷课、迟到、早退等，需要进行渐进式的教育引导，要深入学生思想和内心；对于教学中的好人好事要及时给予表扬，树立榜样等。

2.4 体育课程思政教育系统性的思考要加强

课程思政作为一种教育理念落到实处，既需要理念上的指导，更需要实际操作层面的保障。体育课程思政的实施在教学的系统性设计上要做好以下几个方面：首先，需要在教学大纲中明确加强思政教育的重要性和迫切性，形成体育教师思想、理念上的认同；其次，要在教学计划中，明确课程思政教学的基本目标，体育教师要做到心中有数，方向明确；再次，在教案中要具体思考、分析每次体育课中应融入实践教学中的思政元素及具体的教学时机、方法方式等；第四，注重学校体育赛事中的思政教育，要积极宣传在体育竞赛中表现出来的优秀事迹、经典故事等，树好典型，立好榜样，严肃处理违规者等；第五，加强课外体育锻炼的自我教育与监督，形成鼓励积极参加体育活动的体育制度；第六，在体育课程成绩评价中要体现课程思政的教学目的，把反映体育课程思政教学的内容作为评价学生成绩的一个内容。

3. 提升高校体育教师思政建设能力的思考

课程思政建设能力是指教师在课程教学中，运用课程资源在进行知识传授、能力培训的同时，培养大学生养成良好思想道德品质的综合素质。这是开展课程思政的关键所在，以下对提升体育教师课程思政建设能力的思考。

3.1 加强学习习近平总书记有关教育的重要论述，提高体育教师的政治站位，提升对课程思政的理论认知

在 2016 年全国思政政治工作会议上，习近平总书记发表重要讲话时强调[5]：

"高校立身之本在于立德树人，要把坚持立德树人作为中心环节，要把思想政治工作贯穿教育教学全过程，实现全程育人、全员育人、全方位育人""在发挥好思想政治理论课作用的同时，其他各门课程都要守好一段渠、种好责任田，使各类课程与思想政治理论课同向同行，形成协同效应"，尤其是党的十八大以来，习近平同志为核心的党中央高度重视教育事业在发展和振兴中国特色社会主义战略全局中的地位和作用，把教育放在了优先发展的战略位置，提出了一系列新理念、新思想、新论断，系统回答了教育工作的方向性、根本性、全局性和战略性的问题，形成了习近平总书记关于教育的重要论述，为新时代各高校开展课程思政教育提供了根本遵循和行动指南。

在十八大、十九大及全国教育大会上及各类师生座谈会上习近平多次强调立德树人是教育的根本任务。他在十八大报告中指出："全面贯彻党的教育方针，坚持教育为社会主义现代化建设服务、为人民服务，把立德树人作为教育的根本任务，培养德智体美全面发展的社会主义建设者和接班人"；在十九大报告中，习近平总书记强调："要全面贯彻党的教育方针，落实立德树人根本任务，发展素质教育，推进教育公平，培养德智体美全面发展的社会主义建设者和接班人"[6]。习近平总书记在 2019 年学校思想政治理论课教师座谈会上，强调要发挥教师的积极性、主动性、创造性，做到政治要强、情怀要深、思维要新、视野要广、自律要严、人格要正 [7]，这也是对所有教师的希望和要求。课程思政理念的提出是各高校、各课程、全体教师落实为党育人，为国育才教育策略的具体体现，所有体育教师要在思想认识上与党中央、国家教育策略保持高度一致，担负起育人的使命与责任。

4.2 加强体育教师思想政治教育和道德养成理论的学习与培训，提升思政教育理论素养与教育能力

理论是实践的先导，思想是行动的指南，没有正确的理论指导，就没有正确的实践。要全面深入推进体育课程思政，必须加强对体育教师有关大学生思政教育和道德养成的理论培训与学习。培训与学习的方式可以有多种，但必须要有集中培训、学习的环节，邀请教育、教学经验丰富的思政专业老师、名师、专家等进行授课培训，同时通过自学及网上学习等多种途径，巩固和强化

思政教育理论，以提高体育教师的思政教育能力，进一步熟悉并掌握大学生思想、道德养成的规律，掌握大学生身心发展规律，为体育课程提供良好的教育指导。

4.3 加强对体育课程思政资源的挖掘，提升体育课程的思想性

体育课程思政简要概括就是以体育课为载体进行大学生思想政治教育，充分挖掘体育课程的思政资源是进行思政教育的核心。首先，在《全国普通高等学校体育课程教学指导纲要》[8]上明确体育课程思政的目标、内容，对不同运动项目所蕴含的思政资源要提供基本的指导思想与指引路径，确保在体育教学中坚持以弘扬社会主义核心价值观和中华优秀传统文化为核心，确保完好法律和心理安全底线；其次，加强体育教材建设，教材的具体内容要符合国家教育方针和育人实际需要的，不仅要挖掘好运动项目本身所拥有的思政资源，如三大球需要团结协作精神，也要讲好中国体育的好故事，如中国女排精神等；第三，要备好每一堂体育课，针对不同的教学内容要把握好每一个教育契机，确保体育课程的思想性、育人的针对性和有效性。

4.4 搭建体育教师交流平台，相互借鉴，共同提升体育课程的育人质量

利用"互联网+"的平台与线下途径，搭建体育教师相互交流的平台，分享体育课程思政实践的经验与成果。平台的搭建可以有多种，首先是校内体育教师的交流平台，如微信群、钉钉群、QQ群，结合不同课程项目的情况进行分享；其次可以是区域性的体育教师平台，如某高校园区的体育教师论坛，分享不同学校开展体育课程思政教育的情况等；第三，通过教育相关部门的组织，召开以"体育课程思政"为主题的线下成果汇报交流会、经验分享会；第四、可以通过现场的体育课程思政示范课进行观摩等，直观感觉优秀的体育课程思政实践课等；第五、通过撰写论文的方式，阐述对体育课程思政的思想与观点，进行共同分享等。总之，通过聚体育教师集体的智慧和力量，快速积累体育课程思政的教育经验，以不断、全面提升体育课程思政的育人质量。

4.5 加强体育教师自身思想道德素质的提升，做到立德树人、以德立身、以德立教

立德树人是高校教育的根本任务，每个教师有责任和义务在课程教学中进

行认真落实。所有教师要以《新时代高校教师职业十项准则》来规范、约束自己，更要以习近平总书记提出的做新时代"四有好教师""四个引路人"来严格要求自己，成为学生学习、模仿的榜样。体育教师作为以展示运动技术、技能为特长的职业，拥有精湛的运动技术和技能，也是拉近学生开展思政教育的一个重要手段，因此，体育教师不仅要精"艺"，同样也需要自身良好的思想道德素质，如敬业精神、勤奋的工作态度、严谨的教风、平等的师生关系等，体育教师要有每日"三省"的职业敬畏感，以身作则，注重身教，用教师崇高的思想道德品质影响学生，以实际行动给学生树立标杆。

5. 结语

课程思政理念的提出与推行需要广大教师在课程教学中的实际行动，提升教师的课程思政建设能力，不仅是教师个人的事，更关乎一个学校在新时代是否可持续发展的大事，事关学校能否培养出中国特色社会主义合格建设者和可靠接班人的问题，教育相关管理行政部门要从建设中国特色社会主义现代化、实现"两个一百年奋斗目标"的高度来认识并加强教师队伍建设，做好服务与引导工作，真正提升教师的课程思政建设能力，确保全课程育人、全方位育人、全程育人。

参考文献：

[1] 教育部关于印发（高等学校课程思政建设指导纲要）[教高(2020)3号]的通知 [Z]. 2020-5-28.

[2] 中共中央办公厅、国务院办公厅. 关于全面加强和改进新时代学校体育工作的意见 [Z]. 2020-10-15.

[3] 习近平. 坚持中国特色社会主义教育发展道路培养德智体美劳全面发展的社会主义建设者和接班人 [N]. 人民日报，2018-09.11(1).

[4][7] 习近平. 用新时代中国特色社会主义思想铸魂育人 贯彻党的教育方针落实立德树人根本任务 [N]. 人民日报，2019-3-19.

[5] 习近平. 在全国高校思想政治工作会议上的讲话 [N]. 光明日报，

2016-12-9.

[6] 教育部课题组 . 深入学习习近平关于教育的重要论述 [M]. 北京：人民出版社，2019：20-22.

[8] 教育部关于印发《全国普通高等学校体育课程教学指导纲要》的通知教体艺〔2002〕13 号 [Z]. 2002-8-6.